# 谋略八书

星汉　编著

孔學堂書局

图书在版编目（CIP）数据

谋略八书 / 星汉编著. -- 贵阳：孔学堂书局，
2025. 3. -- ISBN 978-7-80770-643-4

Ⅰ. C934-49

中国国家版本馆CIP数据核字第20244CM232号

# 谋略八书 星汉 编著
MOULÜE BASHU

责任编辑：黄文华　练　军
责任印制：张　莹

出版发行：贵州日报当代融媒体集团
　　　　　孔学堂书局
地　　址：贵阳市乌当区大坡路26号
印　　刷：三河市刚利印务有限公司
开　　本：787mm×1092mm　　1/16
字　　数：335千字
印　　张：20
版　　次：2025年3月第1版
印　　次：2025年3月第1次
书　　号：ISBN 978-7-80770-643-4
定　　价：59.90元

图书若有质量问题，请拨打以下电话进行调换。
电话：010-59625116

# 前　言

在一个充满矛盾的世界，在一个不确定的时代，我们时刻面临着种种难题：

如何在残酷激烈的竞争中脱颖而出？

如何在复杂多变的环境里应对自如？

……

要解决实际问题，中华处世谋略中尽是制胜法宝。中华处世谋略是中国五千年历史经验的结晶，它既是古人行军用兵、创业立国的法则，也是成功者排忧解难、长袖善舞的指南。

"世事洞明皆学问，人情练达即文章。"谋略经营人生，权术和谋略就是利用人性的弱点做事。一个善于谋略的人必定深谙人性，透彻地看清人性的优点和弱点，才能获得成功的人生。

谋略不是简单的技术，而是智慧、行动的统一。做事以品德为内涵，技术为辅助，智、谋兼备。不生贪人之欲，莫有害人之心。成大事而不损声名，得大利而不害良知。

害人之心不可有，防人之心不可无。学习谋略之术，让我们更加理性，更容易看清楚别人的套路，远离小人，不至于被骗还帮人数钱。

我们在八部谋略经典中，挑选出最具有谋略价值和现实指导性的精华部分，进行整理、注释等，以飨读者。

《孙子兵法》教你立人生于不败之地；读《鬼谷子》，学处世进退之道，机变谋略之学；参透《素书》，可为王师，可成大业；兵家谋略之祖《六韬》《三略》教的是兵法，更是谋略之道；《长短经》是经世致用之道；《三十六计》中，"阴阳燮理，机在其中。机不可设，设则不中"；《智囊》则洞察世事人心，开启通透人生。

　　"天下熙熙，皆为利来；天下攘攘，皆为利往。"历史沧海桑田，不变的是那强大的人性，谋略八书，一语中的，令人醍醐灌顶。

# 目　录

孙子兵法

# 素 书

# 六 韬

# 三　略

# 长短经

# 三十六计

## 第一套　胜战计

# 孙子兵法

　　《孙子兵法》是春秋末期军事家孙武所著，素有"武学之圣典，兵家之绝唱"的美誉，不仅具有极高的军事价值，还蕴含了许多哲学道理，对为人处世很有帮助。

# 计篇第一

## 题 解

本篇论述的是能否进行战争的问题。

## 原 文

孙子曰：兵①者，国之大事，死生之地，存亡之道，不可不察②也。

## 注 释

①兵：指战争。
②察：研究。

## 译 文

孙子说：战争是国家的头等大事，关系着民众的生死，决定着国家的存亡，因此，不得不认真、谨慎地去研究。

## 原 文

故经①之以五事，校②之以计，而索③其情④。一曰道⑤，二曰天⑥，三曰地⑦，四曰将⑧，五曰法⑨。道者，令民与上⑩同意也，故可以与之死，可以与之生，而不畏危⑪。天者，阴阳⑫、寒暑、时制也。地者，远近、险易⑬、广狭、死生⑭也。将者，智、信、仁、勇、严也。法者，曲制⑮、官道、主用⑯也。凡此五者，将莫不闻⑰，知之者胜，不知者不胜。故校之以计，而索其情。曰：主孰⑱有道？将孰有能？天地孰得？法令孰行？兵众孰强？士卒孰练？赏罚孰明？吾以此知胜负矣。将⑲听吾计，用之必胜，留之；将不听吾计，用之必败，去⑳之。

## 注 释

①经：衡量，在这里是分析的意思。

②校（jiào）：比较。

③索：探索。

④情：实际情况。

⑤道：道义。此处指是否得民心。

⑥天：天时，即气候、时令等自然方面的条件。

⑦地：地理条件，如地势险要或平坦、场地开阔或狭隘等具体的地形、地势。

⑧将：将帅。此处指战争中具有谋略、智慧的指挥官。

⑨法：军令。

⑩上：国君。

⑪不畏危：不怕危险。

⑫阴阳：这里指昼夜晴雨等自然现象。

⑬险易：地势情况，即地势是险要还是平坦等。

⑭死生：死地与生地，即所选地形是否利于己方的战争，有利为生地，不利为死地。

⑮曲制：军队编制制度。

⑯主用：后勤管理。主是掌管，用为物资。此处指战略物资等后勤保障。

⑰闻：知道。

⑱孰：谁，哪一方。

⑲将：虚词，表示假设，类似"如果"。

⑳去：离开。

## 译 文

所以，要从以下五个方面着手，比较、分析敌对双方的各种条件，考察双方的实际情况，以测战争的走向。一是道义，二是天时，三是地形，四是将帅，五是法规。所谓"道义"，就是君主要得民心，让民众和君主心意相通，这样军士们才有同生共死的信念，而不怕危险。所谓"天时"，就是指昼夜、晴雨、寒暑交替、春夏秋冬四季等。所谓"地形"，就是指路程的

远近，地势的险要情况，战场是开阔还是狭窄，所选战场属生地还是死地等自然地理条件。所谓"将帅"，就是指军队的指挥官是否有足够的智谋才能，是否赏罚有信，对部下是否仁慈关爱，能否做到果断勇敢，所属军队是否军纪严明。所谓"法规"，就是指军队的组织编制是否简洁轻便，将吏的责权划分是否清晰明了，军需物资的掌管是否规范以及供给是否充足。这五个方面，将领一定要深刻了解。了解了就能胜利，否则必将失败。因此，要通过敌我双方情况的比较，来预测战争胜负的情势。一定要知道：哪一方的君主更得民心？哪一方的将领能力更强？哪一方占有天时地利？哪一方军纪严明、赏罚有信？哪一方兵力更加强大？哪一方的军士训练更为有素？哪一方军令执行更为有效？透彻分析了这些条件，自然就能够判定哪一方更容易取胜了。如果听从我的计策，用我指挥作战，那么必然能取得胜利，这样我就留下；如果不听我的计策，必然导致战争失利，那我就离开。

## 原 文

计①利②以听③，乃为之势，以佐其外④。势者，因利而制权⑤也。

## 注 释

①计：分析。
②利：优势。
③听：听从，采纳。
④外：国境之外，指他国。
⑤制权：根据实际利害关系而灵活应变。

## 译 文

有利的计谋被采纳后还要营造有利的态势，来辅助进行对外的军事行动。这里所说的"势"，是指在瞬息万变的战争中抓住最为有利的时机采取恰当的应变行动，掌握作战的主动权。

## 原 文

兵者，诡道也。故能而示①之不能，用而示之不用，近而示之远，远而示之近。利而诱之，乱而取②之，实而备之，强而避之，怒而挠③之，卑而骄之，佚④而劳⑤之，亲而离之，攻其无备，出其不意。此兵家之胜，不可先传也。

## 注 释

①示：展示。此处有故意伪装的意思。下同。
②取：攻取。
③挠：扰乱。
④佚：通"逸"，即安逸、安稳。
⑤劳：疲劳，此处为使动用法。

## 译 文

用兵作战，就是以诡诈为原则。因此，有实力要做出一副没实力的样子；想要攻打一定要做出一副不想攻打的样子；想从近处攻打，就要做出一副要从远处攻打的样子；想从远处攻打，就要做出一副从近处攻打的样子。如果事先得知对方贪利就用利益去诱惑他；如果察觉对方混乱就要趁乱攻打他；对方实力雄厚就要多加防备；对方过于强大就要避其锋芒；对方暴躁易恼怒就不停骚扰，让他更加愤怒；对方步步小心谨慎就要设法使他骄傲自大，从而丧失判断力；对方如果准备休整充分，就要设法使其疲劳；对方若是内部团结就要想办法离间他们，让他们互相猜忌。总之，要攻打对方没有防备的地方，要在对方没有料到的时机发动进攻。以上这些，都是军事家克敌制胜的诀窍。军事家需要在战争中根据实际情况灵活应用，不可能事先料到，更无法在战前讲明。

## 原 文

夫未战而庙算①胜者，得算多②也；未战而庙算不胜者，得算少也。多算胜，少算不胜，而况于无算乎！吾以此观之，胜负见矣。

## 注 释

①庙算：古时出兵作战之前，都要去宗庙举行特定仪式，同时商讨具体的

作战计划，做出战略部署，是一种重要的战略决策形式。

②得算多：有利条件多。

## 译 文

还没有交战，在决策上就判定自己能够取得胜利，是因为通过对比、分析，认为己方胜算更多；在决策上就判定己方无法取得胜利，是因为通过分析、计算，认为己方胜算太少。胜算多的常常取胜，胜算少的则多半失败，更何况那些根本就没有一点胜算的呢？因此，我们根据决策时的结论，就可以大致判定一场战争的结果了。

# 作战篇第二

## 题 解

本篇主要阐述的是如何进行战争。

## 原 文

孙子曰：凡用兵之法，驰车千驷①，革车②千乘，带甲③十万，千里馈④粮，则内外之费，宾客之用，胶漆之材⑤，车甲之奉⑥，日费千金，然后十万之师举⑦矣。

## 注 释

①驷：古代把四匹马拉一辆的车叫"驷"。

②革车：古代用于运载辎重的战车。

③带甲：用甲胄武装起来的军士。

④馈：运送。

⑤胶漆之材：泛指制作和维修作战器械所需的各种材料。

⑥奉：供给，补充。

⑦举：出兵作战。

## 译 文

孙子说：只要兴兵作战，必然需要出动轻型战车千辆，辎重车千辆，带甲兵士十数万，并且需要千里迢迢运送粮草。这样一来，前方后方的各种开支，招待外交使节的费用，物资器材、战车、甲胄的供给与维修等，每天至少要花费千金，之后十万大军方能出兵作战。

## 原 文

其用战①也胜，久则钝兵挫锐②，攻城则力屈③，久暴师④则国用不足。夫钝兵挫锐、屈力殚⑤货，则诸侯乘其弊而起，虽有智者，不能善其后矣。故兵闻拙速，未睹巧之久也。夫兵久⑥而国利者，未之有也。故不尽知用兵之害者，则不能尽知用兵之利也。善用兵者，役不再籍，粮不三载，取用于国，因粮于敌，故军食可足也。

## 注 释

①用战：用兵作战。

②钝兵挫锐：锐气挫伤。这里指军队士气受挫。

③屈：衰竭。力屈就是战斗力衰竭。

④暴（pù）师：军队长期被派遣在外。

⑤殚：枯竭。

⑥兵久：作战时间长。

## 译 文

用如此庞大的军队作战只能速胜，一旦战争持久不下，就会使军队疲惫，军士锐气挫伤。在此情况下，攻城时就会因为军士战斗力衰竭而屡屡受挫。同时，军队长期在外作战，必然导致国家财力空虚，供给困难。如果军士们疲惫不堪、锐气受挫，整个军队实力耗尽，同时国内物资储备面临枯竭，那么列国就会乘虚而入，向我方发起进攻。那时，即使有智谋之士也无法挽救危局。所以在实际作战中只听说过战术笨拙但力求速胜的，从未见过

有谁因战术精巧而极尽拖延的。自古以来，战争旷日持久反而对国家有利的，从来没有听说过。因此，我们可以说，一个将领，如果不了解用兵可能产生的危害，便不了解用兵可能产生的益处。一个善于用兵的人，从来不会一而再、再而三地征兵，也不需要一而再、再而三地从国内往军队运送粮草。善于用兵者，从国内获取军队需要的各种武器装备，再从敌人那里夺取战争所需要的粮草。这样一来，军队的粮草供应自然就不存在问题了。

## 原 文

国之贫于师者远输，远输则百姓贫；近于师者贵卖，贵卖则百姓财竭，财竭则急于丘役①。力屈、财殚，中原内虚于家。百姓之费，十去其七；公家之费，破车罢②马，甲胄矢弩，戟楯蔽橹，丘牛③大车，十去其六。

## 注 释

①丘役：以丘为单位征集的赋税徭役。丘，是古代的地方行政单位，九夫为井，四井为邑，四邑为丘。

②罢（pí）：通"疲"。

③丘牛：指从丘征集来的牛。

## 译 文

若国家因作战而贫困，一定是因为军队进行了远途运输，远途运输会导致百姓贫穷。同时，靠近军队驻扎地的地方还会物价暴涨，物价一旦暴涨就会导致百姓的财富流失，同时，国家就会储备空虚，并急于征集赋税和劳役。这就造成人力耗尽，财源枯竭，国内空虚。彼时，百姓的私家财产将耗掉十分之七；公家的财产，也会因为战车破损，战马疲惫，甲胄、弓箭、矛戟、盾牌、拉辎重的牛车等的损耗，耗掉十分之六。

## 原 文

故智将务食于敌，食敌一钟①，当吾二十钟；葸②秆一石，当吾二十石。故杀敌者，怒也；取敌之利者，货也。故车战得车十乘已上，赏其先得者。而更其旌旗，车杂而乘之，卒善而养之，是谓胜敌而益强。

## 注 释

①钟：古代的容量单位，六十四斗为一钟。

②萁（qí）：通"其"，豆秸。

## 译 文

所以，聪明的统帅，一定要靠敌国来解决粮草，从敌国处得来一钟的粮食，就相当于从本国运来二十钟粮食；从敌国取得一石的草料，就相当于从本国运来二十石草料。因此，想要让士兵拼死杀敌，就一定要激起士兵对敌人的愤怒；想要让士兵奋勇夺取敌方的军需物资，就一定得用缴获来的财物奖赏士兵，让他们得到好处。所以，在车战中，一旦夺取敌军战车十辆以上，就要奖赏最先夺取战车的那个人。同时，夺来的战车要立即换上我方的旗帜，将之编入我方车队，为我所用。对于俘虏，一定要优待他们，要好好供养他们。这样才能战胜敌人，并使我方更加强大，获得更强的战斗力的方法。

## 原 文

故兵贵胜，不贵久。

故知兵之将，生民之司①命，国家安危之主②也。

## 注 释

①司：掌握。

②主：主宰。

## 译 文

所以，用兵作战的关键是快速取胜，最为忌讳的就是战争旷日持久。深谙用兵之道的将领，是国民命运的掌握者，是一个国家命运的主宰者。

# 谋攻篇第三

## 题 解

本篇主要论述如何进攻敌国的问题。

## 原 文

孙子曰：凡用兵之法，全国<sup>①</sup>为上，破国次之；全军<sup>②</sup>为上，破军次之；全旅<sup>③</sup>为上，破旅次之；全卒<sup>④</sup>为上，破卒次之；全伍<sup>⑤</sup>为上，破伍次之。是故百战百胜，非善之善者也；不战而屈人之兵，善之善者也。

## 注 释

①全国：完整的国家。此处指使敌国整体屈服。以下全军、全旅、全卒、全伍等与此处义同。

②军：春秋战国时期军队的编制单位，大概一万两千五百人为一军。

③旅：春秋战国时期军队的编制单位，大概五百人为一旅。

④卒：春秋战国时期军队的编制单位，大概一百人为一卒。

⑤伍：春秋战国时期军队的编制单位，五人为一伍。

## 译 文

孙子说：但凡作战，其原则必然是，使敌国全部屈服是上策，用武力攻破敌国之后，他们才屈服就次一等；降服敌人全军是上策，击破敌军他们才降服就次一等；使敌人全旅降服是上策，击破敌旅他们才降服就次一等；使敌人全卒降服是上策，击破敌卒他们才屈服就次一等；使敌人全伍降服是上策，击破敌伍他们才降服就次一等。因此说，常打胜仗，可以做到百战百胜的将军，算不上是最好的将军；不通过交战就让敌人全体降服的，才是优秀将领中最好的将军。

## 原 文

故上兵<sup>①</sup>伐谋，其次伐交，其次伐兵<sup>②</sup>，其下攻城。攻城之法为不得已。修橹轒辒<sup>③</sup>，具器械，三月而后成；距闉<sup>④</sup>，又三月而后已。将不胜其忿而蚁附之，杀士三分之一而城不拔<sup>⑤</sup>者，此攻之灾也。

## 注 释

①上兵：最好的军事手段。上，最好。
②伐谋：用谋略去讨伐。伐交：用外交手段去讨伐。伐兵：用武力去讨伐。
③轒辒（fén wēn）：古代攻城用的一种四轮车具。
④距闉（yīn）：堆积攻城用的土山。
⑤拔：指城被攻下。

## 译 文

因此，最上等的军事行动是用谋略打败敌人，其次是用外交手段征服敌人，再次是用武力打垮敌军，最下等的策略是攻破敌人的城池，之后征服敌人。攻城是迫不得已时才会采取的方法。为了攻城修造橹、轒辒等各种攻城工具，准备其他的攻城器械，大概需要三个月才能完成。堆攻城时用的土山，又差不多得三个月才能完成。如果将领在长期的准备中难以抑制焦躁情绪，最后命令士兵像蚂蚁一样爬云梯攻城，即使士兵死伤三分之一城池还攻不下来，这就是攻城所带来的灾难。

## 原 文

故善用兵者，屈人之兵而非战<sup>①</sup>也，拔人之城而非攻也，毁人之国而非久也，必以全争于天下，故兵不顿<sup>②</sup>而利可全，此谋攻之法也。

## 注 释

①非战：不用交战。
②顿：通"钝"，疲惫，受挫。

## 译 文

因此，真正善于用兵打仗的人，不通过打仗就能使敌人屈服，不通过攻

城就能拿下敌人的城池，即使摧毁敌国，也不需要长期作战。他们一定会用"全胜"的策略去争胜于天下，这样一来，不仅国力不会受损，兵士不会疲惫，而且还获得了全面的胜利，这就是最好的谋攻法则。

## 原　文

故用兵之法，十则围①之，五则攻之，倍则分②之，敌则能战之，少则能逃之，不若③则能避之。故小敌之坚，大敌之擒也。

## 注　释

①围：包围。

②分：分散。

③不若：条件不如敌人。

## 译　文

因此，用兵作战的原则必然是：兵力是敌人的十倍时，就包围他们；兵力是敌人的五倍时，就正面进攻他们；兵力是敌人的一倍时，就要设法分散他们，然后逐个击破；势均力敌时，就要想尽办法战胜他们；兵力少于敌人时，最好选择撤退，设法摆脱敌人；如果各种条件都不如敌人，那么一定不要开战。所以，弱小的军队最好不战，如果坚持硬拼，其结果必然是被强大的敌人消灭。

## 原　文

夫将者，国之辅也。辅周①则国必强，辅隙②则国必弱。

## 注　释

①周：周到。

②隙：疏漏，缺陷。

## 译　文

将帅是国君的臂膀，如果将帅辅佐得缜密周到，那么国家必然走向强大。如果将帅辅佐国君有疏漏、不尽职，那么国家必然会衰败。

## 原 文

故君之所以患于军者三：不知军之不可以进而谓之进，不知军之不可以退而谓之退，是谓縻<sup>①</sup>军；不知三军之事而同三军之政，则军士惑矣；不知三军之权而同三军之任，则军士疑矣。三军既惑且疑，则诸侯之难至矣，是谓乱军引胜。

## 注 释

①縻：牵制。这里指军队受到束缚。

## 译 文

国君可能给军队造成的危害有三种：不知道军队不可以前进而强制下令前进，不知道军队不可以后退而强制下令后退，这是束缚军队；不懂军中事务却干涉军中行政管理，这样将士们就会感觉迷惑，不知如何是好；不懂得战略战术的变化却要强行参与指挥，这样将士们就会产生疑虑。一支军队无所适从，又疑虑重重，那么各诸侯就会乘机发难。这就等于国君扰乱了自己的军心，从而帮助敌人战胜自己。

## 原 文

故知胜有五：知可以战与不可以战者胜，识众寡之用者胜，上下同欲者胜，以虞<sup>①</sup>待不虞者胜，将能而君不御<sup>②</sup>者胜。此五者，知胜之道也。

## 注 释

①虞：准备。
②御：驾。此处引申为牵制、干预的意思。

## 译 文

因此，判断一支军队能够胜利有五个方面：能够准确判断仗能打或不能打的通常会取得胜利；懂得根据敌我双方实际情况分配兵力的通常会取得胜利；军心稳固，全军上下同心协力的通常会取得胜利；两方交战，一方准备

充分，另一方准备不充分，准备充分的通常会胜利；将领聪慧、有才华，精通军事、精于权变，同时君主又大胆放权，对将领不加干涉的通常会取得胜利。以上五个方面就是预见胜利的方法。

## 原 文

故曰：知彼知己者，百战不殆①；不知彼而知己，一胜一负；不知彼不知己，每战必败。

## 注 释

①殆：危险，失败。

## 译 文

所以说：充分了解对方也非常了解自己的，每次战斗都不会失败；不了解对方而只了解自己的，就只能胜负各占一半了；那些既不了解对方又不了解自己的，每次打仗都会有失败的危险。

# 形篇第四

## 题 解

本篇主要讲如何利用物质之"形"来保全自己，取得完全的胜利。

## 原 文

孙子曰：昔之善战者，先为不可胜，以待敌之可胜。不可胜在己，可胜在敌。故善战者，能为不可胜，不能使敌之可胜。故曰：胜可知而不可为。

## 译 文

孙子说：过去那些善于用兵作战的人，总是首先创造条件，让自己立于不败之地，然后耐心等待机会，观察何时有可乘之隙。这样，先使自己立于不败之地，便掌握了主动权，之后能否战胜敌人，便看是否有可乘之隙了。所以，善于用兵作战的人，可以做到自己不被敌人战胜，然后待机战胜敌人。从这个意义上说，胜利是可以预测的，但不可强求。

## 原 文

不可胜者，守也；可胜者，攻也。守则不足，攻则有余。善守者藏于九地①之下，善攻者动于九天②之上，故能自保而全胜也。

## 注 释

①藏于九地：隐藏得深，使敌人不可预知。古人常用"九"来表示数的极致，"九地"言深不可知。

②九天：极言高不可及。

## 译 文

如果遇到的是不可战胜的敌人，那么就应该采取防守的战术；当发现有可乘之隙时，就要果断采取进攻的战术了。之所以防守，是因为我方实力不足，不具备战胜对手的条件；之所以进攻是因为我方实力有余，具备取胜的条件。一个善于防守的人，能够做到把自己的兵力隐藏在深不可测的地方，使敌人无法发现；一个善于进攻的人，可以做到从天而降，突然出现从而有效打击敌人，因此既保全自己又获得全面胜利。

## 原 文

见胜不过众人之所知，非善之善者也；战胜而天下曰善，非善之善者也。故举秋毫①不为多力，见日月不为明目②，闻雷霆不为聪耳。古之所谓善战者，胜于易胜者也。故善战者之胜也，无智名③，无勇功④，故其战胜不忒⑤。不忒者，其所措⑥必胜，胜已败者也。故善战者，立于不败之地，而不失敌之败也。是故胜兵先胜而后求战，败兵先战而后求胜。善用兵者，修道而保法，故能为胜败之政⑦。

## 注释

①秋毫：本指秋天时鸟兽的细毛，此处比喻非常轻微的东西。

②明目：眼睛明亮。

③智名：有智慧的名声。

④勇功：勇敢杀敌的名声。

⑤不忒：没有差错。

⑥措：这里指作战措施。

⑦政：这里指主宰战争的胜负。

## 译文

能够预见胜利，但预测没有超过大家的见识，就不能算是最好的；打了胜仗而受到天下人的称赞，也不能算是高明中最高明的。就好比举得起毫毛一样重的东西不能称为大力士，能看见日月算不上眼睛异常明亮，听见雷鸣算不上耳朵灵便。古代所谓善于用兵的人，只不过是战胜了容易战胜的敌人而已。所以，真正善于用兵的人取得胜利，并没有智慧过人的名声，也没有勇武杀敌的战功，是因为他们在打胜仗时没有出现任何差错。这些人之所以不出现任何差错，就在于他们所采取的战术是能确保胜利的，他们所战胜的是已经处于失败地位的敌人。所以，真正善于打仗的人，是能使自己处于不败之地，而且不会放过任何可以导致敌人失败的时机。所以，打胜仗的军队，总是先创造取胜的条件才去交战，而那些打败仗的部队，总是先去交战而企图在战争中侥幸获胜。真正会用兵的人，善于修明政治并且遵循制胜的规律，所以能够成为主宰战争胜败的王者。

## 原文

兵法：一曰度①，二曰量②，三曰数③，四曰称④，五曰胜。地生度，度生量，量生数，数生称，称生胜。故胜兵若以镒称铢⑤，败兵若以铢称镒。胜者之战民也，若决积水于千仞⑥之谿者，形⑦也。

## 注 释

①度：长度。此处指国土面积的大小。

②量：容量。此处指国家物产是否丰富。

③数：数量。此处指军队数量的多少。

④称：权衡轻重。此处指力量的对比。

⑤以镒称铢：镒、铢，古代重量单位，比喻力量相差很大。

⑥千仞：比喻非常高。仞，古代的长度单位。

⑦形：此处有"势"的意思，主要指军事实力。

## 译 文

兵法上说：一是要估算敌我双方国土的面积，二是要推算人口、兵源数量的多寡，三是要统计军队的规模，四是要对双方军事实力进行细致的比较，五是要得出胜负的判断。有了土地也就有了土地面积，有了土地面积也就能推算出物产数量的多少，知道了物产数量的多少就能决定可以供养多少兵员，有了兵员数目，就能比较双方的军事实力，了解了双方的军事实力，也就能得出胜负的判断了。所以，获胜的军队对于失败的军队就如同用"镒"来称"铢"，具有绝对优势，而失败的军队对于获胜的军队就如同用"铢"来称"镒"，没有任何优势。胜利者指挥军队打仗，就像从千仞高的山涧中往下放水，势不可当，简直无坚不摧，这就是军事实力的外在表现。

# 势篇第五

## 题 解

本篇主要阐述如何造成有利的态势，来压倒对方。

## 原 文

孙子曰：凡治众如治寡，分数①是也；斗众如斗寡，形名②是也；三军

之众，可使毕受敌③而无败者，奇正④是也；兵之所加，如以碬投卵⑤者，虚实是也。

## 注 释

①分数：此处指军队的组织编制。

②形名：此处泛指指挥军队作战的工具及联络信号，如金、鼓、旌、旗之类。

③毕受敌：四面受敌。

④奇正：此处指代古代军队作战的方法。奇，指变化无端、出敌不意的战法。正，指正规或一般的战法。

⑤以碬投卵：用石头砸鸡蛋。

## 译 文

孙子说：想要做到治理人数众多的军队就像治理少数几个人那样简单，就要靠良好的组织、编制；想要做到指挥人数众多的军队就像指挥少数几个人一样井然有序，就要靠明确、高效的号令指挥作战及简单有效的联络信号；要想四面受敌也不会失败，关键是要正确运用"奇正"战术的变化；向敌军发起进攻时，想要达到用石头砸鸡蛋一样的效果，就要娴熟地运用以实击虚等手段。

## 原 文

凡战者，以正合①，以奇胜。故善出奇者，无穷如天地，不竭②如江河。终而复始，日月是也。死而复生，四时是也。声不过五，五声③之变，不可胜④听也；色⑤不过五，五色之变，不可胜观也；味⑥不过五，五味之变，不可胜尝也。战势不过奇正，奇正之变，不可胜穷也。奇正相生，如循环之无端，孰能穷之？

## 注 释

①以正合：让军队与敌人正面交战。

②竭：枯竭。

③五声：中国古代以宫、商、角、徵、羽五个音阶指称五声。

④胜：尽。

⑤色：颜色。中国古代以青、赤、黄、白、黑五种颜色为正色。

⑥味：味道。中国古代以甜、酸、苦、辣、咸五种基本味道为五味。

## 译 文

一般的作战方法，都是以正兵会合交战，然后利用奇兵辅助，出奇制胜。所以，善于运用奇兵的人，其战术繁复多样，就像天地的变化一样，无穷无尽，又像江河一样，永不枯竭。终而复始，有如日月起落运行一般，无穷无尽；死而复生，就好比四季更迭一般，没有尽头。声音不过宫、商、角、徵、羽五个音阶，然而用这五个音阶变化组合，就能创造出永远也听不完的音乐；颜色不过青、赤、黄、白、黑五种，然而用这五种色调变化组合，就能产生出永远看不完的色彩；味道不过甜、酸、苦、辣、咸五种，然而用这五种味道相互调合，就能产生出永远也尝不完的美味。战争中的势态、战法，不过"奇""正"两种，然而运用巧妙的手段，将"奇""正"变化组合，就能产生出无穷无尽的战术。"奇""正"也是可以相互转化的，就像顺着圆环旋转一样，永远也到不了头，有谁能够穷尽它呢？

## 原 文

激水之疾①，至于漂石者，势也；鸷鸟②之疾，至于毁折者，节③也。是故善战者，其势险，其节短。势如彍弩④，节如发机⑤。

## 注 释

①疾：急速，快。

②鸷鸟：指凶猛的鸟。

③节：时机、关节。

④彍（guō）弩：拉满的弓弩。

⑤发机：扣动弩机。

## 译 文

湍急的流水疾驰奔泻，甚至能漂动大石，这是因为它有强大的水势；鸷

鸟速度飞快，以至于能迅速捕杀雀鸟，这是因为它抓住了时机。因此，善于作战的指挥者，他制造的态势必然是险峻的，他进攻的节奏必然是极度短促的。善战者所造成的"势险"就如同拉满的弓弩一样，随时可以发射，进攻的"节奏"就如同扣动弩机那样，突然就可射出。

## 原文

纷纷纭纭<sup>①</sup>，斗乱<sup>②</sup>而不可乱也；浑浑沌沌<sup>③</sup>，形圆<sup>④</sup>而不可败也。乱生于治，怯生于勇，弱生于强。治乱，数<sup>⑤</sup>也；勇怯，势<sup>⑥</sup>也；强弱，形也。故善动<sup>⑦</sup>敌者，形<sup>⑧</sup>之，敌必从之；予之，敌必取之。以利动之，以卒<sup>⑨</sup>待之。

## 注释

①纷纷纭纭：纷杂混乱。此处指代旗帜繁乱。

②斗乱：指战斗混乱。

③浑浑沌沌：此处指战车转动，人马奔驰。

④形圆：指圆形的阵形。

⑤数：指军队的编制。

⑥势：指军事态势。

⑦动：调动。

⑧形：指以假象迷惑敌人。

⑨卒：指重兵。

## 译文

旌旗纷杂，局势混乱，但自己组织指挥的军队有条不紊；战车转动，人马往来奔驰，但自己组织指挥的军队沉着冷静、应付自如，如此自然立于不败。在一定的条件下，"乱"可以产生于"治"，"怯"可以产生于"勇"，"弱"可以产生于"强"。是"治"还是"乱"，取决于军队的组织编制；是"勇"还是"怯"，取决于势态的优劣；是"强"还是"弱"，取决于力量的大小。所以，善于调动敌军的人，会向敌军示以假象，而敌军则一定会为其所骗，从而上当；给敌军一点好处，敌军便为其所诱。善于用兵作战的人最擅长的就是用小利引诱敌军，之后部署重兵来严阵以待。

## 原　文

　　故善战者，求之于势，不责①于人，故能择人而任势。任势者，其战人②也如转木石。木石之性，安则静，危③则动，方则止，圆则行。故善战人之势，如转圆石于千仞之山者，势也。

## 注　释

　　①责：苛求。

　　②战人：指挥士卒作战。

　　③危：危险。此处指地势倾斜、陡峭。

## 译　文

　　所以，善于指挥作战的人追求的是有利于己方的"势"，而不是去苛求自己的士兵，因此，他们能选择合适的人才去利用已形成的"势"帮助自己取胜。那些善于利用"势"的将领在指挥部队作战时，像转动木头和石头一样。木头和石头的特性是，当处于平坦地势时，静止不动；处于倾斜、陡峭的地势时就会滚动，方形的物体就会静止，圆形的物体就容易滚动。所以，善于指挥作战的人所造就的"势"，总是像从很高的山上把圆石滚下来一样，势不可当。这就是军事上所谓的"势"。

# 虚实篇第六

## 题　解

　　本篇主要论述指挥作战时如何争取主动权，灵活地打击敌人。

## 原　文

　　孙子曰：凡先处①战地而待敌者佚②，后处战地而趋战③者劳。故善战者，致人④而不致于人。能使敌人自至者，利之也；能使敌人不得至者，害之也。故敌佚能劳之，饱能饥之，安能动之。

## 注 释

①处：到达，占据。

②佚：安逸，从容。

③趋战：仓促应战。

④致人：调动敌人。

## 译 文

孙子说：凡是先到达战场并牢牢占据战场，从容等待敌人的，就能获得主动权；而后到达战场，匆忙投入战斗的，就会身处被动，从而为疲劳所累。所以，善于指挥作战的人，一定是能成功调动敌人而不被敌人调动的。能使敌人自动进入预设好的区域，是因为用小利引诱了敌人；能使敌人不能达到其预定地域，是因为给敌人制造了困难。当敌人休整好时，能设法让其疲劳；当敌人给养充足时，能设法使之饥饿；当敌人安稳不动时，能设法让他行动起来。

## 原 文

出其所必趋，趋其所不意。行千里而不劳者，行于无人之地也。攻而必取者，攻其所不守也。守而必固者，守其所不攻也。故善攻者，敌不知其所守；善守者，敌不知其所攻。微乎微乎①，至于无形；神乎神乎②，至于无声，故能为敌之司命③。

## 注 释

①微乎微乎：微妙啊微妙。

②神乎神乎：神奇啊神奇。

③司命：命运的主宰。

## 译 文

　　要向敌人不设防的地区进军，更要急速到达敌人所预料不到的地点，然后展开快速攻击。之所以行军千里而不疲惫，是因为走的是敌人没有设防的地区。之所以进攻就一定会获胜，是因为攻击的是敌人不设防的地方。防守之所以异常稳固，是因为守的是敌人不进攻的地方。所以，真正善于进攻的人，一定是出其不意的，让敌人不知道他从哪里进攻；而善于防守的人，则是准备充分的，能使敌人不知道该从哪里或怎样进攻。微妙啊微妙，竟然见不到一点痕迹；神奇啊神奇，居然找不到半点漏洞。这样，我方就能主宰敌人的命运，胜利也是必然的了。

## 原 文

　　进而不可御者，冲其虚也；退而不可追者，速而不可及①也。故我欲战，敌虽高垒深沟，不得不与我战者，攻其所必救也。我不欲战，画地而守之，敌不得与我战者，乖其所之②也。

## 注 释

　　①及：到。此处是追上的意思。
　　②乖其所之：改变敌人的去向。乖，背离，违背。

## 译 文

　　进攻时敌人无法抵御，是因为我方攻击的是敌人兵力薄弱的地方；撤退时敌人无法追击，是因为我方行动迅速，没给敌人反应时间。所以，真正的善战者一定是这样的：我军想要交战时，哪怕敌军有高垒深沟，怀着闭门不战的想法，也不得不出来与我军交战，之所以如此，是因为我军攻击了它非救不可的要害之处。当我军不想与敌军交战时，哪怕我军只是在地上画条线作为防守的屏障，敌军也无法与我军交战，之所以如此，是因为我军已经诱使敌人改变了进攻的方向。

## 原 文

故形人①而我无形，则我专而敌分。我专为一，敌分为十，是以十攻其一也，则我众而敌寡。能以众击寡者，则吾之所与战者约②矣。吾所与战之地不可知，不可知则敌所备者多。敌所备者多，则吾所与战者寡矣。故备前则后寡，备后则前寡，备左则右寡，备右则左寡，无所不备，则无所不寡。寡者，备人者也；众者，使人备己者也。

## 注 释

①形人：此处指诱使敌人暴露形迹。

②约：少。

## 译 文

所以，要诱使敌军暴露形迹而让我军处于隐蔽状态，这样，我军的兵力就可以集中，而且易于用计使敌军的兵力分散。我军把兵力集中于一点，而敌人分散在十处，就相当于我军以十倍于敌人的兵力攻打敌人，从而出现我众敌寡的有利态势。之所以能做到以众击寡，是因为与我军直接交战的敌军变少了。此时，我军所设定的战场在哪里，敌军不知道，因此敌军就会处处分兵设防，以防万一。如此，则敌军防备的地点越多，那么直接和我军交战的部队就会越少。所以，他们充分防备了前面，后面的兵力就会不足；充分防备了后面，前面的兵力就会不足；充分防备了左边，右边的兵力就会不足；充分防备了右边，左边的兵力就会不足；处处都防备，就处处兵力不足。敌军之所以兵力薄弱，就是因为处处防备，分散了自己的力量；我军之所以兵力充足，就是因为迫使敌人处处防备，分散了他们的力量。

## 原 文

故知战之地，知战之日，则可千里而会战；不知战地，不知战日，则左不能救右，右不能救左，前不能救后，后不能救前，而况远者数十里，近者数里乎？以吾度①之，越人②之兵虽多，亦奚③益于胜哉？故曰：胜可为也。敌虽众，可使无斗④。

## 注 释

①度：推测，判断。

②越人：即越国人。春秋时越国和吴国经常相互征伐，孙武为吴王讲兵法时也常以越国为假想敌。

③奚：疑问词，相当于"何"的意思。

④无斗：无法战斗。

## 译 文

所以，如果我军能预知与敌人交战的地点，又能预知与敌人交战的时间，那么即使行军千里也可以顺利与敌人交战；相反，如果不能预知与敌人交战的地点和时间，便只能毫无准备，仓促迎敌，那样我军必然陷入被动，从而导致左翼不能救右翼，右翼不能救左翼，前面不能救后面，后面不能救前面，更何况远的有数十里远，近的也有好几里远呢？所以，我推断，越国的军队虽然很多，但如果战术不对，对他们的取胜又有什么帮助呢？所以说，胜利是可以创造的，只要战术运用得当，即使敌人兵多将广，一样可以让他们没有战斗力，进而为我军所制。

## 原 文

故策①之而知得失之计，作②之而知动静之理，形之而知死生之地，角③之而知有余不足之处。故形兵之极，至于无形。无形，则深间不能窥，智者不能谋。因形而措胜于众，众不能知；人皆知我所以胜之形，而莫知吾所以制胜之形。故其战胜不复，而应形于无穷。

## 注 释

①策：分析判断。

②作：指诱使敌人行动。

③角：较量。此处指试探性的进攻。

## 译 文

所以，通过分析便可以判断敌人作战计划的优劣得失，诱使敌人行动便可以了解其动静规律，通过陈师布阵的演练就可以知道所处地形是生地还是死地，通过试探性进攻就可以探明敌人兵力布置是否完善。所以，陈师布阵的方法运用得极为巧妙时，便可以做到一点形迹也没有。如果丝毫不暴露行迹，那么即使隐藏再深的间谍也不能探明我方的真实情况，再足智多谋的对手也想不出对付我方的办法。甚至可以做到，即使把取胜的策略摆在众人面前，人们也想不出我方是怎样打胜的。人们都知道我方克敌制胜的方法，却都猜不出我方是怎样运用这些方法取得胜利的。所以，没有一成不变的方法，每次取胜也都不会重复前一次的方法，而是根据现实情况做出一定的调整，运用变化无穷的战术，制定出最符合当时情势的战略来。

## 原 文

夫兵形象水，水之形，避高而趋下；兵之形，避实而击虚。水因地而制流，兵因敌而制胜。故兵无常势[1]，水无常形；能因敌变化而取胜者，谓之神[2]。故五行[3]无常胜，四时无常位，日有短长，月有死生[4]。

## 注 释

①势：形态。
②神：指用兵如神。
③五行：金、木、水、火、土。因其相生相克，故说"五行无常胜"。
④月有死生：月有圆缺，此处指月亮有圆与缺的变化。

## 译 文

作战好比流水，水的流动方式是远离高处而向低处流淌，作战取胜的方法则是避开防备坚固之处，而攻其薄弱的环节。水会自动根据地势来决定自己的流向，军队也应该根据敌情随时制定取胜的方略。所以用兵作战就像流水一样，没有一成不变的态势。真正的用兵如神者，一定是能够根据敌情随时改变制胜策略的。所以，用兵作战的性质，就像金木水火土五行一样，互为本末，又相生相克，没有哪个能够常胜；也像春夏秋冬四季依次交替一样，没有哪个季节能够固定不移；同时，也像白天有长有短，月亮有圆有缺一般，永远处于变化之中。

# 军争篇第七

## 题 解

本篇论述的是如何通过灵活应变掌握主动，先于敌人造成有利态势和取得制胜的条件。

## 原 文

孙子曰：凡用兵之法，将受命于君，合军聚众，交和而舍，莫难于军争。军争之难者，以迂①为直②，以患③为利。故迂其途而诱之以利，后人发④，先人至⑤，此知迂直之计者也。

## 注 释

①迂：迂回曲折。

②直：指直道。

③患：祸患，不利。

④后人发：比别人出发晚。

⑤先人至：比别人到达早。

## 译 文

孙子说：大凡用兵的方法不外乎此，将帅从国君那里接受命令，之后征集民众、组织军队，然后整装出发，同敌人对阵。在这些环节中，最难的是如何争得制胜的先机。要想争得制胜的先机，最困难的莫过于把迂回曲折的弯路转变为笔直的捷径，把对我们不利的条件转变为对我们有利的条件。所

以，娴熟运用迂回绕道的方法，再用小利去引诱敌人，这样就能做到虽然比敌人后出发，却可以先到达，从而抢先占领阵地，这就是懂得了"以迂为直"的道理。

## 原文

故军争为利，军争为危。举军<sup>①</sup>而争利，则不及；委军<sup>②</sup>而争利，则辎重<sup>③</sup>捐。是故卷甲而趋<sup>④</sup>，日夜不处<sup>⑤</sup>，倍道兼行，百里而争利，则擒三将军。劲者<sup>⑥</sup>先，疲者后，其法十一<sup>⑦</sup>而至。五十里而争利，则蹶上将军，其法半至。三十里而争利，则三分之二至。是故军无辎重则亡，无粮食则亡，无委积<sup>⑧</sup>则亡。

## 注释

①举军：全军。

②委军：指丢弃辎重。委，丢弃，抛弃。

③辎重：指粮秣、军械等军需物资。

④卷甲而趋：卷起铠甲快速前进。

⑤处：停止，休息。

⑥劲者：健壮的士卒。

⑦十一：十分之一。

⑧委积：指军需物资储备。

## 译文

战争自然存在有利的一面，但同时，战争也有危险的一面。比如，如果率领全部军队，带着所有辎重去跟别人打仗，那么很可能因为负重太多，不能及时到达预定位置，从而失去先机；如果丢弃辎重或抛弃一小部分行军速度慢的部队，轻装去打仗，那么装备辎重就会受到损失，从而导致失败。所以，命令手下士兵卷起铠甲快速前进，日夜不休地加速行军的将领就可能被俘获。如果太过着急，导致强壮的士兵先到达，疲弱的士兵掉了队，远远落在后面，那么结果就是只有十分之一的兵力赶到战场，同样无益于作战。急速奔走五十里去争利的部队，将领很可能会受挫折，结果则多半是只有半数的兵力及时赶到战场；急速奔走三十里去争利，其结果最多也只有三分之二的兵力及时赶到战场。由此可见，部队没有辎重就会失败，没有粮食供应就不能生存，没有足够的物资储备就无法坚持作战。

## 原 文

故不知诸侯之谋者，不能豫交<sup>①</sup>；不知山林、险阻、沮泽<sup>②</sup>之形者，不能行军；不用乡导<sup>③</sup>者，不能得地利。

## 注 释

①豫交：和诸侯结交。

②沮泽：指水草丛生的沼泽地。

③乡导：向导，指给军队带路的人。乡，通"向"。

## 译 文

所以，不了解各国诸侯的战略企图，不能与之结交；不熟悉山林、险阻、沼泽等地形，不能行军；不使用向导，就无法有效地利用有利地形。

## 原 文

故兵以诈立，以利动，以分合为变者也。故其疾<sup>①</sup>如风，其徐<sup>②</sup>如林，侵掠如火，不动如山，难知如阴，动如雷震；掠乡分众，廓地分利，悬权而动。先知迂直之计者胜。此军争之法也。

## 注 释

①疾：快速。

②徐：缓慢。

## 译 文

所以，用兵作战最重要的就是用"诈"，实际操作中，要根据是否有利来采取行动，要根据双方情势进行对比分析，然后决定是分散还是集中。所以，急速行军时就要迅猛得像狂风，呼啸而至；缓慢行军时，就要似树林那

般，严整安静；攻击敌人时要像燎原的烈火；按兵不动时要像巍然屹立的山岳；隐蔽时得像阴天看不清日月星辰那般，不露痕迹；行动时就像雷霆，以万钧之势让敌人迅雷不及掩耳。要分兵行动去夺取敌方的财物，掳掠敌方百姓；应分兵扼守要地，扩张领土；要权衡利害得失然后相机而动。总之，谁先懂得以迂为直的方法，谁就能取得最后的胜利。这就是战争的法则。

## 原 文

《军政》①曰："言不相闻，故为金鼓②；视不相见，故为旌旗③。"夫金鼓旌旗者，所以一人之耳目也。人既专一，则勇者不得独进，怯者不得独退，此用众之法也。故夜战多火鼓④，昼战多旌旗，所以变人之耳目也。

## 注 释

① 《军政》：古代的兵书。

② 金鼓：古代夜战时用来指挥作战、传递信号的工具。

③ 旌旗：泛指指挥作战用的各种旗帜。

④ 火鼓：金鼓。

## 译 文

《军政》里说："部队作战时，指挥官用话语传递指挥信息的话，士兵们是难以听到的，所以给部队设置了金鼓，用以指挥作战、传递信号；作战时用动作来指挥，士兵们会看不清或看不见，所以部队都是用旌旗来指挥作战的。"因此，金鼓和旌旗都是用来传递信息，统一士兵行动的。有了它们，全军的士兵都能服从于统一的指挥，这样，勇敢的士兵就不会单独冒进，胆怯的士兵也不会独自退却了。这就是指挥大规模部队的方法。所以，夜间作战多用火鼓指挥，而白天打仗多用旌旗指挥。这些变化都是用来适应士卒的视听条件的。

## 原 文

故三军可夺气①，将军可夺心②。是故朝气锐③，昼气惰④，暮气归⑤。

故善用兵者，避其锐气，击其惰归，此治气<sup>⑥</sup>者也。以治待乱，以静待哗，此治心者也。以近待远，以佚待劳，以饱待饥，此治力者也。无邀正正之旗，勿击堂堂之陈，此治变者也。

## 注 释

①夺气：挫伤士气。
②夺心：动摇决心，此处指动摇军心。
③锐：此处指气盛。
④惰：懈怠。
⑤归：此处指士气衰竭。
⑥治气：此处指掌握士气。

## 译 文

所以说，三军士卒的锐气是可以挫伤的，三军士卒的决心也是可以动摇的。一般来讲，军队初战时，大都士气饱满，个个锐不可当；过了一段时间，士气就会变得低落，不再那么勇猛了；到了战争后期，士气就会衰竭，所剩无几。因此，善于用兵的人，总是避开敌人的锐气，而趁其士气低落衰竭时发起猛攻，这就是正确掌握士气的方法。用严整来应对敌人的混乱，用沉着镇定来应对敌人的躁动与喧哗，这就是正确掌握军心的方法。自己先行靠近战场，之后等待远道跋涉而来、已经变得疲惫的敌人；用自己的从容来应对疲惫不堪的敌人，自然能掌握主动；用己方已经粮足食饱的士兵来等待粮尽人饥的敌人，这就是正确指挥军力的方法。一定不要去迎击旗帜整齐、队伍统一的军队，也不要去攻击阵容整肃、士气饱满的军队，这就是随机应变的方法。

## 原 文

故用兵之法，高陵勿向<sup>①</sup>，背丘勿逆<sup>②</sup>，佯北<sup>③</sup>勿从<sup>④</sup>，锐卒勿攻，饵兵<sup>⑤</sup>勿食，归师<sup>⑥</sup>勿遏，围师必阙<sup>⑦</sup>，穷寇勿迫。此用兵之法也。

## 注 释

①向：指从下向上仰攻。

②逆：指迎面进攻。

③北：败北。

④从：跟从，跟踪。

⑤饵兵：指引诱我军的敌军。

⑥归师：退却的敌军。

⑦阙：通"缺"，空缺。

## 译 文

所以，正确的用兵方法是：当敌军占领山地中的高地时不要迎面仰攻，因为他们占据地理优势；敌军背靠高地时不要正面迎击，因为他们无路可退的话必然奋勇反抗；对于假装败退的敌人不要跟踪追击，因为对方多半会设置陷阱；面对敌人的精锐部队时，不要强攻，要懂得避其锋芒；发现敌人的诱兵时，不要想着去消灭，因为多半是计策；对于已经决定撤退的部队不要去阻截，否则会招来反抗；包围敌军时，一定要留出一个缺口，否则会激起敌人最激烈的反抗；对于陷入绝境的敌人不要过分逼迫，否则会增强他们的士气。这些都是用兵的基本原则。

# 九变篇第八

## 题 解

本篇主要论述如何发挥指挥上的灵活性。

## 原 文

孙子曰：凡用兵之法，将受命于君，合军聚众，圮地①无舍，衢地②交合，绝地③无留，围地④则谋，死地⑤则战。途有所不由，军有所不击，城有所不攻，地有所不争，君命有所不受。故将通于九变之利者，知用兵矣；将不通于九变之利者，虽知地形，不能得地之利矣。治兵不知九变之术，虽知五利，不能得人之用矣。

## 注 释

①圮地：指山林、险阻、沮泽等难行的道路。

②衢地：四通八达之地。此处指多国交界、交通便利的地方。

③绝地：指与后方隔绝、难以生存的地区。

④围地：此处指比较狭隘或者迂回曲折等容易被包围的地方。

⑤死地：不能生存的地方。此处指面对大规模敌军，同时又没有逃跑路线的地方。

## 译 文

孙子说：大凡用兵的方法都是这样的，首先是将帅接受国君的命令，然后征集兵员组建军队出征。出征中，在山林、险阻及水草丛生的地方绝对不能扎营驻军；在四通八达、交通便利，与他国接壤的地区打仗时，首先要做的是与四邻结交，保证他们不会突然攻打我们；在与后方隔绝、生存条件苛刻的地区一定不要停留；在被包围的地方，就要巧用计谋，创造突围的条件；在身处死地时，就要下定决心，决一死战。打仗时一定要记住，有些道路是不可以走的，有些敌军千万不能攻击，有些城池不可以占领，有些地域千万不要争夺，即使是君主的命令，有时也可以不接受。所以，如果一名将帅精通"九变"的具体运用，就可以说是懂得用兵之道。如果一名将帅不懂得"九变"的具体运用，即使了解地形，也一样无法获得地利。治兵却不懂得"九变"的方法，即使他懂得"五利"，也不能充分发挥军队的作用。

## 原 文

是故智者之虑，必杂①于利害。杂于利而务②可信③也，杂于害而患可解也。

## 注 释

①杂：掺杂，此处有兼顾的意思。

②务：指战斗任务。

③信：通"伸"，此处指顺利发展。

## 译 文

明智的将帅考虑问题时，一定要兼顾利害，并弄清两者的关系。他要做的是，在有利的情况下考虑不利的因素，这样事情就能顺利发展。同样，身处不利环境中，就要多多考虑有利的因素，这样祸患就可以排除。

## 原 文

是故屈①诸侯者以害②，役③诸侯者以业，趋④诸侯者以利。

## 注 释

①屈：屈服。此处指使人屈服。

②害：此处指害怕、忌讳、厌恶的事。

③役：役使。

④趋：归附。

## 译 文

因此，要通过诸侯害怕的事情迫使诸侯屈服；要通过展示自己的实力，让诸侯陷入慌乱；还要懂得正确使用"利"，通过"利"诱使诸侯归附。

## 原 文

故用兵之法，无恃①其不来，恃吾有以待也；无恃其不攻，恃吾有所不可攻也。

## 注 释

①恃：依仗。

## 译 文

所以，正确的用兵方法是：不要幻想着敌人不来，而要依靠我方的充分准备，严阵以待，将他们打跑；也不要幻想着敌人不进攻，而要做好准备，让自己拥有敌人无法攻破的力量。

## 原 文

故将有五危：必死①，可杀也；必生②，可虏也；忿速③，可侮也；廉洁④，可辱也；爱民⑤，可烦也。凡此五者，将之过也，用兵之灾也。覆军杀将，必以五危，不可不察也。

## 注 释

①必死：指有勇无谋，只知死拼。

②必生：指贪生怕死。

③忿速：指愤怒急躁。

④廉洁：指清廉好名，自矜名节。

⑤爱民：指溺爱将士。

## 译 文

所以，将领有五种致命的危险，分别是：如果只知道死拼硬打，那么就可能被诱杀；如果一味贪生怕死，那么就可能被敌人俘虏；如果性情暴躁易怒，那么就可能因为受到敌人的一点点轻侮而轻举妄动、陷入被动；如果一味清廉好名，过于爱好面子，就可能因为被侮辱而失去理智，从而做出轻率的举动来；如果溺爱将士，就可能导致烦扰而陷入被动。以上这五种情况，都是将领容易犯的过错，会给己方作战带来灾难。那些在战争中全军覆没，连将领也被杀的情况，一定是因为统帅有这五种致命弱点。因此，对于将领可能存在的这些毛病，我军一定要充分认真地考察和了解，做到有则改之，无则加勉。

# 行军篇第九

## 题 解

本篇主要讲述了如何配置、组织军队，如何观察、判断敌情，如何团结将士。

## 原 文

孙子曰：凡处军①相敌，绝山依谷，视生处高，战隆无登，此处山之军也。绝水必远水；客②绝水而来，勿迎之于水内，令半济而击之，利；欲战者，无附③于水而迎客；视生处高，无迎④水流，此处水上之军也。绝斥泽⑤，惟亟⑥去无留；若交军于斥泽之中，必依水草而背众树，此处斥泽之军也。平陆处易而右背高，前死后生，此处平陆之军也。凡此四军之利，黄帝之所以胜四帝也。

## 注 释

①处军：指行军作战中对军队的处置。
②客：古代交战时把进攻的一方称为"客"，防守的一方称为"主"。
③无附：不要靠近。
④迎：逆。
⑤斥泽：盐碱、沼泽之地。
⑥亟：急切，赶快。

## 译 文

孙子说：但凡部署军队、判断敌情，都应该注意通过山地时一定要靠近有水草的溪谷，而且应该在居高向阳的地方驻扎军队，敌人占领高地时不要向上仰攻敌人，这是在山地战中部署军队的原则。军队横渡江河以后，应在远离湍急水流的地方驻扎。如果敌人渡河来与我军交战，不要在江河中迎击敌人，而要在敌人一部分已经渡河、一部分还未到达河岸时发起攻击，这样对我方最为有利。如果要与敌人决战，切记不要紧靠水边迎敌，要选择居高向阳的地方，不要面对着江河水流迎敌，这是在江河地带决战时部署军队的原则。通过盐碱沼泽地带时，不要停留，要快速离开；如果在盐碱沼泽地带与敌军相遇，那么一定要在靠近水草且背靠树林的地方部署军队，这是在盐碱沼泽地带部署军队的原则。在平原地带与人交战时，要选择平坦、视野开阔的地方安扎军营，最好右侧依托高地，前低而后高，这是在平原地带部署军队的原则。以上四种部署军队的原则，就是黄帝之所以能战胜其他四帝的重要原因。

## 原 文

凡军好高而恶下，贵阳<sup>①</sup>而贱阴，养生<sup>②</sup>而处实<sup>③</sup>，军无百疾，是谓必胜。丘陵堤防，必处其阳而右背之，此兵之利，地之助<sup>④</sup>也，上雨，水沫至，欲涉<sup>⑤</sup>者，待其定也。

## 注 释

①贵阳：以向阳为贵。阳，此处指向阳面。后文"阴"即指背阴面。

②养生：指据有水草之利。

③处实：指依托高地而处。

④地之助：得到地形的辅助。

⑤涉：徒步蹚水。

## 译 文

一般来讲，将帅选择驻军地点时，都喜欢干燥的高地，而厌恶潮湿的洼地；都重视向阳之地，而刻意避开阴暗之地；将军队驻扎在接近水草、地势较高的地方，将士就不容易生病，这样自然会有战胜敌人的把握。在丘陵堤坝等地方行军时，一定要占领向阳的一面，并且背靠高地驻扎，这些都对作战有利的条件，是地形对作战的辅助。遇到上游下雨、洪水突至的情况，千万不要着急，如果此时需要徒步涉水去参加战争，那么应等待水流平稳以

后再过河。

## 原 文

　　凡地有绝涧①、天井②、天牢③、天罗④、天陷⑤、天隙⑥，必亟去之，勿近也。吾远之，敌近之；吾迎之，敌背之。军行有险阻、潢井⑦、葭苇、山林、蘙荟者，必谨覆索之，此伏奸之所处也。

## 注 释

　　①绝涧：险绝的山涧，指两山险峻，且有湍急水流流淌其间的地方。
　　②天井：四周高，中间低洼，形状像井的地方。
　　③天牢：三面绝壁，没有撤退、逃跑路线，易进难出的地方。
　　④天罗：林深草茂，形状像网，进出困难的地方。
　　⑤天陷：地势低洼，沼泽连绵，泥泞易陷的地方。
　　⑥天隙：地形狭窄，不易通过，窄如缝隙的地方。
　　⑦潢井：指内涝积水，地势洼陷的地方。

## 译 文

　　凡是遇到两山险峻且有湍急水流流淌其间的地方；四周高，中间低洼，形状像井的地方；三面绝壁，没有撤退、逃跑路线，易进难出的地方；林深草茂，形状像网，进出困难的地方；地势低洼，沼泽连绵，泥泞易陷的地方；地形狭窄，不易通过，窄如缝隙的地方等地形，一定要迅速离开，不要接近。行军时，一定要远离这些地形，同时设法让敌人靠近这类地形；自己面向这些地形，而让敌人背靠着它。当在山川险阻、芦苇丛生的低洼地或草木茂盛的山林地区行军时，一定要仔细反复地搜索，切不可有丝毫大意，因为这些地方都是敌人可能埋设伏兵或隐藏奸细的地方。

## 原 文

　　敌近而静者，恃①其险也；远而挑战者，欲人之进也；其所居易者，利②也。众树动者，来也；众草多障者，疑也；鸟起者，伏也；兽骇者，覆也。尘高而锐③者，车来也；卑而广者，徒来也；散而条达者，樵采也；

少而往来者，营军也。辞卑<sup>④</sup>而益备者，进也；辞强而进驱者，退也；轻车先出，居其侧者，陈也；无约而请和者，谋也；奔走而陈兵车者，期<sup>⑤</sup>也；半进半退者，诱也。杖而立者，饥也；汲<sup>⑥</sup>而先饮者，渴也；见利而不进者，劳也。鸟集者，虚也；夜呼者，恐也；军扰者，将不重也；旌旗动者，乱也；吏怒者，倦也；粟马肉食<sup>⑦</sup>，军无悬瓿，不返其舍者，穷寇也；谆谆翕翕，徐与人言者，失众也；数赏<sup>⑧</sup>者，窘也；数罚<sup>⑨</sup>者，困也；先暴而后畏其众者，不精之至也；来委谢<sup>⑩</sup>者，欲休息也。

## 注 释

①恃：依仗。

②易：平地。利：指地利。

③锐：尖。

④辞卑：言辞谦卑。

⑤期：指按期交战。

⑥汲：从井里打水。

⑦粟马肉食：用粮食喂马，然后宰杀战马吃肉。

⑧数赏：不断地奖赏。

⑨数罚：不断地惩罚。

⑩来委谢：指敌人派使者来委婉谢罪。

## 译 文

敌人离我方很近却很安静，肯定是他们已经占据了险要的地形；敌人离我们很远却不断向我们发起挑战，肯定是企图引诱我们前进，让我们进入他们的圈套；敌人已经占据了平坦的地方，那么就已经有了地利；许多树木枝叶突然摇动，说明敌人隐蔽在树林里，且正在移动；草丛中设有许多障碍物，说明敌人已经在此布下疑阵；群鸟突然受惊起飞，说明敌人设下埋伏；野兽突然四处奔袭，说明敌人正在向我们疾驰奔袭；远处尘土飞扬且灰尘很高、很细，说明敌人正在乘战车向我们驶来；如果敌人激起的尘土高度低但面积广，说明敌人正徒步向我方行进；如果尘土四处飞扬，但散乱无章，呈细长分布，说明敌人正在砍柴；如果敌人激起的尘土少，且时起时落，说明

敌人正在安营扎寨。敌人派来的使者言辞谦卑，但同时他们又在加紧战备，说明他们已经准备进攻作战了，只不过是派使者来迷惑我们；敌人派来的使者言辞强硬，同时他们的军队又做出一副随时会前进的姿态，说明他们准备撤退，强硬不过是装出来迷惑我们的；敌人的轻车率先出动并且部署在两边，说明他们正在部署作战的阵势；敌人事先与我们没有任何约定，也无往来迹象，却突然前来讲和，其中肯定另有阴谋；敌人急速奔走并排列阵势，说明他们准备按期与我们作战；敌人如果半进半退，肯定是企图引诱我军。敌军将士扶着兵器站立，一定是粮草不足，正处于饥饿状态；敌军中负责供水的士兵打水之后自己先喝，说明敌军供水不足，将士正处在缺水状态中；敌人见到利益却不进兵争夺，说明他们已经很疲劳了；敌人的营寨上空聚集了许多鸟雀，说明此时的敌营是一座空营；敌人阵营夜间有人突然惊叫，说明敌军将士普遍有恐慌情绪；敌营显得纷乱、没有条理，说明敌军的将领没有威严，其法令条文贯彻并不彻底；敌人的旗帜混乱，没有秩序，说明敌军队伍极为混乱；敌军将士特别容易发怒，说明他们普遍很疲倦；敌军用粮食喂马然后宰杀战马吃肉，之后收拾起一切炊具，不回营舍，说明他们已经陷入绝望；敌军士卒絮絮叨叨，不停不休地低声议论，说明敌军将领不得人心；敌军将领不断地奖赏士兵，说明敌军将领已经陷入困惑，一筹莫展；敌军将领不断地处罚部下，说明敌军将领已经陷入窘境，无计可施了；敌军将领先对部下粗暴无礼，后来又因为害怕而对部下礼遇有加，说明这个将领糊涂至极，没有半点治军能力；如果敌军派来使者向我方委婉谢罪，说明敌军已经非常疲惫，有休兵息战的想法了。

## 原 文

兵怒而相迎，久而不合，又不相去，必谨察之。兵非益多也，惟无武进[1]，足以并力[2]、料敌、取人而已；夫惟无虑而易敌[3]者，必擒于人。

## 注 释

①武进：轻举妄动，盲目冒进。

②并力：指集中兵力。

③易敌：轻视敌人。

## 译 文

敌人盛怒而来，但总是不肯与我军交锋，同时又不撤退，说明其中有蹊跷，遇到这种情况我军一定要谨慎地观察其意图，切不可大意。用兵打仗并非兵力越多越好，最重要的是不轻敌冒进，一定要集中兵力，判明敌情，这样才能取胜于敌人。那种无深谋远虑而又轻敌冒进的人，一定会被敌人擒获。

## 原 文

卒未亲附①而罚之则不服，不服则难用也。卒已亲附而罚不行，则不可用也。故令之以文，齐之以武②，是谓必取。令素行③以教其民，则民服；令不素行以教其民，则民不服。令素行者，与众相得④也。

## 注 释

①亲附：亲近依附，真心拥戴。
②令之以文，齐之以武：用奖赏来团结士卒，用惩罚来教育士卒。
③素行：平素就一贯执行。
④与众相得：与士卒相处得非常融洽。

## 译 文

如果士卒还没有真心依附于将领，将领就惩罚他们，那么士卒肯定心有不服，士卒心怀不服就难以任用。如果士卒已经真心依附于将领，而该有的军纪军法却不能执行，也不能指挥他们作战。所以，最好的方式是用奖赏来团结士卒，同时用军纪军法来统一步调，让士卒听命，这样的话军队必然会取得胜利。将领平时严格执行军令，并用公开透明的奖赏来团结士卒，士卒就会甘心服从；如果将领平时不严格执行军令，也不用奖赏来团结士卒，士卒就会不服，这样的军队多半要打败仗。平时能够严格执行军令的将领，就能与士卒相处得非常融洽，军心就会稳定，军队就会团结。

# 地形篇第十

## 题 解

本篇主要论述在不同地形条件下如何指挥军队的行动。

## 原 文

孙子曰：地形有通①者，有挂②者，有支③者，有隘④者，有险⑤者，有远⑥者。我可以往，彼可以来，曰通；通形者，先居高阳，利粮道，以战则利。可以往，难以返，曰挂；挂形者，敌无备，出而胜之；敌若有备，出而不胜，难以返，不利。我出而不利，彼出而不利，曰支；支形者，敌虽利我，我无出也；引而去之，令敌半出而击之，利。隘形者，我先居之，必盈之以待敌；若敌先居之，盈而勿从，不盈而从之。险形者，我先居之，必居高阳以待敌；若敌先居之，引而去之，勿从也。远形者，势均难以挑战，战而不利。凡此六者，地之道⑦也，将之至任⑧，不可不察也。

## 注 释

①通：通达。此处指四通八达、交通顺畅之地。

②挂：挂碍，牵阻。此处指易往难返之地。

③支：相持。此处指谁先出发都不利之地。

④隘：出口狭窄的地方，易进难出。

⑤险：地势险要的地方。

⑥远：敌我相距较远的地方。

⑦地之道：利用地形的原则。

⑧至任：至关重要的责任。

## 译 文

孙子说：地形有很多种，如"通形""挂形""支形""隘形""险形""远形"等。那些地势开阔、交通便利，我们可以去、敌人也可以来的地方，叫作"通形"。在"通形"地域作战，应该抢先占领开阔向阳的高地，这样有利于粮道的畅通，此时与敌人交战对我们有利。那些有一定障碍，前进容易，返回困难的地域，叫作"挂形"。在"挂形"地域作战，如果敌人没有防备，我们突然进行袭击就能取胜；如果敌人已经有所防备，这时我们出击难以取胜，由于地形所限又难以返回，那么我们就将陷入不利境地。那些我军出击不利，敌人出击也不利的地域叫作"支形"。在"支形"地域作战，就算敌人以利引诱我军，我们也不要出击。最好的办法是率军撤离，反过来诱使敌人出兵，当他们出击一半时再回师反击，这样形势才会对我军有利。那些出口狭窄的地方叫作"隘形"，在这样的地域作战，我们应该抢先占领要塞，且一定要用重兵控制住隘口，然后等待敌人到来；如果敌人抢先占据了隘口，并用重兵把守，那么我们就不要进去了；如果敌人没有用重兵扼守隘口，那么我们就要迅速攻取隘口，然后展开进攻。那些地势险要的地方叫作"险形"，在这样的地域作战，如果我军抢先占领了地势，就一定要占据住开阔向阳的高地，然后部署军队等待敌人到来；如果敌人抢先占领地势，抢占了高地，那么我军就要主动撤离，不要与敌军交锋。两军相距较远时，叫作"远形"，这时候，如果敌我双方势均力敌，那么不宜挑战，勉强求战，必然对我军不利。以上六点，是有效利用地形的原则。这是将帅至关重要的责任，关系到军队的生死存亡，不可不认真考察研究。

## 原 文

故兵有走①者，有弛②者，有陷③者，有崩④者，有乱⑤者，有北⑥者。凡此六者，非天之灾，将之过也。夫势均，以一击十，曰走。卒强吏弱，曰弛。吏强卒弱，曰陷。大吏怒而不服，遇敌怼而自战，将不知其能，曰崩。将弱不严，教道⑦不明，吏卒无常，陈兵纵横，曰乱。将不能料敌，以少合众，以弱击强，兵无选锋⑧，曰北。凡此六者，败之道也，将之至任，不可不察也。

## 注 释

①走：败走。此处指战败的军队。

②弛：废弛。

③陷：陷败。

④崩：崩溃。

⑤乱：混乱。

⑥北：败北，败退。

⑦教道：教育士卒的方法和原则。

⑧选锋：指选出有出色战斗力的士卒组成先锋部队。

## 译 文

一般来讲，打败仗的军队有"走""弛""陷""崩""乱""北"六种情况。这六种情况的发生，并不是由天灾造成的，而是由将领的过失导致的。在交战双方势均力敌的情况下，以一击十而导致失败的，叫作"走"。士卒骁勇善战但军官孱弱无谋而造成失败的，叫作"弛"。将领强而有谋但士兵孱弱而导致失败的叫作"陷"。副将心有怨恨而不听从主将的指挥，在遇到敌人的时候擅自出战，而主将又不了解他们的真正实力，因此没有加以恰当控制和指挥所造成失败的，叫作"崩"。将领骄横无谋，缺乏真正的威严，且治军没有章法，导致兵士无所适从，军队排兵布阵也很混乱而造成失败的，叫作"乱"。将领不能正确判断敌情，贸然以寡击众，以弱击强，而且又没有善战的先锋部队，因而造成失败的，叫作"北"。以上六种情况，都是导致战争失败的原因。在这些战败情况中，将领要负重大责任，因此，这是为将者不可不去认真考察研究的。

## 原 文

夫地形者，兵之助①也。料敌制胜，计险厄远近，上将②之道也。知此而用战者必胜，不知此而用战者必败。故战道必胜，主曰无战，必战可也；战道不胜，主曰必战，无战可也。故进不求名，退不避罪，唯人是保③，而利合于主，国之宝也。

## 注 释

①助：辅助。

②上将：大将，主将。

③唯人是保：只求保护人民。

## 译 文

地形是用兵打仗的辅助条件。一个高明的将领，必然是能够正确判断敌情，细致考察地形险易，精准计算道路远近的人。懂得这些道理而去指挥作战的，就一定能够取得胜利；不了解这些道理就去指挥作战的，必然会失败。所以，根据良将分析有必胜把握的战争，即使国君主张不打，将帅坚持打也是可以的；根据良将分析没有必胜把握的战争，即使国君主张打，将帅不打也是可以的。所以，发动战争不是为了谋求战胜的名声。进不贪求战胜的功名，退不回避失利的罪责，只是一心想要保全百姓，且其所求符合国君利益的将领，才是一个国家的真正财富。

## 原 文

视卒如婴儿，故可与之赴深谿；视卒如爱子，故可与之俱死。厚而不能使，爱而不能令，乱而不能治，譬若骄子，不可用也。知吾卒之可以击，而不知敌之不可击，胜之半也；知敌之可击，而不知吾卒之不可以击，胜之半也；知敌之可击，知吾卒之可以击，而不知地形之不可以战，胜之半也。故知兵者，动而不迷，举而不穷。故曰：知彼知己，胜乃不殆；知天知地，胜乃不穷。

## 译 文

将领对待士卒像对待婴儿一般，极力呵护，那么士卒就会同他共患难；将领对待士卒像对待自己的儿子一样，尽心尽责，那么士卒就会跟他同生共死。如果将领对待士卒异常宽厚却不能很好地使用他们，对士卒足够溺爱却不忍心指挥他们，士卒违法将领却不忍心或不能惩治他们，那么，他的士卒就好像是被惯坏的孩子，是不可以用来同敌人作战的。将领只了解自己的部队能够作战，却不了解敌人不可打，那么取胜的可能只有一半；将领只了解敌人可以战胜，但不了解自己的部队还不具备足够的作战能力，取胜的可能也只有一半。知道敌人是可以战胜的，同时也知道自己的部队目前战斗力极强，却不了解交战地点的地形不利于作战，取胜的可能性仍然只有一半。所以，一个懂得用兵的人，行动起来不盲动，他的战术繁复多变，不守成规。所以说，了解自己，也了解敌人，再去谋取胜利，就不会有危险；知道天时，也知道地利，那么胜利就会接踵而来，无所穷尽。

# 九地篇第十一

## 题 解

本篇论述了在九种不同的作战地区指挥作战的原则。

## 原 文

孙子曰：用兵之法，有散地①，有轻地②，有争地③，有交地④，有衢地⑤，有重地⑥，有圮地⑦，有围地，有死地。诸侯自战其地，为散地。入人之地而不深者，为轻地。我得则利，彼得亦利者，为争地。我可以往，彼可以来者，为交地。诸侯之地三属，先至而得天下之众者，为衢地。入人之地深，背城邑多者，为重地。行山林、险阻、沮泽，凡难行之道者，为圮地。所由入者隘，所从归者迂，彼寡可以击吾之众者，为围地。疾战⑧则存，不疾战则亡者，为死地。是故散地则无战，轻地则无止⑨，争地则无攻，交地则无绝⑩，衢地则合交⑪，重地则掠，圮地则行，围地则谋，死地则战。

## 注 释

①散地：在自己的领土上作战叫"散地"。
②轻地：进入敌境不深的地方叫"轻地"。

③争地：谁先占领就对谁有利的必争之地叫"争地"。

④交地：道路四通八达之地叫"交地"。

⑤衢地：与多国接壤的地方叫"衢地"。

⑥重地：深入敌境较深而且背后有很多城邑的地方叫"重地"。

⑦圮地：山林、险阻、沼泽等难行之地叫"圮地"。

⑧疾战：拼死作战。

⑨无止：不能停留。

⑩无绝：不要断绝联络。

⑪合交：结交邻国，搞好外交关系。

## 译 文

孙子说：根据用兵的原则，交战的地方可分为散地、轻地、争地、交地、衢地、重地、圮地、围地、死地等多种。在自己的领地上作战，作战地点就称为散地。进入敌境不远处作战，战斗的地点就称为轻地。选定战场后，如果我军先占领战场就于我军有利，敌军先占领战场就于敌军有利，这种战场就是争地。我军可以前往战场，敌军也可以轻易进入战场，这种战场就是交地。战场位于多国交界处，谁先到了那里，谁先取得其他诸侯国的支持，谁就容易取胜的地方，叫作衢地。需要深入敌境较深，且要穿过敌境许多城邑才能到达的战场，称为重地。山林、险阻、沼泽等比较难行的地方，称为圮地。进入时道路狭隘，撤回时道路迂远，敌人以少数兵力把守，便可抗击我军大部队的地方，称为围地。拼死奋战便可生存，不拼死奋战就会被消灭的地方，称为死地。所以，在散地不宜与敌交战；在轻地千万不要停留；在争地，如果敌人已经率先占据，我方便不可进攻；在交地，就不要断绝联系；在衢地，则要注意结交附近诸侯，获得他们的支持；在重地，则要注重掠取粮草，以免断了供给；在圮地，则要迅速通过；在围地，则要巧设计谋；若是身处死地，则必须殊死奋战，才有生的机会。

## 原 文

所谓古之善用兵者，能使敌人前后不相及①，众寡不相恃②，贵贱不相救，上下不相收，卒离而不集，兵合而不齐。合于利而动，不合于利而止。

敢问："敌众整而将来，待之若何？"曰："先夺其所爱③，则听矣。"兵之情主速，乘人之不及，由不虞④之道，攻其所不戒也。

## 注 释

①相及：互相照顾。

②相恃：互相依靠协同。

③爱：此处指要害的、重要的地方。

④不虞：料想不到的。

## 译 文

古代那些善于用兵作战的人，常能使敌人前后不相连接，大部队与小部队之间无法相互扶持，也会让敌人的军官与士兵之间无法相互救援，上下级之间无法互相统属。他们会使敌军士卒离散而不能集合于一处，即使集合于一处也无法统一行动。那些善于用兵的人，一旦发现当前形势符合自己的利益就会立即行动，一旦发现不符合自己的利益就会立刻终止行动。或许有人会问："如果敌军众多，而且整肃合一，前来向我军进攻，那么该如何对付呢？"我的回答是："先干掉敌人喜爱的要害之地，这样，敌人就会陷入被动。"用兵的法则是以神速为第一要义，要抓住时机，打敌人一个措手不及，要从敌人料想不到的方向，攻击敌人未加防备的地点。

## 原 文

凡为客①之道，深入则专。主人不克，掠于饶野②，三军足食；谨养而勿劳，并气积力；运兵③计谋，为不可测。投之无所往，死且不北。死焉不得④，士人尽力。兵士甚陷则不惧，无所往则固，深入则拘，不得已则斗。是故其兵不修而戒⑤，不求而得，不约而亲⑥，不令而信⑦。禁祥去疑⑧，至死无所之。吾士无余财，非恶货也；无余命，非恶寿也。令发之日，士卒坐者涕沾襟，偃卧者涕交颐。投之无所往者，诸、刿之勇也。

## 注 释

①客：客军，意为离开本土进入别国作战的军队。

②饶野：指富饶的乡村。

③运兵：部署兵力。

④死焉不得：拼死求胜，怎能不成功。

⑤不修而戒：不待整治督促就能加强戒备。

⑥不约而亲：不用约束就能亲附。

⑦不令而信：不用命令就能信守服从。

⑧禁祥去疑：禁止迷信活动，消除疑虑。

## 译 文

一般来讲，进入敌国境内作战的规律是：深入敌人腹地后，士卒心志专一、同仇敌忾，这样敌人便不能战胜我军；之后掠夺敌国比较富饶的乡野，这样三军的粮食给养就充足了；接着认真养练部队，保证士卒不会疲劳，同时鼓舞士气，积蓄力量；然后合理部署兵力，精心设计作战计谋，一定要做到让敌人无法探知我方虚实、意图；最后，把士卒置于无路可走的绝境，让士卒只有向前一条路，这样他们至死也不会败退。如果士卒死都不怕，自然人人尽力作战。士卒真正深陷危亡之境就会无所畏惧；士卒无路可走时军心反而更加稳固；深入敌境的纵深之地，士卒自然会相互依附而不敢涣散；在不得已的情况下，他们必然会拼死战斗，以获得生存机会。所以，在这种情况下，军队不用太多整治，也会加强戒备；不用太多征求，下情自然顺利上达；不用太多约束，也能相互亲和互助；不用太多申令，士兵也能遵纪守法。在这种情况下，迷信活动会自然停止，士卒也都不再疑虑，他们至死也不会逃跑。士卒不会留多余的财物，之所以这样，不是因为他们厌恶财物，而是因为只有轻装上阵才能获得更多生存机会；士卒也会不顾生命危险，之所以这样，不是因为他们不想活命，而是因为只有不顾危险才能增加活命的机会。同时，作战命令发布的时候，坐着的士卒会泪湿衣襟，仰卧的士卒会泪流满面，一旦把他们置于无路可走的境地，他们就都像专诸、曹刿一般勇敢了。

## 原 文

故善用兵者，譬如率然；率然者，常山①之蛇也。击其首则尾至，击其尾则首至，击其中则首尾俱至。敢问："兵可使如率然乎？"曰："可。"夫吴人与越人相恶也，当其同舟而济，遇风，其相救也如左右手。是故方马埋轮②，未足恃也；齐勇若一，政之道也；刚柔皆得，地之理也。故善用兵者，携手若使一人，不得已也。

## 注 释

①常山：恒山。汉朝时因为避汉文帝刘恒讳，改"恒"作"常"。
②方马埋轮：把马并列地缚在一起，把车轮埋起来。

## 译 文

因此，善于用兵的人所指挥的部队就像"率然"一样。"率然"是常山的一种蛇，攻击它的头部，它的尾部就会自动弹过来救应；攻击它的尾部，它的头部同样会自动弹过来救应；当攻击它的腰部时，它的头尾便会一齐自动弹过来救应。或许有人会问："军队真的可以指挥得像率然一样吗？"我的回答是："可以。"吴国人与越国人是相互仇视，彼此视为敌人的，然而，当一个吴国人和一个越国人一同乘船时，突遇大风，那么他们不仅不会视对方为仇敌，反而会相互救助、互相帮扶，就如同一个人的左右手一般。因此，那种将马绑在一起，将车轮埋起来，以防止士卒逃跑的方式，根本起不到稳定军心的作用；想要三军严整、团结勇敢如同一个人，就要治军有方；想要让勇敢的人和怯弱的人都得以发挥其战斗力，就要学会巧妙地利用地形。那些善于用兵的人，之所以能使部队携手前进如同一个人，是因为客观形势迫使士卒都不得不如此。

## 原 文

将军之事，静以幽①，正以治②。能愚士卒之耳目，使之无知。易其事③，革其谋④，使人无识；易其居，迁其途，使人不得虑。帅与之期⑤，如登高而去其梯。帅与之深入诸侯之地，而发其机，焚舟破釜，若驱群羊，驱而往，驱而来，莫知所之。聚三军之众，投之于险，此谓将军之事也。九地之变⑥，屈伸之利，人情之理，不可不察。

## 注 释

①静以幽：冷静而幽深。

②正以治：端庄持重，有条不紊。

③易其事：变换任务。

④革其谋：改变计谋。

⑤帅与之期：将帅与士卒如期去作战。

⑥九地之变：指在九种地区作战方法的变化。

## 译 文

统率军队这种事，要沉着冷静且幽深莫测，要端庄持重，有条不紊，尤其要能蒙蔽士卒的耳目，使他们对作战计划一无所知。统帅要做到常改变自己的行事规则，常变更计谋，让手下猜不透自己的意图；同时，也要常变更自己驻扎的地方，行军时要常迂回绕道，使他人无法捉摸自己的真实意图。将帅和士卒如期去作战时，要像登高后抽去梯子一样，让士卒没有任何退路可循。将帅带领士卒深入诸侯重地时，要尽力捕捉战机，适时发起攻势，焚舟毁桥，砸烂锅灶；要像驱赶群羊一样，一会儿赶过去，一会儿赶过来，使他们不知道到底要到哪里去。将帅聚集三军之众，然后将他们置于危险的境地，断去他们的退路，这就是领兵作战的原则。将帅一定要明白各种地形灵活运用的方法，要分析攻守进退的利害关系，同时也要明了士卒在不同环境中的心理变化规律；这些都是决定战争能否取胜的必要条件，作为将帅，不可不认真加以考察。

## 原 文

凡为客之道，深则专，浅则散。去国越境而师者，绝地也；四达者，衢地也；入深者，重地也；入浅者，轻地也；背固前隘者，围地也；无所往者，死地也。是故散地，吾将一其志；轻地，吾将使之属；争地，吾将趋其后①；交地，吾将谨其守；衢地，吾将固其结②；重地，吾将继其食；

圮地，吾将进其涂③；围地，吾将塞其阙④；死地，吾将示之以不活。故兵之情：围则御，不得已则斗，过则从⑤。

## 注 释

①趋其后：遇到争地时，不可从正面攻击敌人，应该快速抄其后路。

②固其结：巩固结盟。

③进其涂：占据通道。

④塞其阙：堵塞缺口。

⑤过则从：陷入困境太深就会言听计从。

## 译 文

一般来讲，深入敌国作战的规律是：进入敌境越深，军心越统一；进入敌境越浅，军心越容易涣散。我们将离开本土穿越边境去敌国才能到达的战场，称为绝地；将四通八达、交通便利的战场，称为衢地；将进入敌境较深的地方才能到达的战场，称为重地；将进入敌境不远处就可以作战的地方，称为轻地；将背有险阻前路狭窄的战场，称为围地；将无路可走的地方，称为死地。所以，在散地，可以很好地统一士卒的心志；在轻地，要时刻注意使部队保持连续，不可前后分离；在争地，要做到快速前进赶到敌人的后面，抄其后路；在交地，要谨慎地加强防守，以免被袭击；在衢地，要做好外交，巩固与加强同周边诸侯国的关系；在重地，要注意的是保证军需粮饷的持续供应，不可断了供给；在圮地，要占据通道；在围地，要堵住可以逃生的缺口；在死地，要向士卒表示必死的决心，以激起他们的斗志。所以，士卒的心理变化规律是：被包围了就会合力抵御敌人，不得已时就会奋起反抗、殊死奋战，而在陷入深重危难境地后，就会坚定地听从长官的指挥。

## 原 文

是故不知诸侯之谋者，不能预交①；不知山林、险阻、沮泽之形者，不能行军；不用乡导者，不能得地利。四五者，不知一，非霸王之兵也。夫霸王之兵，伐大国，则其众不得聚；威加于敌，则其交不得合。是故不争天下之交，不养天下之权，信己之私②，威加于敌，则其城可拔，其国可隳③。施无法之赏④，悬无政之令⑤；犯三军之众，若使一人。犯之以事，勿告以言；犯之以利，勿告以害。投之亡地然后存，陷之死地然后生。夫众陷于害，然后能为胜败。故为兵之事，在于顺详敌之意，并敌一向⑥，千里杀将，此谓巧能成事者也。

## 注 释

①预交：与诸侯结交。

②信己之私：伸张、施展自己的意志。

③隳：破坏，毁灭。

④施无法之赏：施行超出规定的奖赏。

⑤悬无政之令：颁发超出规定的命令。

⑥并敌一向：集中兵力朝一个方向进攻。

## 译 文

因此，不清楚诸侯国意图，不明白诸侯国利益所在，就不要与他结交；不熟悉山林、险阻、沼泽等地形及对战原则的人，便不能领军作战；不使用向导，便得不到有利的地形，无法获得地形的帮助。类似这几方面的事，只要有一个方面不清楚，就不能算是霸王的军队。所谓霸王的军队，就是攻伐大国时，他们迅猛得使敌国无法及时调动民众、集结军队与之对抗；他们的兵威指向敌人，那么敌人就无法与别国结交。所以，我军不必争着与任何国家结交，也无须在诸侯国里培植自己的势力，只要能伸张、施展自己的意志，然后把兵刃指向敌国，那么敌国城池就可以为我所有，其国就可以为我所毁。将帅经常施行破格的奖赏，时而颁发非常的政令，做到驱使三军就像使唤一个人一样，整齐划一。对部队授以任务时，不说明自己的意图，保持一种神秘感；下命令时，告诉他们有利的条件，却不告诉他们危险的一面。战斗时，把士卒投入危亡境地，他们才会拼死奋战以求获得生存；当士卒陷入死地时，必然会舍命奋战以求生。士卒只有陷入危险境地，他们才能主动地奋力杀敌以夺取胜利。所以领兵作战，关键在于假装顺着敌人的意图，制造我方已经被敌方牵制的假象，然后我方集中精锐兵力指向敌人一处，出其

不意地进攻，哪怕奔袭千里也在所不惜，必然可斩杀敌将，这便是通常说的机智能成就大事了。

## 原文

是故政举之日①，夷关折符②，无通其使③，厉于廊庙之上，以诛其事④。敌人开阖⑤，必亟入之。先其所爱，微与之期。践墨随敌，以决战事。是故始如处女，敌人开户；后如脱兔⑥，敌不及拒。

## 注释

①政举之日：指决定战争的日子。

②夷关折符：封锁关口，废除符节（通行证）。

③无通其使：禁止使节往来。

④以诛其事：决定战争大事。

⑤开阖：开门，此处指有机可乘。

⑥脱兔：比喻行动迅速，就像逃离的兔子一样。

## 译文

所以我军决定作战以后，就应该马上封锁关口，同时废除通行凭证，还要停止与敌国的使节往来，以保证信息不泄露，然后在庙堂上反复研讨磋商，制定具体的作战计划。当发现敌人出现可乘之机时，一定要马上进攻，进攻时首先要夺取敌人的要害部位，同时，不要与敌人约期交战。执行作战计划时，一定要随着敌情的变化而灵活处置。所以，战争开始时要像处女一般沉静，去麻痹敌人，使敌人放松戒备，然后突然发动攻击，如同逃脱的兔子一般迅捷，使敌人来不及反应，丝毫无法抗拒。

# 火攻篇第十二

## 题 解

本篇主要阐述火攻的目标、种类，放火的物质和气象条件，以及实施方法。

## 原 文

孙子曰：凡火攻有五：一曰火人①，二曰火积②，三曰火辎③，四曰火库④，五曰火队⑤。行火必有因，烟火必素具⑥。发火有时，起火有日。时者，天之燥也；日者，月在箕、壁、翼、轸也。凡此四宿者，风起之日也。

## 注 释

①火人：指焚烧敌军的人马。火，焚烧。下同。

②火积：指焚烧敌军的粮草。

③火辎：指焚烧敌军的辎重。

④火库：指焚烧敌军的武器库。

⑤火队：指焚烧敌军的隧道。

⑥素具：平素就有准备。

## 译 文

孙子说：一般来讲，火攻有五种，一是焚烧敌人的人马，二是焚烧敌人的粮草，三是焚烧敌人的辎重，四是焚烧敌人的武器库，五是焚烧敌人的交通要道等设施。实施火攻是需要具备一定条件的，首先点火器材必须平日里就准备好。火攻要看准天时，具体点火时间要选择恰当的日子。所谓天时，就是指气候干燥的时期，否则火攻效果就会下降；所谓恰当的日子，就是指月亮运行到箕、壁、翼、轸四星宿所在位置。一般来讲，月亮运行到这四个星宿的位置时，都是有风的日子。

## 原 文

凡火攻，必因五火之变而应之。火发于内，则早应之于外。火发兵静者，待而勿攻，极其火力①，可从而从②之，不可从而止。火可发于外，无待于内，以时发之。火发上风，无攻下风。昼风久，夜风止。凡军必知有五火之变，以数守之③。

## 注 释

①极其火力：让火尽量燃烧。

②从：跟从。此处指进攻。

③以数守之：等待火攻的条件。

## 译 文

但凡火攻，一定要根据火攻所引起的五种情况变化而采取相应的措施。若要在敌方内部放火，则应尽早派兵在外策应。当火已烧起，而敌兵仍然表现得极为镇静时，就要等待、观察，不可急于进攻；待火势最旺时，可以进攻就进攻，不可以进攻就停止。当然，火也可从外面放，此时就不必等待内应了，只要在准确的时机放火就行。用火攻的时候一定要注意，要从上风放火，也要从上风进攻，千万不要从下风进攻。白天风刮得久了，夜晚就会停止。但凡领导作战者，一定要熟悉这五种火攻所引起的情况变化，等待时机成熟，加以运用。

## 原 文

故以火佐攻者明，以水佐攻者强①。水可以绝②，不可以夺③。

## 注 释

①强：指增强其威力。

②绝：分割，断绝。

③夺：去。此处为赶走的意思。

## 译 文

用火来辅助进攻的人是高明的，以水来辅助进攻的人是强大的。水可以有效阻隔敌人，却不如火攻那样可以直接杀伤敌人，削弱敌军的实力。

## 原 文

夫战胜攻取，而不修其功者凶，命曰费留①。故曰：明主虑②之，良将修③之，非利不动，非得不用④，非危不战。主不可以怒而兴师，将不可以愠⑤而致战。合于利而动，不合于利而止。怒可以复喜，愠可以复悦，亡国不可以复存，死者不可以复生。故明君慎之，良将警之。此安国全军⑥之道也。

## 注 释

①命曰费留：这就叫作"白费"。

②虑：考虑。

③修：此处为研究的意思。

④非得不用：不能取胜就不用兵。

⑤愠：愤怒，恼怒。

⑥全军：保全军队。

## 译 文

打了胜仗，攻取了城池，却无法凭借这些建立功业，无法依靠这些来巩固政权，那便是危险的，这叫作白费力气。所以，一个英明的君主应该很好地考虑这个问题，一个贤良的将帅也应该认真地研究这个问题。要记住，不是于国有利，就不要采取军事行动，没有必胜的把握就不要出兵，不是处于危险境地就不要与敌交战。君主不可以因为一时的愤怒而发动一场战争，将领也不能因为一时恼火而命令将士出营作战。符合国家利益就行动，不符合国家利益就停止行动。要知道，愤怒也可以转化为高兴，恼火也可以转化为喜悦，但国家一旦灭亡，就无法重建了；人一旦死掉，也就没法活过来了。所以，明智的君主应慎重地对待这个问题，优秀的将帅也应该警惕这个问题，这是安定国家、保全军队的根本原则啊！

# 用间篇第十三

## 题 解

本篇主要论述使用间谍的重要性及其方法。

## 原 文

孙子曰：凡兴师十万，出征千里，百姓之费，公家之奉①，日费千金；内外骚动，怠于道路，不得操事者，七十万家。相守②数年，以争一日之胜，而爱爵禄百金③，不知敌之情者，不仁④之至也，非人之将也，非主之佐也，非胜之主也。故明君贤将，所以动而胜人，成功出于众者，先知⑤也。先知者，不可取于鬼神⑥，不可象于事⑦，不可验于度⑧，必取于人，知敌之情者也。

## 注 释

①奉：通"俸"，指国家开支。

②相守：相持。

③爱爵禄百金：吝惜爵禄钱财。

④不仁：没有仁爱之心。

⑤先知：先知先觉。

⑥取于鬼神：指用祈祷、祭祀等迷信方法去求助于鬼神。

⑦象于事：指筮占之事。

⑧验于度：指用日月星辰运行的度数来验证吉凶祸福。

## 译 文

孙子说：一般来讲，国家决定出兵十万，出征千里，百姓的耗费加上公家的开支，每天就要耗资千金；如此，必然导致国家内外动荡，人们疲惫地奔波在路上，不能安心从事耕作的有七十万家。相持数年仅为争夺一朝的胜利，却因为吝啬爵禄金银，不愿意花大价钱使用间谍去刺探敌情，导致自己不知道敌方的情报，从而使战争拖延更久，这样的人，难道不是天底下最没有仁爱之心的人吗？这种人根本不配做军中的统帅，也不配当君主的辅臣，更无法取得战争的胜利。一个英明的君主，一个贤能的将帅，之所以能动辄战胜敌人，取得一般人所无法获得的成就，就在于他们事先了解了敌情。想要做到事先了解敌情，依靠算卦问鬼神是不可取的，依靠日月星辰运行的度数也是不可取的，最好的方法就是从别人的口中打探，而打探的对象自然是了解敌人情报的人。

## 原 文

故用间有五：有因间①，有内间，有反间，有死间，有生间②。五间俱起③，莫知其道④，是谓神纪⑤，人君之宝也。因间者，因其乡人⑥而用之。内间者，因其官人而用之。反间者，因其敌间⑦而用之。死间者，为诳事于外⑧，令吾闻知之，而传于敌间也。生间者，反⑨报也。

## 注 释

①因间：即下文的"乡间"，指利用敌国的乡野之民当间谍。

②生间：指到敌方刺探情况后还能生还的间谍。

③起：起用。

④莫知其道：使敌人摸不清我军的行动规律。

⑤神纪：神秘莫测之道。

⑥乡人：指敌国的乡间百姓。

⑦敌间：敌方派来的间谍。

⑧诳事于外：故意向外散布虚假消息，以欺骗、迷惑敌人。

⑨反：通"返"，返回。

## 译 文

一般来讲，使用的间谍有五种，即因间、内间、反间、死间、生间。如果五种间谍一齐使用，便可以让敌人对我们束手无策，怎么也猜不出我们的

行动战略，这便是国君的法宝了。所谓乡间，就是利用敌国的乡下百姓为间谍，向他们打探敌国的消息，然后加以分析，总结出敌情；所谓内间，就是利用敌国官员做间谍，从他们口中得知对方的情况，然后加以准备；所谓反间，就是策反敌方派来的间谍，让他们反过来为我们效力；所谓死间，就是故意在外散布虚假消息，同时让我方间谍获取这个消息并有意传给敌方的间谍，敌人上当后往往将其处死；所谓生间，就是深入敌营刺探情报，并能亲自回来报告敌情的间谍。

## 原 文

故三军之事，莫亲于间①，赏莫厚于间，事莫密于间，非圣智②不能用间，非仁义不能使间，非微妙③不能得间之实。微哉！微哉！无所不用间也。间事未发④而先闻者，间与所告者皆死。

## 注 释

①莫亲于间：没有比间谍更值得信任的了。

②圣智：才智过人。

③微妙：精细奥妙。

④间事未发：指起用间谍的事还未实施。

## 译 文

所以，三军之中，没有比间谍更值得信任的了；同时，也没有任何赏赐比得上统帅给予间谍的赏赐更丰厚；而间谍从事的也是最为机密的任务。所以，如果不是英明睿智的人，是不能任用间谍的；没有仁义德行的人，是不足以驱使间谍的；没有精微神妙的分析判断能力的人，是不能得到最为真实、有用的情报的。微妙啊，微妙啊，简直是没有什么地方不能使用间谍的。起用间谍的事情还没开始实施便走漏消息，那么间谍和那走漏消息的人都要被处死。

## 原 文

凡军之所欲击，城之所欲攻，人之所欲杀，必先知其守将①、左右②、谒者③、门者④、舍人⑤之姓名，令吾间必索⑥知之。必索敌人之间来间我者，因而利之，导而舍之⑦，故反间可得而用也。因是而知之，故乡间、内间可得而使也。因是而知之，故死间为诳事，可使告敌。因是而知之，故生间可使如期⑧。五间之事，主必知之，知之必在于反间，故反间不可不厚⑨也。

## 注 释

①守将：指守城之将。

②左右：指守将身边的近侍之臣。

③谒者：指守城的门卫。

④门者：指把守城门的官吏。

⑤舍人：指把守寝舍的官吏。

⑥索：求。此处有"刺探"的意思。

⑦导而舍之：引导他并且把他放回去。

⑧如期：按期返回。

⑨厚：待遇优厚。

## 译 文

但凡要攻击某支敌军，要夺取某座城邑，要斩杀敌方的某个重要人员，就一定要事先了解敌方的情况，知道对方军队的将帅，将帅的亲信，守城的门卫，把守城门的官吏，甚至是把守寝舍的官吏的姓名。这些信息，一定要命令我方间谍查探清楚。还有就是，一定要查出敌方派来的间谍，然后以重金收买他、策反他、诱导他为我方所用，这样，反间就可以得到使用了。从反间那里了解到情况后，就能从敌方找到恰当人选做我们的间谍，这样乡间、内间就可以得到使用了。从反间那里了解到情况后，就可以派死间去散布假情报了，并让他告诉敌人，我方已受到敌人的迷惑。从反间那里了解到情况后，我方可以避开危险，这样生间就可如期返回通报敌情。五种间谍的情况，君主是必须掌握的，而掌握这些情况的关键在于反间，所以反间的待遇一定要特别优厚。

## 原 文

昔殷之兴也，伊挚<sup>①</sup>在夏；周之兴也，吕牙<sup>②</sup>在殷。故惟明君贤将，能以上智<sup>③</sup>为间者，必成大功。此兵之要，三军之所恃而动也。

## 注 释

①伊挚：伊尹，本为夏桀之臣，商汤用他为相，从而消灭了夏朝。

②吕牙：姜子牙，俗称姜太公，曾为殷纣王之臣。周武王姬发用吕牙为师，打败了商纣王。

③上智：高超的智慧。

## 译 文

从前，殷商兴起之际，是由于重用了在夏为臣的伊尹；周朝兴起之时，是由于重用了在殷为官的姜子牙。所以，明君贤将，若能用极有智谋的人做间谍，就必定能成就大功。这是战争的关键，整个军队要依靠间谍提供的情报而采取行动。

# 鬼谷子

　　《鬼谷子》是鬼谷子思想的集大成之作，是纵横游说之术的高度总结，一直被中国古代军事家、政治家和外交家研究。在竞争日益激烈的现代社会，《鬼谷子》更具有现实意义。

# 捭阖第一

## 题 解

《捭阖》是奠定纵横学说理论基础的一篇文章。捭阖之术，也就是开合有道、张弛有度。在本篇中，鬼谷子认为捭阖之术是事物发展变化的普遍规律，是掌握事物的关键，也是纵横家游说的重要说术言略。

## 原 文

粤若稽古①，圣人②之在天地间也，为众生之先③。观阴阳之开阖以名命物④，知存亡之门户⑤，筹策⑥万类之终始，达人心之理，见变化之朕⑦焉，而守司⑧其门户。故圣人之在天下也，自古及今，其道一也。

## 注 释

①粤若稽古：按照一定的规律考察历史。粤，句首语助词，表示庄重。若，顺。稽，考察。

②圣人：指道德能力杰出的理想人物。

③众生：万物生灵，这里特指民众。先：先知先觉，这里指能够预测事物发展动向，掌握事物发展规律的人。

④命物：抓住事物本质，表述事物名称和性质。

⑤门户：指途径、道理。

⑥筹策：原为古代计算用具，这里指计算、洞察。

⑦朕：征兆、迹象，即可以观测到的事物发展征兆。

⑧守司：主持，掌管。

## 译 文

纵观古今历史，那些思想道德杰出的人物生活在这个世界上，之所以成为芸芸众生先知先觉的导师，是因为他们能够通过观察阴阳二气的变化来对事物进行判断，给它们立一个确定的名号，并能够知道其生成、发展、灭亡的途径，洞察万物的变化发展过程，通晓世人的思维规律，观察世上事物、人事发生变化的征兆，从而把握事物发展变化的关键。所以，圣人在社会上立身处世，从古至今遵循的规律都是一样的。

## 原 文

变化无穷，各有所归①，或阴或阳，或柔或刚，或开或闭，或弛或张。是故圣人一守司其门户，审察其所先后②，度权量能③，校其伎巧④短长。

## 注 释

①所归：归宿，指不同表现。

②先后：指事物发展过程。

③度权量能：权，权谋。量，衡量。能，才能。

④伎巧：技巧。

## 译 文

尽管事物的变化是无穷无尽的，但都有自己的发展规律。有的归于阴，有的归于阳，有的柔弱，有的刚强，有的开放，有的封闭，有的松弛，有的紧张。所以，圣人要始终把握事物发展变化的关键，审察周围事物的发展过程，估量旁人的权谋和才能，比较双方的技巧谁优谁劣。

## 原 文

夫贤不肖①、智愚、勇怯有差，乃可捭，乃可阖；乃可进，乃可退；乃可贱，乃可贵，无为以牧②之。审定有无与其实虚③，随其嗜欲以见④其志意。微排其所言而捭反之，以求其实，贵得其指⑤；阖而捭之，以求其利。

## 注 释

①不肖：不贤能。

②牧：治理，处理。

③实虚：为人真实与虚假的表现。

④见：同"现"，发现。

⑤指：同"旨"，指旨意、主旨。

## 译 文

人的秉性是有差异的，有贤良与不肖，有智慧与蠢笨，有勇敢和怯懦。根据每个人的秉性，可以起用，也可以闭藏不用；可以举荐，也可以废黜；可以轻视，也可以敬重，要顺应人们的不同秉性分别对待。想要看清一个人，就要考查他有没有真才实学，对人是真诚还是虚假，并根据他的喜好来了解其真实想法。暗中排察他的言论，或启导他，或适当的贬抑、质疑他，以便得到实情，掌握他的主旨；先"阖"后"捭"，从而了解对方所说的善恶利害。

## 原 文

或开而示①之，或阖而闭②之。开而示之者，同其情也；阖而闭之者，异其诚也。可与不可，审明其计谋，以原③其同异。离合有守④，先从其志。即欲捭之贵周，即欲阖之贵密。周密之贵微⑤，而与道相追。

## 注 释

①示：启示，启发。这里指启发对方让他敞开思想。

②闭：闭藏。这里指使对方控制感情。

③原：追源，考察。

④有守：确立自己的观点而信守之。

⑤微：微暗，不露声色。

## 译 文

有时将自己的真实情况公开显示给对方，有时将自己的真实情况隐藏起来。公开自己的真实情况是为了博取对方的信任，将真实情况隐藏起来是为了考察对方的诚意。要想区分什么可行、什么不可行，就要审察清楚对方的计谋，洞察双方意见相同或不相同的根源。双方意见有差异时，要先纵容他，让他按照自己的意志去办事，我方则适时而动。如果要采取积极行动，最重要的是考虑周详；如果要谋划周密，最重要的是行事缜密。周详和缜密的可贵在于不露声色，不露声色的最佳效果就与阴阳之道暗合无隙了。

## 原 文

捭之者，料①其情也；阖之者，结其诚也。皆见其权衡轻重②，乃为之度数③，圣人因而为之虑。其不中④权衡度数，圣人因而自为之虑。

## 注 释

①料：考察，估量。

②权衡轻重：测量轻重。这里指处理事情的谋略与措施。

③度数：度量，准则。

④中：符合，合乎。

## 译 文

对人使用捭阖之术，或是为了探测对方的虚实真假，或是为了争取对方的真诚合作，所有这些都是为了使对方显露实情，权衡比较谋略的得失，然后再顺其所想为对方做出谋划。圣人按照这样的方法考虑，如果不合适，就自行考虑谋划。

## 原 文

故捭者，或捭而出之，或捭而内①之；阖者，或阖而取之，或阖而去之。捭阖者，天地之道②。捭阖者，以变动阴阳，四时③开闭，以化万物。纵横④、反出、反覆、反忤，必由此⑤矣。

## 注 释

①内：接纳，吸收。

②天地之道：阴阳之道。天为阳，地为阴。这里指与天地相符合的办法、手段。

③四时：指一年四季的春、夏、秋、冬，或指一天中的朝、昼、夕、夜四时。

④纵横：自由自在地变化。

⑤由此：根据捭阖原则。

## 译 文

所以，对人使用捭阖之术时，或开导对方使其暴露真情实感，或让他吐露决策被我们吸取；或抑制他以便于我们顺利起用他，或抑制他以便于抛弃他不用。捭阖之术，以与阴阳之道相符合为主旨。捭阖使阴阳二气发生变化，阴阳变动产生四季，使万物生长发育。纵和横，返和出，反和覆，反和忤，都是事物阴阳的具体表现，都可以根据捭阖原则来区别、说明它们。

## 原 文

捭阖者，道之大化①，说之变②也；必豫审其变化，吉凶大命③系焉。口者，心之门户也；心者，神之主也。志意、喜欲、思虑、智谋，皆由门户出入，故关之以捭阖，制之以出入。

## 注 释

①道之大化：阴阳之道的关键所在。

②说之变：指游说中的某些变化。

③吉凶大命：吉凶，这里指游说成功或失败。大命，这里指游说目的。

## 译 文

捭阖是自然规律的变化，也是游说之词的变化。人们必须预先知道捭阖之术的阴阳变化法则，这是游说能否成功的关键所在。口是表达内心想法的门户，心则是人们精神的居所。人们的志向愿望、爱好欲望、思索考虑、智慧谋略，都是通过口这个门户来表达的。所以，要用捭阖之术来控制自己的口，用开闭之法控制言语的出入。

## 原 文

捭之者，开也，言也，阳也；阖之者，闭也，默也，阴也。阴阳其和，终始其义①。故言长生、安乐、富贵、尊荣、显名、爱好、财利、得意、喜欲为阳，曰始。故言死亡、忧患、贫贱、苦辱、弃损、亡利、失意、有害、刑戮、诛罚为阴，曰终。诸言②法阳之类者，皆曰始，言善以始其事；诸言法阴之类者，皆曰终，言恶以终其谋。

## 注 释

①终始其义：万物始终保持着阴阳变化之理。

②诸言：各种言论。

## 译 文

所谓"捭之"，就是让对方开口，让对方说话，这就是阳之道；所谓"阖之"，就是让对方闭口，让对方沉默，这就是阴之道。阴阳两个方面要调和，运用有节，结束和开始都要符合捭阖之术。所以说长生、安乐、富贵、尊荣、显名、嗜好、财货、得意、欲望等都被归于"阳"类事物，称为"开始"。而死亡、忧患、贫贱、羞辱、毁弃、损伤、失意、灾害、刑戮、诛罚等都被归于"阴"类事物，称为"终止"。那些在言论时采用"阳"类事物来立说的，都可以称为"开始"，因为他们用这类美好的语言去说服对方从事某事，诱导对方采取行动，促使游说成功；那些在言论时采用"阴"类事物来立说的，都可以称为"终止"，他们用这类令人厌恶的语言去威胁、警醒对方中止某种计谋。

## 原 文

捭阖之道，以阴阳试①之。故与阳言者依崇高；与阴言者依卑小。以下求小，以高求大。由此言之，无所不出，无所不入，无所不可。可以说人，可以说家，可以说国，可以说天下②。为小无内，为大无外。益损、去就、倍反③，皆以阴阳御其事。

## 注 释

①试：探测试行。

②天下：这里指周天子。

③倍反：背离或返回。反，同"返"，返回。

## 译 文

运用捭阖之术时，先要从阴言阳言两个方面来试探。与品行高尚的人讲话时，内容要崇高；与品行卑劣的人讲话时，内容要卑下。下与小，均为阴，所以我们用卑下的阴言去打动小人；高与大，均为阳，所以我们用崇高的阳言去说服君子。根据这个方法去游说，就没有试探不出来的真实情感，就没有不听从我们决策的人，就没有不能说服的对象。用捭阖之术可以游说普通的个人，可以游说大夫，可以游说诸侯国的国君，可以游说周天子。任何事情不管是小至极点，还是大至无穷，均不能局限于本身，要有辩证观点和全局眼光，所有的裨益或损害、离去或接近、背离或归属等行为，都是被阴阳变化控制的。

## 原 文

阳动而行，阴止而藏；阳动而出，阴隐而入。阳还终阴，阴极反阳①。以阳动者，德相生也；以阴静者，形相成也。以阳求阴，苞以德也；以阴结阳，施以力也。阴阳相求②，由捭阖也。此天地阴阳之道，而说人③之法也，为万事之先，是谓圆方④之门户。

## 注 释

①阳还终阴，阴极反阳：阴阳运行，彼此相生，互相转化。

②相求：互相需求，相互辅助。

③说人：与人谈话，游说。

④圆方：指世上的有形事物和无形事件。圆，喻无形。方，喻有形。

## 译 文

阳就是活动前进，阴就是静止隐藏，阳动必然显现，阴止必然潜藏。阳发展到极致就成为阴，阴到了极点，就会转化为阳。凭借阳气活动的人，要靠道德来互相感化；凭借阴气隐藏的人，要用可以看见的行动互相帮助。从阳的方面去追求阴，要以道德包容对方；从阴的方面去接近阳，要施加力量。阴阳相辅相成，互为其用，集中体现在捭阖之术上。这就是天地自然界以及人世社会中的阴阳之道，也是游说他人的根本原则。捭阖是万事万物的既定法则，因此被称作"天地万物运行的门户"。

# 反应第二

## 题 解

本篇是关于如何得到对方情报的专论。"反"是反复试探，"应"是回应。"反应"是指投石问路以观察对方反应，然后再施行对策之术。因此，反应之术更具有针对性，内容也更加具体。

## 原 文

古之大化①者，乃与无形②俱生。反③以观往，覆以验来；反以知古，覆以知今；反以知彼，覆以知己。动静④虚实⑤之理，不合于今，反古而求之。事有反而得覆者，圣人之意也，不可不察⑥。

## 注 释

①化：教化。

②无形：阴阳变化的法则，这里指自然界和社会的基本规律。

③反：同"返"，返回，回顾。

④动静：代指世间的一切事件。

⑤虚实：代指世界上一切物质。

⑥察：仔细考察。

## 译 文

古代能够化育万物的圣人，都是与无形而又无处不在的大道共同生存的。圣人处事都是从事物正反两个方面反复思考的：回顾历史，展望未来；反观过去，检验现在；反复察看以洞察对方，再回首认识自我。动静、虚实的运动原理，如果在未来和今天都得不到应用，就回顾历史去寻找古人的经验。任何事物都需要反复比证考察才能彻底了解，这是圣人教导我们的，我们不可以不仔细研究。

## 原 文

人言者，动也；己默者，静也。因①其言，听其辞②。言有不合③者，反④而求之，其应必出。言有象⑤，事有比⑥，其有象比，以观其次。象者象其事，比者比其辞也。以无形求有声。其钓语⑦合事，得人实也。其犹张置⑧网而取兽也，多张其会⑨而司之。道合其事，彼自出之，此钓人之网也，常持其网驱之。

## 注 释

①因：循，顺着。

②辞：倾诉，主张，陈情。

③不合：前后矛盾。

④反：反问，反诘。

⑤象：形象。这里指言辞中涉及的事物形象。

⑥比：并列，类比。这里指同类事物。

⑦钓语：引诱对方说出实情的试探性、启发性话语。

⑧置（jū）：捕兽的网。

⑨会：聚集的意思。

## 译 文

别人侃侃而谈的时候，是动态；自己沉默倾听的时候，是静态。根据对方的言论，听出他话语中透露出的真实想法。如果发现对方言辞中有前后矛盾或不合情理的地方，就要反复地追问他，对方必然会有所应对。语言有可以模拟的形态，事物有可以类比的规范。通过"象"和"比"的手法来探求言辞背后所隐藏的真实意图。所谓"象"，就是用形象化的手法来比喻事物；所谓"比"，就是以同类的言辞进行类比。我们就这样用静默去探求别人言辞中的隐含意图，就好像用饵钓鱼一样，用静默和反诘去"钓"别人的言辞，通过"钓"得的言辞去判断他的决策，以掌握他的真实想法。这就像张开网捕野兽一样，多设一些网，聚集在一起等待野兽自投罗网。如果把捕兽的方法用在人事上，一旦方法得当，符合情理，对方必然会自己吐露实情，这就是"钓"人的网，应常用这样的"钓"人方法去掌握别人，使其为己所用。

## 原　文

其不言无比，乃为之变。以象①动之，以报其心，见其情，随而牧②之。己反往，彼覆来，言有象比，因而定基③。重之袭之，反之覆之，万事不失其辞。圣人所诱愚智，事皆不疑。故善反听④者，乃变鬼神⑤以得其情。其变当也，而牧之审也。牧之不审，得情不明；得情不明，定基不审。

## 注　释

①象：设象，做出某种表象。

②牧：考察，察知。

③定基：这里指掌握对方意向的主流。

④反听：从正反两面反复考察、了解事物。

⑤鬼神：指死者的灵魂和万物神明，也指天地间一种精气的聚散变化。

## 译　文

如果对方不接我们的话语，不回答我们的反问，就要改变讨论的方式。用"象"的方法来使对方开口，即迎合他的心意，使他透露真情，进而掌握对方意图。自己在和对方经过这样反复之后，就可以知道对方的底细，因此就能确定说服对方的基本策略和基本观点。这样反复探究，任何事情都可以从对方言辞中得知。圣人用这种方法诱导、感化愚者或智者，任何真情都可以测得而毫无疑惑。古代善于这样探查对方的人，通常能够用鬼神莫测的手段来获得实情。他们随机应变，能详尽地考察对方。如果不能详尽考察对方，从对方获得的言辞信息就不明确；得到的信息不明确，就不能确定掌控对方的谋略。

## 原 文

变象比，必有反辞，以还听①之。欲闻其声反默，欲张反敛②，欲高反下，欲取反与③。欲开情④者，象而比之，以牧其辞。同声相呼，实理同归。

## 注 释

①还听：反听。

②敛：收藏，制止。

③与：给予。

④开情：让对方吐露情怀。

## 译 文

如果不了解对方的情况，就要灵活运用模仿和类比，不断改变自己言辞中透露出的"象""比"信息，这样对方一定会有回应的言辞，这时再反过来倾听。我们想要听对方讲话，自己要先用沉默来逗引他；想让对方张口，自己要先收敛；想让对方升高，自己要先下降；想从对方那里有所获取，自己就要先给予对方好处；要想了解对方的内情，就要善于运用模仿和类比的方法，把握对方的言辞。声音相同，彼此就会产生共鸣；看法一致，彼此就会走到一起。

## 原 文

或因此，或因彼，或以事上①，或以牧下②。此听真伪，知同异，得其情诈③也。动作言默，与此出入，喜怒由此以见其式④。皆以先定⑤为之法则。以反求覆，观其所托⑥。故用此者，己欲平静，以听其辞，察其事，论万物，别雄雌。虽非其事，见微知类⑦。若探人而居其内，量其能射其意也。符应⑧不失，如螣蛇⑨之所指，若羿⑩之引矢。

## 注 释

①事上：这里指从谈话开始处考察对方意图。

②牧下：这里指从谈话结尾处审查对方意图。

③情诈：真诚和虚伪。

④式：定式，形态，态势。

⑤先定：自己要先做好准备。

⑥托：这里指寄托在言辞中的真情。

⑦见微知类：从微小的事情上，观察出大事物的变化。

⑧符应：某种事物产生和某种现象发生，必然引起另一种事物产生和另一种现象发生，古代称作"符应"。

⑨腾（téng）蛇：传说中一种能兴云作雾的神蛇。

⑩羿：后羿，传说中的神箭手。

## 译 文

反听的方法，或者用在这里，或者用在那里，或者用来侍奉君主，或者用来管理下属。这就要分辨真伪，了解异同，从而分辨对手的真实情报或诡诈之术。对方的动作、言语、口气，都可以用这种方法去考察；对方的一喜一怒，都可以用这种方法窥见端倪。所有这些，都要以自己先做好准备作为法则。用"反"来求得对方的回应，然后去观察对方言辞中所寄托的真实情感。所以用这种方法，自己要心平气和，以便能听取对方的言辞，考察事理，论说万物，辨别事物性质。即使是从对方言辞里无关紧要的事件中，也可以探知其中隐含的真情实意。运用这些方法去探测别人就好像钻到他心中一样，可以准确地估计出他的能力，猜测出他的本意。这种方法就像腾蛇指示祸福那样准确无误，就像后羿张弓射箭一样百发百中。

## 原 文

故知之始己，自知而后知人也。其相知①也，若比目之鱼②；其见形③也，若光之与影；其察言不失也，若磁石之取针，如舌之取燔骨④。其与人也微，其见情也疾。如阴与阳，如圆与方。未见形，圆以道之；既见形，

方以事之。进退左右，以是司之。己不先定，牧人不正。事用不巧，是谓忘情失道⑤。己审⑥先定以牧人，策而无形容，莫见其门，是谓天神。

## 注 释

①相知：这里指了解别人。

②比目之鱼：又名鲽鱼，相传这种鱼只有一只眼睛，必须两条鱼并排在一起才能游行。

③见形：指双方互相映照。

④燔骨：烧烤的骨头上所带的肉。

⑤忘情：不合实际情况。失道：抓不住本质。

⑥审：这里指审查别人的准则。

## 译 文

所以要了解外界的人或事物，要从了解自己开始，只有了解自己，才能了解别人。如果能做到这点，我们想要了解别人时，就会像比目鱼相并而行那样一丝不差；对方一现形，就像光一样显露出来，我们就像影子一样，立刻就能捕捉到对方的真实意图；洞察对方的言辞，就像用磁石取针，用舌头来获取焦骨上的肉一样轻而易举。自己暴露给对方的微乎其微，而侦察对方的实情却又多又快。这种探查人的方法，就像阴与阳无处不在那样，无事、无人不可用，又像画圆画方要有规和矩那样有一定的规则。当对方形迹未显时，我们要用圆通灵活的方法去引导他；当对方形迹已显时，我们就要按照设定好的谋略去应对他。无论是向前还是向后，无论是向左还是向右，都可以用这种规则去掌握。如果自己不事先确定策略，就不能正确地支配他人。在使用此法时又不可忘记其圆滑的一面，否则就会不合乎实际情况，违背客观规律，丧失真谛。总之，运用这种方法时，自己首先要认真确定策略，再以此来统领众人，实施策略不要暴露意图，让对方摸不透、抓不着门路，就能像天神那样达到难测难知的至高境界。

# 内揵第三

## 题 解

本篇是《鬼谷子》关于进献说辞和固守谋略的方法，主要论述了臣子与君主之间的关系。

策士们达到目的后，应进一步运用权术谋略去"驾驭"君主，代君主决策。若遇见可以凭依的君主，可以帮他整顿朝政，治理民众，谋划那些合乎君主心意的决策；若遇到不可凭依的君主，就用权谋之术应付他，再设法离去。这样才能掌握主动权，可以进，可以退，可以坚持，也可以放弃，进退自如。

## 原 文

君臣上下之事，有远而亲，近而疏，就①之不用，去之反求。日进前而不御②，遥闻声而相思。事皆有内揵，素结本始③。或结以道德，或结以党友，或结以财货，或结以采色④。用其意⑤，欲入则入，欲出则出；欲亲则亲，欲疏则疏；欲就则就，欲去则去；欲求则求，欲思则思。若蚨母⑥之从子也，出无间⑦，入无朕⑧，独往独来，莫之能止。

## 注 释

①就：靠近，凑上去。

②御：通"讶"，迎接。

③素：平常。本始：本源，根本。

④采色：指容色。

⑤用其意：指迎合君主心意。

⑥蚨（fú）母：青蚨。古代巫术认为青蚨母与子的血可以相互吸引，用母血和子血分别涂在两枚铜钱上，两枚铜钱就可以互相吸引。

⑦间：间隙。

⑧朕：形迹。

## 译文

君臣上下之间的关系，有的相距甚远却很亲密，有的近在咫尺却很疏远；有的投奔而来反而得不到任用，有的离开之后却被四处诏求。有的天天出现在君主面前却不被信任，有的只是遥闻其名，便被君主日夜思念。这些都是由于君臣之间内心相知的程度不同所致，本源于君臣之间平时的结交。有的靠道德相联结，有的靠朋党相联结，有的靠钱物相联结，有的靠美色相联结。只要摸准君主的心意，善于迎合其意，那么想入政就能入政，想出世就能出世，想亲近君主就能亲近，想疏远君主就能疏远，想投奔就能投奔，想离去就能离去，想被征召就被征召，想被思念就被思念。这就像用青蚨母子之血涂钱可以相互招引一样，可以把君主吸引得无间无隙，这样就可以在宫廷中独往独来，没有人能够阻止。

## 原文

内者，进说辞也；揵者，揵所谋也。欲说者，务隐度①；计事者，务循顺②。阴虑可否，明言得失，以御其志③。方来应时，以合其谋。详思来揵④，往应时当⑤也。

## 注释

①隐度：暗中揣度。

②循顺：沿着，顺从。

③御其志：指迎合君主心意。

④来揵：前来进举的计谋。揵，举也，这里指进献谋略。

⑤往应时当：既迎合君意又符合形势。

## 译文

所谓"内"，就是进献说辞以取得君主的宠信；所谓"揵"，就是进献与君主相合的计谋。想要说服君主，务必先悄悄地揣测君主的心意；进献计谋的时候，务必顺从君主的意愿。暗中分析我们的计谋是否符合时宜，向君主公开言明计谋的优劣得失，以此来迎合君主的心意。进献计谋决策必须选择适当的时机，使计谋与君主的心意容易契合。详细地思考再来进言，让君主觉得我们进献的计谋既合形势又合他心意。

## 原 文

夫内①有不合者，不可施行也。乃揣切②时宜，从便所为，以求其变。以变求内③者，若管④取揵⑤。言往者，先顺辞也；说来者，以变言也。善变者，审知地势⑥，乃通于天，以化四时；使鬼神，合于阴阳，而牧人民。见其谋事，知其志意。事有不合者，有所未知也。合而不结⑦者，阳⑧亲而阴⑨疏。事有不合者，圣人不为谋⑩也。

## 注 释

①内：这里指说辞或计谋。

②切：切摩，切磋。

③内：同“纳”。

④管：钥匙。

⑤揵：通“楗”，门闩，锁。

⑥地势：指地理形势。

⑦结：两心相结。这里指认可、执行计谋。

⑧阳：这里指表面。

⑨阴：这里指内心。

⑩谋：这里指谋划、计划。

## 译 文

凡是言辞或计谋中有不符合君主心意的部分，就难以付诸实践。这时就要重新揣摩形势，从有利于君主实施出发，改变策略，以灵活变通的方式来结交君主。做到这点，就像用钥匙开锁那样，极易达到目的。游说时，凡是谈论过去的事情，要采用顺畅的言辞；凡是谈论未来的事情，要采用变通的言辞。自如改变决策的人，要详细了解地理形势，精通天文四时的变化，只

有这样才能驾驭鬼神，契合阴阳变化规律，从而掌控天下百姓。要了解君主谋划的事情，才能知晓君主的意图。所办的事情凡有不合君主之意的，那是因为君主的某种心意、某些情况我们还没有掌握；表面上我们的计谋得到了同意但实际上并没有得到施行，那是因为君主与我们的关系表面上看起来亲密，实际上却很疏远。与君主的意见不吻合的事情，圣人是不会谋划的。

## 原　文

故远而亲者，有阴德<sup>①</sup>也；近而疏者，志不合也。就而不用者，策不得也；去而反求者，事中来也。日进前而不御者，施<sup>②</sup>不合也；遥闻声而相思者，合于谋以待决事也。故曰：不见其类<sup>③</sup>而为之者见逆<sup>④</sup>，不得其情而说之者见非。得其情，乃制其术<sup>⑤</sup>。此用<sup>⑥</sup>可出可入，可揵可开。故圣人立事，以此先知而揵万物。

## 注　释

①德：通"得"，得君心。

②施：措施，这里指解决问题的决策。

③类：类似，共同点。

④见逆：被排斥。

⑤术：技能，谋略，手段。这里指君主决策。

⑥此用：用此。

## 译　文

所以，与君主相距很远却被亲近，是因为能与君主心意暗合；距离君主很近却被疏远，是因为与君主志向不合。主动投奔却得不到重用，是因为他的计策没有实际效果；离开君主反而被诏求，是因为他所谋划的事后来应验了。每天都能出入在君主面前，却不被信任，是因为其计谋、规划不合君主之意；距离遥远，只听到名声就被君主思念，是因为其计谋与君主相符合，君主正等待他前来决断大事。所以说，还没有找到双方类似之处就去游说的人，一定会事与愿违；在还没掌握对方实情的时候就去游说，一定会被否定。只有充分了解对方的真实情况与意图，才能够把握内揵之术。如此运用这种方法，我们就可以自由自在地入政、出世，就可以侍君或离去都随自己的心意。圣人立身处世，就是预先掌握信息，才得以驾驭万事万物的。

## 原 文

由夫道德、仁义、礼乐、忠信、计谋，先取《诗》《书》①，混说损益，议论②去就。欲合者用内，欲去者用外。外内者必明道数③，揣策来事，见疑决之。策而无失计，立功建德④。

## 注 释

①《诗》《书》：《诗》指《诗经》，是我国第一部诗歌总集，先秦称为《诗》，或取其整数称《诗三百》，西汉时被尊为儒家经典，才称为《诗经》。《书》指《尚书》，是我国第一部古典散文集和最早的历史文献。

②议论：这里指内心盘算。

③道数：规律，这里指取宠术和制君术。

④建德：这里指建立基业。

## 译 文

在进行游说时，要顺着道德、仁义、礼乐、忠信、计谋等方面来进言。对于君主的决策，我们要从《诗经》和《尚书》中征引语句，再综合分析利弊得失，同时在内心衡量一下此决策与自己决策的差距大小，最后再决定留下还是离开。如果决定留下辅助君主，就要与君主思想相吻合；如果想要离去，就不要争取君主的宠信。处理内外大事都必须明晓取宠术和制君术，这样才能揣测计划未来的事情，遇到疑难之事才可以迅速决断。在运用策略时只有做到不失算，才能不断建立基业。

## 原 文

治名入产业①，曰揵而内合。上暗不治②，下乱不寤③，揵而反之。内自得而外不留，说而飞之。若命自来，己迎而御之④。若欲去之，因危⑤与之。环转因化，莫知所为，退为大仪⑥。

## 注 释

①治名入产业：治名，辨察名分，确立君臣职责，这里指整顿朝纲。入产业，使国家富强，这里指治理民众。

②上暗不治：君主昏庸不能推行善政。

③下乱不寤：百姓叛乱而不能察明。寤，通"悟"，醒悟。

④御之：指控制君主。

⑤危：读为"诡"，即诡计、权变之术。

⑥大仪：大法，大原则。

## 译 文

能够帮助君主整顿朝纲、处理好君臣之间的职责，又能帮助君主治理百姓，增加财富，这叫作从内部与君主结交。如果上层昏庸而不理国家政务，下层作乱而国君不能够察觉，我们就要考虑返回，不要再替他谋划决策。如果碰到那种自视甚高、刚愎自用而听不进外人意见的暴君，我们不妨先逢迎他，博取其欢心后再逐步说动他。如果有君主来召自己，就先接受任命，再设法施行自己的主张。如果自己想要离开君主，就说自己继续留在他的身边会危害他。要像圆环旋转往复一样，使旁人看不出你想要干什么。这就是保全自我、进退自如的大法则了。

# 抵巇第四

## 题 解

"抵巇术"具体讨论的是游说之士的从政原则与处世态度，这种方法是纵横家处理社会矛盾和危机的方针。抵，本义是击、接触，可引申为处理、利用。巇，原为险峻、险恶之意，引申为缝隙、矛盾、漏洞等意。抵巇，就是针对社会所出现的裂缝（即各种矛盾与问题）而采取不同的手段。

## 原 文

物有自然，事有合离。有近而不可见，有远而可知。近而不可见者，不察其辞①也；远而可知者，反往以验来也。巇者，罅②也。罅者，涧也。涧者，成大隙也。巇始有眹③，可抵而塞，可抵而却，可抵而息，可抵而匿，可抵而得。此谓抵巇之理也。

## 注 释

①辞：言辞。

②罅（xià）：同"隙"，缝隙，指小缝。

③眹（zhèn）：通"朕"，征兆，迹象。

## 译 文

世间万物都有它的自然发展规律，事物也都有聚散离合的法则。有的近在身边却难以看透，有的远在天边却了如指掌。距离很近却难以看透，是因为没有互相考察言辞；距离很远却能了解得很清楚，是能够对历史和现状做深入研究，用经验来推论将来的缘故。巇，也就是罅。小的裂缝不管，就会发展成中缝；中缝不堵，就会发展成大缝。小的裂缝刚刚出现迹象时，可使其闭塞，使其减小，使其破裂停止，使其隐匿，甚至可以取代它。这就是抵巇之术的基本原理。

## 原 文

事之危①也，圣人知之，独保其身。因化②说事，通达计谋，以识细微③。经起秋毫④之末，挥之于太山⑤之本。其施外，兆萌芽蘖⑥之谋，皆由抵巇。抵巇之隙，为道术⑦用。

## 注 释

①危：危险的征兆。

②因化：顺应变化。

③细微：这里指产生罅隙的原因。

④秋毫：以喻细微。

⑤太山：泰山，以喻大而坚固的物体。

⑥芽蘖（niè）：伐木后从根部生发的新芽。

⑦道术：这里指游说处世权术。

## 译文

当事情出现危险征兆的时候，圣人能洞察一切，并且采取措施进行自保。在能够自保后，圣人会顺应事物的变化并暗中琢磨，制定各种策略来找到产生细微的原因。事情初起时如秋毫之末那样微小，发展起来就可以产生撼动泰山根基的效果。所以把德政向外推行时，一定要运用抵巇之术，在罅隙尚处于萌芽状态时发现，并采用抵巇之术来弥补。从缝隙入手解决问题，是游说处世权术。

## 原文

天下纷错①，士无明主，公侯无道德，则小人谗贼②，贤人不用。圣人窜匿，贪利诈伪者作。君臣相惑，土崩瓦解而相伐射③。父子离散④，乖乱反目。是谓萌芽巇罅。圣人见萌芽巇罅，则抵之以法。世可以治则抵而塞之，不可治则抵而得之。或抵如此，或抵如彼。或抵反之，或抵覆之。五帝之政，抵而塞之。三王之事，抵而得之。诸侯相抵，不可胜数。当此之时，能抵为右。

## 注释

①错：混乱，骚乱。

②谗贼：指用恶劣言行加害于人。

③射：射箭，这里指战斗。

④父子离散："父不父，子不子"，指父子关系失去礼仪。

## 译文

天下纷乱动荡的时候，朝廷没有贤明的君主，公侯没有道德，小人就会谗害圣贤，贤能之人也不会被任用。圣人逃匿躲藏起来，贪赃枉法者兴风作浪，君臣之间互相猜疑，国家纲纪土崩瓦解，以致各种势力互相攻战杀伐。父子离散不合，彼此反目成仇。这就叫作"轻微的裂痕"。当圣人看到轻微的裂痕时，就会采取相应的手段去对付这种局面。当国家还能够治理时，就采取措施弥补漏洞，恢复原状。如果国家不可治理，就循其缝隙，毁掉它再重新塑造。或用这种方法治世，或用那种方法治世；或通过"抵"使其恢复原状，或通过"抵"将其重新塑造。五帝时代的政治，是以抵巇之术堵塞天下，帮其弥补漏洞。三王时代的政治，是以抵巇之术取代它，从而得到天下。当今之世，诸侯之间互相征伐，其次数之多已无法统计。在这个时候，善于运用抵巇之术者就能成功。

## 原 文

自天地之合离、终始，必有巇隙，不可不察也。察之以捭阖，能用此道，圣人也。圣人者，天地之使也。世无可抵①，则深隐而待时；时有可抵，则为之谋。此道可以上合，可以检下。能因能循，为天地守神②。

## 注 释

①无可抵：没有可以抵击的缝隙，指太平盛世。

②天地守神：把守天地的精神，这里指能掌握自然规律的变化。

## 译 文

自天地有离合、始终以来，裂隙总是相伴相随，我们不可不留心观察。用捭阖之术去明察世道，又能运用抵巇之术解决问题的，就是圣人了。所谓圣人，乃是天地的使者。假如世间没有裂隙需要抵塞，就隐居起来等待时机；当世间出现裂隙需要抵塞时，就用抵巇之术进行谋划。这种方法可以协助君主治理国家，也可以对百姓进行督查。如果能够顺应自然规律来运用，就能够掌握天地间一切自然规律的变化。

# 飞箝第五

## 题 解

　　本篇与法家所讲的君主控制下属这样的制人之术不同，讲述的是作为下属的谋士该如何控制君主。"飞箝术"意在运用褒扬之词引出对方的真实意图，进而钳制、控制对方，从而达到控制和掌握对方的目的。飞，即褒扬，激励；箝，通"钳"，即钳制、控制。

## 原 文

　　凡度权量能，所以征远来近。立势<sup>①</sup>而制事，必先察同异，别是非之语，见内外之辞<sup>②</sup>，知有无之数，决安危之计，定亲疏之事。然后乃权量之，其有隐括<sup>③</sup>，乃可征，乃可求，乃可用。

## 注 释

　　①立势：确立威势。
　　②内外之辞：内是实质，外是表面，也就是事情的反正两面。
　　③隐括：檃栝，本指矫正竹木弯曲的工具，引申为矫正人的错误、缺点。

## 译 文

　　凡是揣度人的智谋、考量人的才干，必须广泛收集或远或近的各方面信息，制定确立威势的措施，观察对方的观点与自己的观点是否一致，辨别出对方言语中的是与非，分辨出对方言语中表面和背后的含义，判断对方是否具有高超的权谋韬略，能否制定图谋大事的计谋，从而确立君臣间应有的亲疏关系。然后在实践中加以检验衡量，对于那些可以匡正补益决策的人，便征召他，聘请他，重用他。

## 原 文

引钩箝之辞，飞而箝之。钩箝之语，其说辞也，乍同乍异。其不可善者，或先征之而后重累，或先重以累而后毁之①。或以重累为毁，或以毁为重累。其用或称财货、琦玮②、珠玉、璧帛、采色以事之，或量能立势以钩之，或伺候见涧③而箝之，其事用抵巇。

## 注 释

①毁之：诋毁其人的短处。

②琦玮：珍贵的宝玉。

③涧：这里指漏洞、把柄。

## 译 文

与人谈话时，首先把赞扬的话语传达给他，通过恭维来钳制他们。以钩箝之词进行游说，在交谈之时要忽而表示认同，忽而表示反对，以便了解对方的真实意图。对于那些以钩箝之术仍没法控制的人，可以先不断提高他的名誉，使其名不副实，为日后诋毁他做充足的准备，一次不行就多次实施，直到毁掉对方为止。有时候赞扬对方优点使其缺点暴露是诋毁，有时历数其缺点使他优点显露也是为了最终诋毁他。想要重用某些人时，或者先赏赐财物、珠宝、玉石、白璧和美女，以便对他们进行试探；或者依据他的才能大小，用名禄地位来吸引他；或者通过寻找漏洞来控制对方，以上办法都是要结合"抵巇之术"来运用的。

## 原 文

将欲用之于天下，必度权量能，见天时①之盛衰，制②地形之广狭、岨崄③之难易，人民货财之多少，诸侯之交孰亲孰疏、孰爱孰憎，心意之虑怀。审其意，知其所好恶，乃就说其所重，以飞箝之辞，钩其所好，以箝求之。

## 注 释

①天时：指国家命运的发展趋势。

②制：知的意思。

③岨崄（zǔ xiǎn）：山川险要之处。岨，同"阻"。

## 译 文

要将飞箝之术运用到治理天下中，在游说君主时，一定要揣度君主的权谋与能力，观察国家命运的发展趋势，知悉国家地形的宽窄和山川险要之处的攻守难易，掌握国家人口、财富的多少，了解其与哪个诸侯国亲密友爱，与哪个诸侯国疏远仇恨，还要了解君主心中的打算。摸准君主的心意，了解他喜欢什么、讨厌什么，然后针对君主最重视的事进行游说，再用"飞"的方法诱出对方的爱好所在，最后用"钳"的方法把君主控制住。

## 原 文

用之于人①，则量智能、权材力②、料气势，为之枢机③，以迎之、随之，以箝和之，以意宣之，此飞箝之缀④也。用之于人，则空往而实来，缀而不失，以究其辞。可箝而从⑤，可箝而横；可引而东，可引而西；可引而南，可引而北；可引而反，可引而覆。虽覆能复，不失其度⑥。

## 注 释

①人：这里指君主以外的其他人。

②材力：指才干。材，同"才"。

③枢机：转动门户的轴叫枢，启动发射的装置叫机，此处引申为事物的关键。

④缀：联结。

⑤从：通"纵"。

⑥度：准则。

## 译 文

运用飞箝之术和别人打交道，就要揣摩对方的智慧，权衡对方的才干，度量对方的气势，把对对方的充分了解作为与之相处的关键，去迎合他、追随他，用飞钳之术调和他与我们的差距，使双方相互适应、协调，再用我们的意图去开导、启发他，这就是用飞钳来联结。对人使用飞钳之术时，要先用赞扬、称颂手段去赞誉对方，使对方说出真情，收到实效，然后紧紧与之联结，研究他话语中的真意。做到这些，就可以钳制对方，可实现合纵，也可实现连横；可使他向东，使他向西；使他向南，使他向北；使他返还，使他覆败。即使覆败，也可以恢复，关键在于不失去一定的准则。

# 忤合第六

## 题 解

本篇主要指出互相对立是事物的客观存在。"忤合术"是以反求合的方法。"忤"是忤逆、反忤、相悖之意，"合"是趋合、顺应、相向之意。忤合术的实质是"以忤求合"，要达到某一目的，实现自己的意愿，必须曲折求之，以此求彼。

## 原 文

凡趋合倍反[①]，计有适合。化转[②]环属[③]，各有形势。反覆相求，因事为制[④]。是以圣人居天地之间，立身、御世、施教、扬声、明名[⑤]也，必因事物之会[⑥]，观天时之宜，因知所多所少，以此先知之，与之转化。

## 注 释

①趋合倍反：趋合是趋向合一，相当于"合"；倍反是悖逆，相当于"忤"。倍，通"背"。

②化转：变化转移。

③环属：像铁环一般连接起来而没有裂缝。

④因事为制：指要根据实际情况进行控制。因，依据、凭借。制，法则、法度、控制。

⑤明名：显示名誉。

⑥会：时机，机会。这里指世间事物凑到一起的时机。

## 译 文

无论是趋向合一或背叛分离，都必须有适合当时现实情况的计谋。事物变化和转移就像铁环一样连接而无缝隙，而且各有不同的形式。要反反复复从正面、反面仔细研究，根据实际情况进行控制。所以圣人生活在世界上，立身处世都是为了教化众人，扩大影响，宣扬名声。他们还必须根据事物之间的联系来考察天时，以便抓住有利时机，并依据它们的损益变化来修改自己的决策，依据它们的发展变化来调整自己的策略方针。

## 原 文

世无常贵，事无常师。圣人无常与，无不与；无所听，无不听。成于事而合于计谋，与之为主。合于彼而离于此，计谋不两忠，必有反忤①。反于此，忤于彼；忤于此，反于彼。其术②也。

## 注 释

①反忤：本篇所说的"忤合"。
②术：忤合之术。

## 译 文

世上没有永远显贵的事物，也没有永恒的师长和榜样。圣人做事，没有永久不变的参与或不参与，也没有永久不变的听从或不听从。假如事情必然成功，而且又与计谋相合，就应该以此作为主体。如果计谋合乎一方的利益，就要背叛另一方的利益。凡是计谋，不可能同时与两个对立物相符合，必然违背某一方的意愿。合乎这一方的意愿，就要违背另一方的意愿；违背另一方的意愿，才可能合乎这一方的意愿。这就是忤合之术。

## 原 文

用之于天下，必量天下而与之；用之于国，必量国而与之；用之于家，必量家而与之；用之于身①，必量身材能气势而与之。大小②进退，其用一也。必先谋虑计定<sup>③</sup>，而后行之以飞箝之术。

## 注 释

①身：个人。
②大小：指上述天下、国、家、个人。
③计定：确定计谋。

## 译 文

如果把这种忤合之术运用到天下，一定要根据天下的实际情况决定顺从谁；如果把这种忤合之术运用到某个诸侯国，一定要依据诸侯国的情况来制定实施措施；如果把这种忤合之术运用到某个家庭，一定要根据家庭的实际情况运用它；如果把这种忤合之术用到某一个人，一定要衡量这个人的才智、能力、气度，从而制定实施措施。总之，无论对象的大小或策略的进退，运用的原则都是一致的，即必定先用忤合之术进行谋划、确定何去何从，再以飞钳之术来实现它。

## 原 文

古之善背向<sup>①</sup>者，乃协四海，包诸侯，忤合之地而化转之，然后求合。故伊尹五就汤，五就桀，而不能有所明，然后合于汤；吕尚三就文王，三入殷，而不能有所明，然后合于文王。此知天命之箝，故归之不疑也。

## 注 释

①背向：忤合。背，背离，即忤。向，趋向，即合。

## 译 文

古代善于实施忤合之术的人，能够驾驭四海之内的各家势力，控制各个诸侯，将他们驱使到预先设置的忤合境地，促使其转化，与自己联合。所以伊尹五次接近商汤，五次接近夏桀，但心里还是不明白投奔谁，最终决定

一心臣服商汤。吕尚三次接近周文王，三次接近殷纣王，但心里还是不明白到底投奔谁，最后决定归服周文王。经过多次忤合之后，他们明白了天命的归向，所以才毫无疑虑地投向新王朝。

## 原 文

非至圣达奥①，不能御世；非劳心苦思，不能原②事；不悉心见情，不能成名③；材质不惠④，不能用兵；忠实无真，不能知人。故忤合之道，己必自度材能知睿，量长短远近孰不如。乃可以进，乃可以退，乃可以纵，乃可以横。

## 注 释

①达奥：通达高深的道理。

②原：追溯，推究。

③名：事物的名称，这里作动词用，命名。

④惠：通"慧"，聪颖。

## 译 文

对于一个纵横家来说，如果没有高尚的品德，没有洞悉通达高深的道理，就不可能驾驭天下；如果不用心冥思，就不能追溯事物的本源；如果不能全神贯注地去发现事物的本质，就不能给事物成功命名；如果个人才能不佳，聪慧不够，就不能统兵作战；如果忠厚朴实却无真知灼见，就不可能有察人之明。所以，忤合的原则是：首先自我估量聪明才智，然后衡量他人的优劣长短，确定对方不如自己之后再实施。只有这样才能可进可退，纵横天下。

# 揣篇第七

## 题 解

"揣术"是纵横家的核心思想之一，讲的是"量权"和"揣情"，是游说的开始。本篇特指揣测人主之情，主要讲揣测人主之情的方法和意义。量权，强调要善于权量天下局势，即对一国的经济实力、兵源情况、地理位置、人才多寡、诸侯国联盟、民心背向等进行调查研究。揣情，强调要揣摩诸侯的实情，即选择有利时机，通过观察、询问、试探等手段，掌握其意向等。

## 原 文

古之善用天下者，必量天下之权而揣①诸侯之情。量权②不审，不知强弱轻重之称③；揣情不审，不知隐匿变化之动静。

## 注 释

①揣：推测对方的心理。

②量权：量是用秤称重量，权是秤所用的砣，这里指衡量、比较。

③称：相当，相符，引申为与实际情况相符。

## 译 文

古时候，那些善于处理天下纠纷进而操纵天下局势的人，必定能准确地把握天下政治形势的变化，善于揣测诸侯的内心所想。如果不能周密切实地审时度势，权衡利害，就不知道哪个诸侯国强大、哪个诸侯国弱小，就不能真正了解诸侯国在各国外交中地位的轻重；如果不能准确地揣摩诸侯的心意，就不能掌握他真正的想法，以及他对外界情况发生变化时的反应。

## 原 文

何谓量权？曰：度①于大小，谋②于众寡，称货财有无之数，料③人民多少、饶乏有余不足几何；辨地形之险易，孰利孰害；谋虑孰长孰短；揆④君臣之亲疏，孰贤孰不肖；与宾客⑤之知慧，孰少孰多；观天时之祸福，孰吉孰凶；诸侯之交，孰用孰不用；百姓之心，去就变化，孰安孰危，孰好孰憎；反侧孰辩⑥。能知此者，是谓量权。

## 注 释

①度：计算。

②谋：考虑。

③料：估算。

④揆（kuí）：推测，揣度。

⑤宾客：门客。

⑥辩：通"辨"，辨别，辨明。

## 译 文

怎样才叫量权？就是要计算一个国家地域的大小，考虑谋士的多少，衡量国家经济实力强弱，估算人口有多少，贫富情况如何；考察一国山川地貌的险要与平易，利于固守还是利于敌方进攻；考察国君谁擅长谋划长远，谁只看重眼前；推断君臣间的亲疏关系，知道哪些人贤德，哪些人不贤德；判断门客中哪些足智多谋，哪些是平庸之才；观察国家命运的发展趋势，哪国有吉福，哪国有凶祸；考察诸侯间的结盟关系，谁是可以效力的，谁是不能效力的；考察民心向背和变化状况，哪国民心安定，哪国民心不稳，谁被人民热爱，谁被人民憎恨；预测哪些地方容易发生反叛事件，哪些人能知道内情。对上述事态发展变化进行准确辨明，才能叫作量权。

## 原 文

揣情者，必以其甚喜之时，往而极其欲也，其有欲也，不能隐其情；必以其甚惧之时，往而极其恶①也，其有恶也，不能隐其情。情欲必出其变②。感动而不知其变者，乃且错③其人勿与语，而更问其所亲，知其所安。夫情变于内者，形见于外。故常必以其见④者而知其隐者，此所以谓测深揣情。

## 注 释

①恶：厌恶、害怕之事。
②变：指好恶喜惧变化。
③错：通"措"，安置。
④见：同"现"，显现。

## 译 文

运用"揣情"的谋士，必须在对方最高兴的时候迎合他，尽力去满足他最大的欲望，他吐露欲望的时候，就能探测到他的真情；又必须在对方最恐惧的时候，去讨论他厌恶之事，因为他被恐惧所刺激，就不能隐瞒住实情。真情实意必定是在他的情感发生极端变化的时候不自觉地表现出来的。如果是已经被触动了感情，却不显露在神态中的人，就要改变游说对象，向他所亲近的人去游说，了解他安身立命而能不露神色的原因。一般说来，内心情感发生剧烈变化，一般会在外部表现出某种形态。我们依据对方显现出的形态去揣测他内心隐藏的真情实意，这就是所说的"测深揣情"。

## 原 文

故计国事者，则当审权量；说人主，则当审揣情。谋虑情欲，必出于此。乃可贵，乃可贱；乃可重，乃可轻；乃可利，乃可害；乃可成，乃可败。其数一也。故虽有先王之道①、圣智之谋，非揣情隐匿，无可索之。此谋之大本②也，而说之法也。

## 注 释

①先王之道：古代先贤圣王留下的经验。
②本：根本。

## 译 文

所以谋划国家大事的人，就应当详细衡量本国的各方面力量；游说诸侯国的君主，则应当全面揣测君主的想法。一切谋略和考虑的出发点就在于此。善于运用"量权"和"揣情"之术的人，就可以富贵，可以被重用，可以获得利益，可以取得成功；不善于运用这种方法的人，就会变得贫贱，不被重用，受到损害，最终失败。其关键所在，就看能否掌握"量权"和"揣情"之术。因此，即使有古代贤王的治世经验，有圣智之士的高超智谋，不懂得"量权"和"揣情"之术，面对隐藏了真实情况的事实，也依然不能识破它。"量权"和"揣情"之术是谋略的根本，是游说的法则！

## 原 文

常有事于人，人莫能先，先事而生，此最难为。故曰，揣情最难守司，言必时有谋虑。故观蜎飞蠕动①，无不有利害，可以生事。美生事者，几②之势也。此揣情饰言③，成文章而后论之也。

## 注 释

①蜎（juān）飞蠕动：这里指小虫子的飞动或爬行。

②几：细微，这里引申为事物初起。

③饰言：修饰言辞。

## 译 文

对人实施"量权"和"揣情"之术，没有人能够与之争光，在事情发生前便能预知将要发生的进程，这是最难做到的。所以说，揣情之术最难以把握运用，游说时必须深谋远虑地选择时机。即使连昆虫的飞行与蠕动，也都包含着利益和祸害，可以使事物发生变化。而任何事情在刚刚产生之时，都呈现一种微小的态势。这就要求我们掌握揣情之术，善于修饰言辞，然后再进行游说。

# 摩篇第八

## 题 解

摩，即琢磨。此篇讲"摩"的方法，即在"揣"的基础上，进一步与对方接触，对其进行揣测。鬼谷子主要介绍了从内心情感变化揣测实情的具体方法。《摩篇》是《揣篇》的发展和延伸，人们一直把纵横家的手段称为"揣摩之术"。

## 原 文

摩者，揣之术也。内符①者，揣之主也。用之有道②，其道必隐③。微摩之，以其所欲，测而探之，内符必应。其所应也，必有为之。故微而去之，是谓塞窌④、匿端、隐貌、逃情，而人不知，故能成其事而无患。摩之在此，符应在彼，从而用之，事无不可。

## 注 释

①内符：内心情感活动的外在表现。

②道：这里指基本规律，一定的准则。

③隐：隐蔽，隐秘。

④塞窌（jiào）：这里指把自己"摩"的手法和目的隐藏起来。

## 译 文

所谓"摩"，是与"揣情"紧密相连的一种游说方法。人的内心真实想法必然表露在外，研究那些外在表象的内在心理原因，是揣的主要目的。摩在使用时要遵循一条基本原则，就是隐蔽。暗地里对人运用摩的方法，根据对方的欲望投其所好进行测探，其内心想法就会通过外部形象反映出来。一旦对方有所反应，我们就能够有所作为。在达到目的之后，要在适当的时候离开对方，把动机隐藏起来，消除痕迹，伪装外表，掩饰真情，从而不被对

方察觉，这样事情办成了，也没有留下隐患。我们在这里对他实施摩法，他在那里必然有所反应而被我们掌握，我们再根据他的反应去做事，就没有什么事情办不成了。

## 原 文

古之善摩者，如操钩而临深渊，饵而投之，必得鱼焉。故曰：主事日成而人不知，主兵日胜而人不畏也。圣人谋之于阴，故曰神；成之于阳，故曰明。所谓主事日成者，积德①也，而民安之，不知其所以利；积善也，民道之，不知其所以然，而天下比之神明也。主兵日胜者，常战于不争②不费，而民不知所以服，不知所以畏，而天下比之神明。

## 注 释

①积德：积累德行，指对民众的好处一个接着一个。
②战于不争：用计谋权术消弭战祸。

## 译 文

古代善于摩的人，就像拿着钓钩到深渊边上钓鱼一样，只要把带着饵食的钩投入水中，就可以钓到鱼。所以说，掌握了摩法的人，主持国家政治、经济大事，就会一天比一天取得更大的成效而不被人察觉；指挥军队就会每天都打胜仗，而士兵不会感到恐惧。圣人谋划行动总是在暗中进行，所以被称为"神"；成功而显现在光天化日之下，所以被称为"明"。所谓主持国家政治、经济大事一天比一天取得更大的成效，就是积累德政，老百姓安居乐业，却并不知道谁给了他们利益；积累善政，民众都在遵循却并不知道为什么这么做，因此普天之下的人们都把这样的圣智之士称作"神明"。指挥军队每天都打胜仗，是因为他经常不战而胜，不耗费资财，老百姓不知道他怎样使敌人臣服，不知道他怎样使敌人畏惧，因此普天之下的人们都把这样的人称作"神明"。

## 原 文

其摩者，有以平，有以正，有以喜，有以怒，有以名，有以行，有以廉，有以信，有以利，有以卑。平者，静也；正者，宜①也；喜者，悦也；怒者，动也；名者，发也；行者，成也；廉者，洁也；信者，期也；利者，求也；卑者，谄②也。故圣人所以独用③者，众人皆有之，然无成功者，其用之非也。

## 注 释

①宜：适宜，相宜。

②谄：谄谀。

③独用：独自使用，这里指圣人使用的手段。

## 译 文

摩的方式有很多，有的用和平进攻，有的用正义责难，有的用娱乐讨好，有的用愤怒激励，有的用名望威吓，有的用行为逼近，有的用廉洁感化，有的用信誉说服，有的用利益诱惑，有的用谦卑争取。和平就是宁静的意思，正义就是刚直，喜就是让人高兴，怒就是使人发怒，名就是声誉，行就是成就事业，廉就是保持高尚，信就是清明，利就是有所追求，卑就是谄媚。所以，圣人独自使用的这些方法，普通人也都可以使用，但是很少有人成功，原因是他们运用不当。

## 原 文

故谋莫难于周密，说莫难于悉听，事莫难于必成。此三者，唯圣人然后能任之。故谋必欲周密，必择其所与通者说也，故曰：或结而无隙①也。夫事成必合于数②，故曰：道数与时相偶者也。

## 注 释

①无隙：紧密。

②数：技术，这里指游说技术。

## 译 文

所以说，谋划策略，最难做到的是周密无隙；游说别人，最难做到的是让别人完全听从自己的意见；办事情，最难做到的是一定要取得成功。这三种境界，只有那些掌握了摩这类权术的圣人才能够达到。要想使计谋周密，必须选择可以与自己心意相通的人一起谋划，这就像给绳子打结一样紧密相连而没有缝隙。要想办事成功，必须符合游说的技巧。这叫作客观规律、行动方法与时机三者相互配合。

## 原 文

说者听必合于情，故曰：情合者听。故物归类，抱薪趋①火，燥者先燃；平地注水，湿者先濡②。此物类相应，于势譬犹是也。此言内符之应外摩也如是。故曰：摩之以其类，焉有不相应者？乃摩之以其欲，焉有不听者？故曰：独行之道。夫几者不晚，成而不拘，久而化③成。

## 注 释

①趋：小跑。这里指扔向火中。

②濡：沾湿，浸湿。

③化：生成。

## 译 文

游说时想要让别人完全听从你的意见，就要揣摩准确别人内心的真实想法，两情相合而别人必定听从、采纳。世界上万事万物都有各自的规律，抱起柴草扔进火中，干燥的柴草首先着火燃烧；往平地上倒水，湿润的地方先积水。物类互相应合，在形势上必然像这样。这里说的内符回应外摩，也是这个道理。所以说，运用摩的手法，就要用同类去感应；如果没有感应，就要用满足对方欲望的方法去引诱，这样一来，哪有不听从的呢？这就是策士们的秘术。要注意事物的细微变化，把握好时机，功成事就而不自持自喜，长久地实行这种方法，定能取得最后成功。

# 权篇第九

## 题 解

本篇主要论述了游说的原理与技巧，讲的是如何判断不同的游说对象和游说形势，从而运用合适的语言技巧去说服对方。"权"者，权衡、审察之意，即审度形势以进行游说。

## 原 文

说者，说之也；说之者，资①之也。饰言②者，假③之也；假之者，益损也。应对者，利辞也；利辞者，轻论也。成义者，明之也；明之者，符验也。言或反覆，欲相却也。难言者，却论也；却论④者，钓几⑤也。

## 注 释

①资：帮助的意思，也就是给人利益。

②饰言：修饰语言，也就是很好听的话。

③假：借助。

④却论：不接受对方的言论。

⑤钓几：引诱出对方心中的隐微之事。

## 译 文

所谓游说就是为了说服对方，要说服对方，就要对他有所帮助。修饰语言是为了借助言辞的力量说服别人，因而要对言辞进行增减修饰以迎合对方心理。回答对方的诘难，一定要用便利的词句。便利的词句，就是简洁明快的言辞。申说义理的言辞，是为了使对方明了我们的本意。要让对方明了我们的本意，必须用事例来验证说明。言谈时双方可能意见不合，此时就要反复辩论，使对方让步。双方互相辩论时，我们不接受对方的言论，这样做的目的是诱使对方说出心中隐秘的打算。

## 原 文

佞言者，谄而干忠；谀言者，博而干智；平言者，决而干勇；戚言者，权而干信；静言者，反而干胜。先意承欲者，谄也；繁称文辞者，博也；纵舍①不疑者，决也；策选进谋者，权也；先分不足以窒非②者，反也。

## 注 释

①纵舍：进退，也就是举止动作。

②窒非：扼住对方的缺点、弱点不放。

## 译 文

佞言，就是通过奸巧的言论来隐藏自己的真实意图，从而显得忠诚；谀言，就是堆砌华丽的辞藻，说一些奉承的言论来显得有智慧；平言，就是说一些直截了当的话，因为果决而显得勇敢；戚言，就是根据形势说一些忧愁操劳的话，以赢得对方的信任；静言，就是明知自己的不足，反而用有谋略的言语去攻击别人的不足，以求取得最终的胜利。摸准了对方的心愿，顺着对方的欲望去游说，就是"谄"；博采事例来充分论证自己的言辞，就是"博"；进退果断，该说则说，该止则止，就是"决"；根据形势的变化选择策略来进说，就是"权"；掩饰自己的不足，抓住对方言辞中的不足来攻击，就是"反"。

## 原 文

故口者，机关①也，所以关闭情意也；耳目者，心之佐助也，所以窥瞯②奸邪。故曰：参③调而应，利道而动。故繁言而不乱，翱翔④而不迷，变易而不危⑤者，睹要得理。故无目者，不可示以五色⑥；无耳者，不可告以五音⑦。故不可以往者，无所开之也；不可以来者，无所受之也。物有不通者，圣人故不事也。古人有言曰："口可以食，不可以言。"言者，有讳忌也。"众口铄金⑧"，言有曲故也。

## 注 释

①机关：事物的枢要、关键。

②睍（jiàn）：窥视。

③参（sān）：通"叁"，这里指口、眼、耳三器官而言。

④翱翔：飞鸟盘旋。这里指行动自由。

⑤危：读作"诡"，诡计，欺诈。

⑥五色：青、赤、白、黑、黄五种颜色。这里泛指各种颜色。

⑦五音：宫、商、角、徵、羽五种音阶。这里泛指各种声音。

⑧众口铄金：指众人的言论能够熔化金属，比喻舆论力量大，也比喻谣言多，使是非混淆。

## 译 文

所以说，口是人心的一个机关，是用来倾吐和遮蔽内心情感的。耳目，就是心的辅助器官，是用它来窥视事物的矛盾，发现奸邪的。所以说，口、耳、目三者应该协调呼应，选择有利的途径然后行动。这样就可以做到：虽有烦琐的语言但思路不乱，行动自由但不会迷失方向，情况千变万化但不会被欺骗，其关键就在于掌握了要点和规律。所以，对于色彩感觉不敏锐的人，不要给他欣赏色彩斑斓的画作；对于听觉不够敏感的人，不要和他谈论音乐的变化。如果不去游说，就不能打开对方的心扉，了解其内心想法；如果不让人来游说，就不能得到对方的谋略。双方信息不通，就不要去打主意。古人有言："嘴可以用来吃饭，但不能用来乱说。"讲的是说话是有忌讳的。所谓"众口铄金"，就是人们说话往往由于私心而歪曲事实真相。

## 原 文

人之情①，出言则欲听②，举事则欲成。是故智者不用其所短，而用愚人之所长；不用其所拙③，而用愚人之所工，故不困也。言其有利者，从其所长也；言其有害者，避其所短也。故介虫④之捍也，必以坚厚；螫虫⑤之动也，必以毒螫。故禽兽知用其长，而谈者亦知其用而用也。

## 注 释

①情：常情，常态。

②欲听：希望人听从。

③拙：不擅长。

④介虫：带有甲壳的昆虫。介，甲或盔甲。

⑤螫（shì）虫：指带有毒刺的虫子。螫，蜇。

## 译文

人之常情是只要自己说的话就希望别人听从，只要办事情就希望能成功。所以聪明人会避开自己的短处，而去利用愚蠢者的长处；不用自己不擅长的地方，而去利用愚蠢者所擅长的，这样就使自己永远不会陷于窘迫。我们常讨论怎样对自己有利，就是要发挥自己的长处；讨论怎样才能避害，就是要避开自己的短处。那些有甲壳的动物保护自己，一定是用自己坚厚的甲壳；那些有毒刺的动物进攻别人，一定是发挥自己毒刺的威力。连禽兽都知道利用自己的长处，游说的人更应该知道如何使用自己该使用的长处。

## 原文

故曰辞言有五：曰病、曰恐、曰忧、曰怒、曰喜。病者，感衰气而不神也；恐者，肠绝而无主也；忧者，闭塞①而不泄也；怒者，妄动而不治也；喜者，宣散而无要也。此五者，精则用之，利则行之。故与智者言依于博②，与博者言依于辨，与辨者言依于要，与贵者言依于势，与富者言依于高，与贫者言依于利，与贱者言依于谦，与勇者言依于敢，与愚者言依于锐。此其术也，而人常反之。

## 注 释

①闭塞：这里指情思不通。

②博：博学多闻。

## 译 文

所以说，五种言辞在交谈中要避免：一是病态之言；二是恐惧之言；三是忧郁之言；四是愤怒之言；五是喜悦之言。病态之言，让人听后神气衰弱，精神不足；恐惧之言，让人听后肝肠寸断，没有主见；忧郁之言，让人听后心情郁结，情思不通；愤怒之言，让人听后轻举妄动，言多狂悖；喜悦之言，让人听后自由散漫，没有重点。这五种言辞，只有人的精气通畅之后才可使用，在情况有利时才可实行。所以游说有智谋的人要靠博识多闻的言辞，游说博闻多识的人要靠条理明晰的言辞，游说明辨事理的人要依靠要点明确的言辞，游说达官贵人要靠气势，游说富人要依托于豪气，游说贫穷的人要靠言辞以利引诱，游说地位低下的人要靠谦恭的态度，游说勇敢的人要靠果敢，游说愚蠢的人要靠对方容易理解的言辞。这些都是与人谈话的技巧，然而不少人却常常背道而驰。

## 原 文

是故与智者言，将此以明之；与不智者言，将此以教之，而甚难为也。故言多类①，事多变。故终日言，不失其类而事不乱。终日不变而不失其主②，故智贵不妄。听贵聪，智贵明，辞贵奇③。

## 注 释

①类：方法。

②主：主旨，主题。

③奇：出其不意。

## 译 文

所以，与聪明人谈话时，就要用这些方法去阐述道理；与愚笨的人谈话时，就要把这些方法教给他，然而事实上很难做到。所以说，谈话有各种方法，事物也有多种变化，只要根据实际情况，选择不同言辞，那么，即使终日谈论，事情也不会混乱。整日谈话的内容不改变，也不会偏离主题，所以，智慧的可贵之处就在于处理事情时不轻举妄动。听话贵在清楚明白，智慧贵在明辨事理，言辞贵在出其不意。

# 谋篇第十

## 题 解

谋，即谋略、谋划，指施展谋略计策。《谋篇》是游说谋略的扩展，是《权篇》的姊妹篇。《权篇》注重形势的判断，更多停留在分析阶段；《谋篇》则侧重于实事求是，讨论如何出谋划策。

## 原 文

凡谋有道①，必得其所因，以求其情。审得其情，乃立三仪②。三仪者，曰上、曰中、曰下。参以立焉，以生奇。奇不知其所雍③，始于古之所从。故郑人之取玉也，载司南之车④，为其不惑也。夫度材、量能、揣情者，亦事之司南也。

## 注 释

①道：原则，规律。

②三仪：三种计策。仪，法度、标准。

③雍：通"壅"，壅塞。

④司南之车：用来指示方向的一种机械装置，相传是上古时期黄帝制造的，又叫指南车。

## 译 文

凡是筹划计谋都要遵循一定的规律，首先要追寻所面临问题的起因，进而探求事物发展过程，特别是当下面临的各种情况。掌握了这些情况，才可继而制定三种计策。所谓三种计策，就是上策、中策、下策，把它们互相参验，就能够定出良策奇谋。真正的良策奇谋是无所阻挡、无往而不胜的，这种设计奇谋的方法古人就曾实施过。所以郑国人入山采玉时，都要带上指南车，就是为了不迷失方向。考量别人的才干能力，揣度他的实情，就好像做事时使用指南车一样。

## 原 文

故同情而相亲者，其俱成①者也；同欲而相疏者，其偏害者也；同恶而相亲者，其俱害者也；同恶而相疏者，偏害者也。故相益则亲，相损则疏，其数行也；此所以察异同之分②也。故墙坏于其隙，木毁于其节，斯盖其分也。故变生事，事生谋，谋生计，计生议，议生说，说生进，进生退，退生制，因以制于事。故百事一道，而百度一数也。

## 注 释

①俱成：共同成功。

②分：分界。

## 译 文

所以，思想、欲望相同并且相互亲近的人，是因为他们都取得了成功；思想、欲望相同却关系疏远的人，是因为有一方受到了损害；有共同憎恨的对象而相互亲近的人，是因为他们共同遭受损害；有共同憎恨的对象却相互疏远的人，只有一方会受到损害。所以说，双方有共同的利益就会互相亲近，双方受到损害就会关系疏远。这类事情都是一样的道理，也是审查同异分界的一种根本方法。所以，墙壁通常因为有裂缝才倒塌，树木通常因为有节疤而折毁，裂缝和节疤就是它们的分界之处。因此，事情的突变都是事物自身的渐变引起的，因为要解决问题才需要谋略，需要谋略才会产生计策，计策是从讨论中产生的，讨论是为了游说的需要，游说是为了进取，进取是在退却中产生的，退却是因为有节制而产生的，因而要使用节制的方法处理事情。任何事情的处理方式都是这样，不论反复多少次也都遵循同一法则。

## 原 文

夫仁人轻货①，不可诱以利，可使出费②；勇士轻难，不可惧以患，可使据危③；智者达于数，明于理，不可欺以不诚，可示以道理，可使立功，

是三才④也。故愚者易蔽也，不肖者易惧也，贪者易诱也，是因事而裁之。故为强者，积于弱也；为直者，积于曲也；有余者，积于不足也。此其道术行也。

## 注 释

①轻货：轻视财物。

②费：费用。

③据危：扼守险要的地方。

④三才：三种人才，具体指上述仁人、勇士、智者。

## 译 文

仁人君子必然轻视财货，所以不能用金钱来诱惑他们，反而可以让他们出资资助；勇士自然会轻视危难，所以不能用祸患来恐吓他们，反而可以让他扼守险要的地方；智者往往通达礼教，明于事理，所以不可以用欺骗的手段对待他，反而可以用大道理来晓谕他，让他建功立业，这就是所谓仁人、勇士、智者。因此，愚蠢者可以用欺骗手段蒙蔽他，不肖之徒可以用恐吓手段威胁他，贪婪者可以用金钱利诱他，这是根据不同的人来制定不同的策略。所以，强大是从弱小积累起来的；平直是从弯曲积累起来的；有余是从不足积累起来的。懂得这个道理，道术就能够得以实行了。

## 原 文

故外亲而内疏者，说内；内亲而外疏者，说外。故因其疑以变之，因其见以然之，因其说以要之，因其势以成之，因其恶以权之，因其患以斥之。摩而恐之，高而动之，微①而正之，符而应之，拥②而塞之，乱而惑之，是谓计谋。

## 注 释

①微：衰败。

②拥：壅闭。

## 译 文

所以，对于表面上亲近而内心疏远的人，要从内心入手去游说他；对于内心想要亲近而表面上疏远的人，就要设法改变他的表面态度。所以，对方有所怀疑，要顺着他的怀疑来消除它；顺着对方所看见的东西肯定它；依据对方的言谈来附和他；对方形成有利态势，要顺着对方的形势成就他；依据对方厌恶的东西，为他谋划对付的办法；对方遇到的祸患，设法为他排除。通过揣摩透他的心意去恐吓他，分析形势的危急使他震动，让他衰败然后纠正他，设计一个征兆然后使之应验，隔绝他的视听，闭塞他的耳目，打乱他的思维，迷惑他的理智，进而完全控制他，这就是人们所说的计谋。

## 原 文

计谋之用，公不如私，私①不如结②，结而无隙者也。正不如奇③，奇流而不止者也。故说人主者，必与之言奇；说人臣者，必与之言私。其身内，其言外者疏；其身外，其言深者危。无以人之所不欲而强之于人，无以人之所不知而教之于人。人之有好也，学而顺之；人之有恶也，避而讳之。故阴道而阳取之也。

## 注 释

①私：私下。
②结：结盟。
③奇：适合解决问题的出人意料的计谋。

## 译 文

说到策划、实施计谋时，公开商讨不如在私下里谋划，在私下里谋划不如结盟谋划，结成稳固的联盟，别人就无机可乘了。计谋的使用，遵守常规不如奇谋妙计，奇谋妙计实施起来就像流水一般不能停止。所以对国君进行游说时，必须与他谈论奇策；对权臣进行游说时，必须与他谈论个人的切身利益。身在某一决策圈内，却把机密泄露到圈外，必定会被疏远。身在某

一决策圈外，却过多地议论决策圈内的事，必定会有危险降临。不要把别人不喜欢的东西强加于人；不要拿别人不了解的事去说教别人。如果对方有某种嗜好，就要效仿以迎合他的兴趣；如果对方厌恶什么，就要加以避讳。因此，做任何事情都是在暗地里使用这些方法，而得到的回报却是很明显的。

## 原 文

故去之者纵之，纵之者乘之。貌者，不美又不恶，故至情托焉。可知者，可用也；不可知者，谋者所不用也。故曰：事贵制人，而不贵见制于人。制人者，握权也；见制于人者，制命①也。故圣人之道阴，愚人之道阳。智者事易，而不智者事难。以此观之，亡不可以为存，而危不可以为安，然而无为②而贵智矣。

## 注 释

①制命：这里指被控制了命运。

②无为：这里指无为而处世。

## 译 文

想要除掉一个人，就要放纵他，等到他留下把柄时顺理成章地控制他。在外表上，无论遇到什么事情既不喜形于色也不怒目相对的人，可以将机密大事托付给他。在用人方面，能够了解、掌握的人，才可以重用；不能了解、掌握的人，善于谋划的人是不会重用他们的。所以说，做事贵在控制别人，而千万不可被别人控制。控制住别人，你就掌握了主动权；被别人控制，你的命运就处于被动。所以，圣人运用谋略的原则是隐而不露，而愚人运用谋略的原则是大肆张扬。有智慧的人做事容易成功，没有智慧的人很难做成事。由此看来，一旦国家灭亡了就很难复兴，一旦国家出现动荡就很难安定，所以无为和智慧是最重要的。

## 原 文

智用于众人之所不能知，而能用于众人之所不能见。既用，见可，否择事而为之，所以自为也；见不可，择事而为之，所以为人也。故先王之道阴。言有之曰："天地之化，在高与深；圣人之制道，在隐与匿。非独忠、信、仁、义也，中正①而已矣。"道理达于此之义，则可与语。由能得此，则可与谷远近之诱。

## 注 释

①中正：中正平和，不过分加害于人。

## 译 文

智慧要用在一般人不能知道的地方，也要用到一般人看不到的地方。运用计谋时，被人认可，就选取一些事自己去做，这是为自己的办法；不被人认可，就选取一些事让别人去做，这是为别人的办法。所以说，古代的君王都是隐秘地行事治世。俗话说："天地变化运转，表现在高深；圣人制定谋略，表现在隐秘。运用智慧不能失去忠信、仁义和中正的法则。"只有能够明白这种道理的人，才值得与他议事。能够懂得这些道理，就能够让远近的人都来臣服。

# 决篇第十一

## 题 解

本篇主要论述决断正误的利弊以及决断的各种方法，中心在于"决情定疑"这四个字上。决，即决断、决策。善于判断情况，做出决断是万事成败的关键。做决断不仅是一种选择，更是一种考验。

## 原 文

凡决物①，必托于疑者，善其用福，恶其有患。善至于诱也，终无惑偏。有利焉，去其利，则不受也，奇之所托。若有利于善者，隐托于恶，则不受矣，致疏远。故其有使失利者，有使离②害者，此事之失。

## 注 释

①决物：决断事情。

②离：通"罹"，遭受的意思。

## 译 文

凡是决断事情，必定是因为犹豫不决。一般来说，人们希望决断给他带来好处，不希望决断失误而招致祸患。因此，善于决断的人要先诱导对方，使他讲出自己的真实心愿和一切情况，以消除我们的迷惑或偏失。决断必须给对方带来利益，否则，没有利益他就不会接受这种决断，这就要寄托于决断的变幻莫测、出人意料。任何决断应有利于对方，但是如果其中隐含着不利的因素，那么对方就不会接受，彼此之间的关系也会疏远。所以，做决断时给对方带来不利，甚至使其遭受灾难，那这样的决断是失误的。

## 原 文

圣人所以能成其事者有五：有以阳德之者，有以阴贼之者，有以信诚之者，有以蔽匿之者，有以平素之者。阳励于一言，阴励于二言，平素①、机枢以用。四者②，微而施之。于是度之往事，验之来事，参之平素，可则决。王公大人之事也，危而美名者，可则决之；不用费力而易成者，可则决之；用力犯勤苦，然不得已而为之者，可则决之；去患者，可则决之；从福者，可则决之。

## 注 释

①平素：平时，平常。

②四者：指一言、二言、平素、机枢。

## 译 文

圣人之所以能成就大事业，主要有五种方法：一是公开施加恩德，二是暗中伤害对方，三是待人诚心，四是蒙蔽对方，五是按照正常方式结交。使用"阳德"手段时要前后说话一致，使用"阴贼"手段时却要令人摸不透我们的真意，使对方受骗，再配合常规手段，以及关键时刻运用的机巧手段，这四种手段在暗地里交互运用。在决断事情之时，可以用过去的经验进行衡量，再以未来事情的发展趋势来验证，最后用日常的事情作为佐证，如果可行，就做出决断。给王公大臣谋划事情，有五种情况可以帮其做决断：王公大臣处在危险中，事情成功后能获得美好的声誉，可以做出决断；不用耗费大的气力、精力就容易获得成功的事情，可以做出决断；有些事情虽然费力勤苦，然而不能不做出决断，可以做出决断；如果能排除忧患，可以做出决断；如果能带来幸运，可以做出决断。

## 原 文

故夫决情定疑，万事之基①，以正乱治、决成败，难为者。故先王乃用蓍龟②者，以自决也。

## 注 释

①基：根基，基础。

②蓍（shi）龟：占卜的意思。蓍是蓍草，龟是龟甲，都是占卜工具。

## 译 文

所以，决断事件、解决疑难，是处理一切事情的基础，关系到国家的安定和事业的成败，因此，下决断是非常困难的事情。所以，古代先王也要用蓍草和龟甲占卜，以此来帮助自己做出正确的决断。

# 符言第十二

## 题 解

本篇实际上是为君主治国平天下指出的修养之术。符言追求的是言行合一，名实相符。它不仅是舌辩之士练就一身本事、言动天下的基础理论

课，也是一个老练政治家畅通言路、治国理政的经验总结。

## 原 文

安、徐、正、静，其被节无不肉①。善与而不静，虚心平意，以待倾损②。右主位。

## 注 释

①被节无不肉：骨节之上无不有肉。

②倾损：危机。

## 译 文

如果身居君位的人能够做到安定从容，公正沉静，就像骨节必须有肉附着于其上一样，才能活动，发挥作用。在位者善待百姓，与百姓相处谦虚谨慎，心平气和，这可防止天下大乱。以上讲的是在君主的位置上应如何保持君位。

## 原 文

目贵明，耳贵聪，心贵智。以天下之目视者，则无不见；以天下之耳听者，则无不闻；以天下之心思虑者，则无不知。辐凑①并进，则明不可塞。右主明。

## 注 释

①辐凑（fú còu）：指车辐集中于车轴。凑，通"辏"。

## 译 文

对眼睛来说，最重要的就是明亮；对耳朵来说，最重要的就是灵敏；对心灵来说，最重要的就是智慧。君主如果能用全天下的眼睛去看，就不会有什么看不见的；如果能用全天下的耳朵去听，就不会有什么听不到的；如果能用全天下的智慧去思考，就没有想不通的事情。如果能像车辐集中于车轴那样集中众人的智慧和力量，君主的圣明就没有什么能够遮蔽了。以上讲的是如何保持明察。

## 原 文

听之术曰：勿坚而拒之。许之则防守，拒之则闭塞①。高山仰之可极②，深渊度之可测。神明之位术正静，其莫之极欤！右主听。

## 注 释

①闭塞：阻绝，隔断。这里指妨害视听。

②极：至，到达。

## 译 文

听取采纳意见的方法是：广采众论，不随意拒绝任何意见。允许别人提意见就会增强我方力量，拒绝别人提意见就会闭塞自己的视听。高山再高，只要我们朝上一步步地攀登，总可以到达它的顶点；深渊再深，只要我们坚持测量，也可以测量出它的深度。君主处在显贵的位置上，公正沉着地对待众人进谏，这样就没有人能够探测出他的高深了。以上讲的是采言纳谏。

## 原 文

用赏贵信，用刑贵正。赏赐贵信，必验耳目之所闻见，其所不闻见者，莫不暗化①矣。诚②畅于天下神明，而况奸者干君？右主赏。

## 注 释

①暗化：暗自感化。

②诚：诚信，信用。

## 译 文

实行奖赏时，最重要的是守信用；实行惩罚时，最重要的是公正合理。赏赐贵在守信，刑罚贵在公正，一定要以自己亲眼所见、亲耳所闻作为依据，那些没有亲眼所见、亲耳所闻的人也会暗中受到感化。君主如果能把这种诚信畅达于天下，那么连神明也会来佑护，又何惧那些想以奸邪手段冒犯君主的小人？以上讲的是赏罚必信。

## 原 文

一曰天之，二曰地之，三曰人之。四方上下，左右前后，荧惑①之处安在？右主问。

## 注 释

①荧惑（yíng huò）：指被蒙蔽迷惑。

## 译 文

君主的询问范围，包括天时、地利和人和三个方面。东西南北四方、左右前后都了解清楚，哪里还有被人蒙蔽和迷惑的地方？以上讲的是君主应多方咨询。

## 原 文

心为九窍①之治，君为五官②之长。为善者，君与之赏；为非者，君与之罚。君因其所以求，因而与之，则不劳。圣人用之，故能赏之。因之循理，固能久长。右主因。

## 注 释

①九窍：双耳、双目、双鼻，口、尿道、肛门各一窍，共九窍。这里泛指身体器官。

②五官：殷商时期的五种官职，指司徒、司马、司空、司士、司寇，这里泛指文武百官。

## 译 文

心是身体各器官的主宰，君主是文武百官的首领。对于那些做善事的官员，君主就要赏赐他们；对于那些做坏事的官员，君主就要惩罚他们。君主根据臣民各自的欲望而给予赏赐，这样就不会劳神。圣人这样使用赏罚，就能使臣民赏罚各得其所。国君如果能遵循这个道理治理国家，就能够长治久安。以上讲遵循规律管理官吏。

116

## 原 文

人主不可不周<sup>①</sup>，人主不周，则群臣生乱。寐于其<sup>②</sup>无常也，内外不通，安知所开？开闭不善，不见原也。右主周。

## 注 释

①周：周到。这里指全面了解情况。
②其：这里代指群臣。

## 译 文

君主做事要全面了解情况，一旦考虑不周全，群臣就会发生动乱。群臣处于无序状态，内外消息就不会畅通，君主又怎么能知道问题出在哪里？如果君主不善于掌握开合之术，就不能发现问题产生的根源。以上讲的是君主应该周全地了解一切。

## 原 文

一曰长目<sup>①</sup>，二曰飞耳<sup>②</sup>，三曰树明<sup>③</sup>。明名千里之外，隐微之中，是谓洞天下奸，莫不暗变更。右主参。

## 注 释

①长目：使眼睛看得远。这里指在远处安插耳目。
②飞耳：使耳朵听得远。这里指建立特殊通信渠道。
③树明：使心里洞察一切。这里指建立举报制度。

## 译 文

君主起用臣下还要采取三种措施：一是安插耳目，二是建立特殊通信渠道，三是建立举报制度。能够了解千里之外的情况，能够了解隐秘微小的事情，这就叫作洞察天下。天下的奸邪都会小心翼翼，收起不轨的想法。以上是讲君主如何洞察一切。

## 原 文

循名而为，实安而完。名实相生<sup>①</sup>，反相为情<sup>②</sup>。故曰：名当则生于实，实生于理，理生于名实之德，德生于和，和生于当。右主名。

## 注 释

①相生：相互化生，相依相存。

②情：这里指事物的本性。

## 译 文

依照名称去考察实际，根据实际来确定名称，使名实相符合。名称是从实际中派生的，客观实际产生出名称。二者相互依存，这是事物的本性。所以说，适当的名称产生于客观实际，而客观实际是从事理中产生的，事理是从名实之德中产生的，名实之德产生于名实相符，两者相符，那么取名就得当了。以上是说名实相符的重要。

# 本经阴符七术

## 题 解

《本经阴符七术》是《鬼谷子》中理论性较强的一篇，其内容主要是关于修身养性的方法，对"精""气""神"各个方面都进行了独到且全面的阐释，对坚定意志、涵养精神具有积极的意义。

# 盛神<sup>①</sup>法五龙<sup>②</sup>

盛神中有五气<sup>③</sup>，神为之长，心为之舍<sup>④</sup>，德为之大，养神之所归诸道。道者，天地之始，一其纪也，物之所造，天之所生，包容无形化气，先天地而成，莫见其形，莫知其名，谓之神灵。故道者，神明之源，一其化端。是以德养五气，心能得一，乃有其术。术者，心气之道所由舍者，神乃为之使。九窍、十二舍⑤者，气之门户，心之总摄也。生受于天，谓之真人。真人者，与天为一。

## 注 释

①盛神：使精神旺盛，养神。

②五龙：一种说法是五行之龙，一种说法是传说中的神仙名，这里指金、木、水、火、土的神气。

③五气：指心、肝、脾、肺、肾等五脏之气。

④舍：居所。

⑤十二舍：中医所谓十二脏。分别为心、肺、肝、胆、膻中、脾、胃、大肠、小肠、肾、三焦、膀胱为十二官，称十二脏。

## 译 文

旺盛的精神中有五气，精神是五气的统帅，心是精神的依托之所，道德是精神在人身上的表现，养神的办法就是让心与大道合一。所谓"道"，是天地产生的本源，一切由"道"始。万物的化育、天地的产生，都是由道来完成的。道包含着无形的化育之气，在天地产生之前生成，看不见它的形态，叫不出它的名字，我们就称它为"神灵"。所谓的"道"，是神明的本源、万物变化的开始，而"一"是道变化的开端。因此，人们只有用道德涵养五气，心里守住"一"，才能掌握住道术。道术就是把心气从住所中引导出来，由此神就产生了。人体的九窍和十二舍是气进出人体的门户，由心总管它们。人本受命于天，所以称为真人。真人是能与天地万物融为一体的。

## 原 文

内修炼而知之，谓之圣人。圣人者，以类知之。故人与一生，出于物化。知类在窍①，有所疑惑，通于心术，心无其术，必有不通。其通也，五气得养，务在舍神，此谓之化。化有五气者，志也、思也、神也、德也，神其一长也。静和者养气，气得其和，四者②不衰，四边威势，无不为，

存而舍之，是谓神化归于身，谓之真人。真人者，同天而合道，执一③而养产万类，怀天心，施德养，无为以包志虑、思意，而行威势者也。士者，通达之，神盛乃能养志。

## 注 释

①窍：上文所提到的九窍。

②四者：指志向、思想、精神、道德。

③执一：坚守无为。

## 译 文

通过内心修炼而体会出道的人，就称为圣人。圣人能掌握以此类推的方法来认识道。人与万物一起生成，都是出于天地的造化。了解各类事物在于利用各种感觉器官；解释疑难在于用心思考进行综合分析。如果不能感知，那就是心与九窍之间的气不通。通达之后，五脏精气得到培养，这时要让神气归于心舍，这就叫作"化"。五气在转化过程中，就会产生志向、思想、精神、道德，其中精神是最主要的。做到宁静、平和就能养气，五气能够融合，那么志向、思想、精神、道德就不会衰退，向四方散发威势，我们就能无所不为。如果能使这种威势长存不散，这就叫作达到神化的境界。当这种神化归于自身时，就叫作"真人"。真人能与天地合为一体，坚守自然之道来生产并育化万物，怀着上天之心施行恩德，以无为之道来指导思想，通过这种途径来散发威势。纵横之士能通达此理，就会精神旺盛，从而修养自己的心志。

# 养志法灵龟①

养志者，心气之思不达也。有所欲，志存而思之。志者，欲之使也。欲多则心散，心散则志衰，志衰则思不达。故心气一，则欲不徨②；欲不徨，则志意不衰；志意不衰，则思理达矣。理达则和通③，和通则乱气不烦于胸中。故内以养志，外以知人。养志则心通矣，知人则职分明矣。

120

## 注 释

①灵龟：古人认为龟是一种通灵且长寿的动物，所以叫灵龟。

②偟：心神不安。

③和通：和气畅通。

## 译 文

养志，是因为心神思虑不畅达。一个人如果有了欲望，就会在心中想着去满足欲望，志气就会被欲望所驱使。欲望过多，心神就会涣散；心神涣散了，志气就会衰弱；志气衰弱了，思想就无法畅达。如果心神专一，就不会因为欲望过多而心神不定；欲望不多，志气就不会衰弱；志气不衰弱，思想就会畅达。思想畅达则和气畅通，和气畅通心中就不会烦乱。因此，对内要培养志气，对外要了解他人。培养志气可以使自己思路通畅，了解他人就可以做到知人善任。

## 原 文

将欲用之于人，必先知其养气志。知人气盛衰，而养其志气，察其所安，以知其所能。志不养，则心气不固；心气不固，则思虑不达；思虑不达，则志意不实；志意不实，则应对不猛；应对不猛，则志失而心气虚；志失而心气虚，则丧其神矣。神丧则仿佛①，仿佛则参会不一②。养志之始，务在安己。己安则志意实坚，志意实坚则威势不分。神明常固守，乃能分之。

## 注 释

①仿佛：心意彷徨，精神恍惚。

②参会不一：指志、心、神三者不能协调配合。

## 译 文

如果运用养志的方法考察他人，一定要先了解他是如何培养志气的，了解他志气的盛衰；通过培养他的志气，观察他的心意反应，从而了解他的才

能大小。如果一个人不培养志气，他的心气就不会稳固；心气不稳固，思想就不会舒畅；思想不舒畅，意志就会不坚定；意志不坚定，应付外界的能力就不强；应付外界的能力不强，就容易丧失志向，心气虚弱；丧失志向，心气虚弱，就会失去神志。神志丧失必然精神恍惚，精神恍惚就会导致心、神、志三者不能协调。开始修养心志时，一定要先让自己安定；自己安定了，意志才会坚定；有了坚定的意志，威势才会凝聚不散。这样，神气固守于体内，就可以分散别人的威势。

# 实意法腾蛇

实意者，气之虑也。心欲安静，虑欲深远。心安静则神策生，虑深远则计谋成。神策生则志不可乱，计谋成则功不可间。意虑定则心遂安，心遂安则所行不错，神自得矣，得则凝。识气寄，奸邪而倚之，诈谋①而惑之，言无由心矣。故信心术，守真一而不化，待人意虑之交会，听之候之也。

## 注　释

①诈谋：指阴谋诡计。

## 译　文

思想充实，就是充实提高心的思虑。心要想安静，就要思考得深远。只有心安静了，才会产生神奇的策略；只有思考得深远，谋划事情才能成功。神奇的策略产生了，心志就不会紊乱；谋划事情成功了，功业就不可抹杀。思虑稳定，则心境安详；心境安详，则所作所为就不会出现差错，精神就会饱满，就会专一集中。如果人的心气游离在体外而不能在心中扎根，那么奸邪之徒就可能乘虚而入，阴谋诡计也会攻入心中迷惑我们，所说的话也是言不由衷的。要相信静心的方法，坚守专一之道而不改变，静静地等待意志和思虑的交汇，认真听取和接受别人的意见。

## 原　文

计谋者，存亡之枢机。虑不会，则听不审矣，候之不得。计谋失矣，则意无所信，虚而无实。故计谋之虑，务在实意，实意必从心术①始。无为而求，安静五脏，和通六腑②；精神魂魄固守不动，乃能内视③、反听④、定志。虑之太虚⑤，待神往来。以观天地开辟，知万物所造化，见阴阳之终始，原人事之政理。不出户而知天下，不窥牖⑥而见天道；不见而命，不行而至，是谓道知。以通神明，应于无方，而神宿矣。

## 注 释

①心术：静心的方法。

②六腑：胃、胆、三焦、膀胱、大肠、小肠，这里指六腑之气。

③内视：古代养生家认为人通过意念可以窥见自己体内的脏腑、经络等。这里指用心去看。

④反听：这里指用心去听。

⑤太虚：道家向往的最高神境；思虑达到毫无杂念的空明境界。

⑥牖（yǒu）：窗户。

## 译 文

所谓"计谋"，是国家存亡的关键。思虑不集中，听到的情况就不会周详，就不能从别人那里得到消息。计谋失效会导致意志不坚定，人就会变得虚幻而不实际。所以，谋划计谋，务必充实意念，充实意念则须从静心术开始。本着无为之道，使五脏之气和谐，六腑之气通畅，使精、神、魂、魄诸气各安其所，才能做到用心去看，用心去听，从而使志向坚定。思虑达到毫无杂念的空明境界，精神就能自由往来。以此观天地之变化，了解万物造化的规律，观察阴阳二气的变化，明察治国方法的原理，这样就能做到不出门而知晓天下大事，不开窗而了解自然界的变化规律，没有见到事物就可以预先知道它的名字，不用行走就可以达到目的地。这就是所谓"道"，以此可以与神明相通而应对万事万物，神亦来宿于此矣。

# 分威法伏熊①

分威者，神之覆②也。故静意固志，神归其舍，则威覆盛矣。威覆盛，

则内实坚；内实坚，则莫当；莫当，则能以分人之威而动其势，如其天。以实取虚，以有取无，若以镒称铢③。

## 注 释

①伏熊：趴在地上准备发起攻击的熊。

②覆：伏。

③以镒（yì）称铢：用重物作秤锤去称量轻物，比喻以重驭轻，轻而易得。镒，一镒为二十两，一说是二十四两。铢，二十四铢为一两。

## 译 文

散发自己的威势，就要先积蓄威势，让旺盛的精神伏藏其中。要平心静气且坚定志向，使精神归于心舍，这样伏藏的威势才能更加强盛。威势强盛，内心就更加坚定；内心坚定，威势发出之后就没有人能够阻挡；没有人能够阻挡，就可以分散他人威势，动摇他人势力，自己的威势就像天一样无不覆盖。用己方之实去攻取对方之虚，用有威势去对付无威势，就像用镒来称铢一样轻而易举。

## 原 文

故动者必随，唱①者必和。挠其一指，观其余次，动变见形，无能间者。审于唱和，以间见间，动变明而威可分。将欲动变，必先养志，伏意以视间。知其固实者，自养也；让己者，养人也。故神存兵亡，乃为之形势。

## 注 释

①唱：同"倡"，倡导。

## 译 文

所以，只要行动就必定有人追随，我们一倡导，对方必然应和；只要弯起一个指头，便会看到其他指头的变化；对方的一举一动都会显现出来，没有一个能逃得掉。对唱和的情况进行周详的考察，通过蛛丝马迹去寻找对方的漏洞，让对方的举动显现在我们面前，他的威势就可以被我们分散。我们要活动变化，必须先养心志，隐蔽自己的实力，从而暗中观察他人的活动。使自己的思想意志充实坚定的人，是懂得提高自我修养的人；自己讲求退让，便是使别人驯服的方法。所以，能够做到精神专注而进击之势毫不显现，就是大有可为的形势。

# 散势法鸷鸟①

散势者，神之使也。用之，必循间②而动。威肃内盛，推间而行之，则势散。夫散势者，心虚③志溢。意衰威失，精神不专，其言外而多变。故观其志意为度数，乃以揣说图事，尽圆方，齐短长④。

## 注 释

①鸷鸟：凶猛的鸟类。

②间：漏洞。

③心虚：内心虚静。

④齐短长：指灵活运用长计短谋。

## 译 文

散发威势，是由精神主宰的。运用散势之法时，一定要看好对手的漏洞再采取行动。威势在内心积聚已经很旺盛时，抓住对手的漏洞采取行动，就可以散发出去。散发威势时，要内心虚静，意志充沛。意志衰弱则威势丧失，导致精神不专，从而言语不着边际。所以，观察对方，以得到对方真实的思想意志和办事标准，然后去揣测、游说并谋划，采取不同的计谋来掌握决策信息，谋划各种事情，有时要圆滑灵活，有时要方正直率。

## 原 文

无间则不散势，散势者，待间而动，动而势分矣。故善思间①者，必内精五气，外视虚实，动而不失分散之实。动则随其志意，知其计谋。势者，利害之决，权变②之威。势败者，不以神肃察也。

## 注 释

①思间：思索、寻查对方漏洞。

②权变：灵活运用权术。

## 译 文

　　对方如果没有漏洞可寻，就难以散其势，这时必须等待时机，等找到对方的漏洞再采取行动，一旦行动就能分散对方的威势。所以善于寻查对方漏洞的人，一定善于充盈内脏精气，善于观测形势的虚实，一旦行动就不会失去散发威势的实效。行动时，必须紧紧跟随对方的意图，了解对方的计谋。威势是决定胜败的重要因素，是灵活运用权术并发挥作用的条件。威势衰败的人，往往不能凝神观察。

# 转圆①法猛兽

　　转圆者，无穷之计。无穷者，必有圣人之心，以原不测之智而通心术②。而神道混沌为一，以变论万类，说义无穷。智略计谋，各有形容③，或圆或方，或阴或阳，或吉或凶，事类不同。故圣人怀此用，转圆而求其合。故与造化者为始，动作无不包大道，以观神明之域。

## 注 释

　　①转圆：转动圆珠，这里指运用智谋就像转动圆珠一样，能轻松应付各种情况。

　　②心术：这里指凝聚心气的方法。

　　③形容：形势，特点。

## 译 文

　　计谋应该像转动圆珠一样，能源源不断产生。要想源源不断地产生计谋，必须有圣人的胸怀，去探究不可估量的智慧，熟练掌握凝聚心气的方法。自然之道是神妙莫测的，处于一种混沌的统一状态。用变化的观点来讨论万事万物，纵横之士游说时的道理是无穷无尽的。不同的智略计谋，具有各自的特点，有的具有灵活性，有的具有规律性；有的运用在暗处，有的公开实施；有的带来吉祥，有的招致祸患，这是随着事物种类以及情况不同而不断变化的。所以，圣人掌握了计谋的特征和用法，在处理事情时就像转动圆珠一样，产生无数计谋以求与事物状况相吻合。所以，圣人以自然造化之道作为开端，其行为无不合于自然大道，并且能够看到别人无法看到的神明境地。

## 原 文

天地无极，人事无穷，各以成其类；见其计谋，必知其吉凶、成败之所终。转圆者，或转而吉，或转而凶；圣人以道先知存亡，乃知转圆而从方。圆者，所以合语①；方者，所以错事②。转化者，所以观计谋；接物者，所以观进退之意。皆见其会，乃为要结③，以接其说也。

## 注 释

①合语：指话语投机。

②错事：处置事件，解决问题。错，同"措"，处置、解决。

③要结：关键。

## 译 文

天地是广阔无边的，人事的变化是无穷无尽的。这些各以其特点分成不同的类别，各种智谋也各有其形，观察一个人的计谋就能从中知道事物的吉凶成败。计谋像圆珠一样运转变化，有的转向吉祥，有的转向凶险，圣人运用转圆之法能够掌握规律而预先得知存亡之理，及时从转圆之法中解脱出来，确立某种方正的策略。所谓"圆"，就是彼此话语投机。所谓"方"，就是正确解决问题。运转变化，是为了探知对方的计谋；接触外物，是为了根据处理事情的实际效果决定进退。只有看到问题的症结所在，抓住关键，才能与对方紧密相连，彼此主张一致。

# 损兑①法灵著②

损兑者，机危③之决也。事有适然④，物有成败，机危之动，不可不察。故圣人以无为待有德，言察辞合于事。兑者，知之也；损者，行之也。损之说之，物有不可者，圣人不为之辞。故智者不以言失人之言，故辞不烦，而心不虚；志不乱，而意不邪。

## 注 释

①损兑：指减少杂念，让内心专一。

②灵著（shì）：古代用来占卜吉凶的工具。

③机危：危险的征兆。

④适然：偶然，有时发生。

## 译 文

减少杂念，让内心专一，是处理危险征兆问题的关键。万事万物都有偶然巧合，有成功，也有失败，当危险露出征兆的时候，不可不细心观察。所以，圣人都用无为而为之的态度对待事物发展，观察言语要与行动相结合。内心专一，是为了了解事物；减少杂念，是为了坚决行动。行动了，说明了，却还不被外界认同，圣人就不会再随便开口了。所以，聪明人不会因为自己的主张而排斥别人的主张，因而能够做到语言扼要而不烦琐。言辞不烦乱，心气就不虚弱；志向不紊乱，意念就会端正。

## 原 文

当其难易，而后为之谋，因自然之道以为实。圆者不行，方者不止，是谓大功。益之损之，皆为之辞。用分威散势之权，以见其兑威、其机危，乃为之决。故善损兑者，譬若决水于千仞之堤，转圆石于万仞①之谷。而能行此者，形势不得不然也。

## 注 释

①仞：古代长度单位，八尺或七尺为一仞。

## 译 文

　　遇到事情根据其难易程度，进行谋划决策，要顺应客观规律去制定措施。对方施行圆的策略不停止，我们实行方的策略也就不停止，这就是大功告成的前提。谋略的增减变化，都是为了言辞能够合适地表达出来。善于运用分威、散势的方法，发现对方的威力以及危险的征兆，然后再做出决断。所以说，善于运用损兑法的人，处理事情就好像挖开千丈大堤放水，水冲向万丈深渊中的石头让其旋转一样容易。这一切都是自然的，难以逆转的。

# 持　枢

## 题 解

　　本篇有残缺，只存留了一个自然段。持枢，意为掌握关键，把握枢纽。揭示的是一种回归自然、天人合一的思想，凝结了鬼谷子对天道的深刻透析。

## 原 文

　　持枢，谓春生、夏长、秋收、冬藏，天之正也。不可干①而逆之。逆之者，虽成必败。故人君亦有天枢，生②、养、成、藏，亦复不可干而逆之，逆之者虽盛必衰。此天道③、人君之大纲也。

## 注 释

①干：触犯，干扰。
②生：本指春天万物生长，这里指使百姓休养生息。

③天道：指顺应自然的为政之道。

## 译 文

　　把握事物的关键，就是顺从春天让万物萌生、夏天让万物成长、秋天让万物收获、冬天让万物储藏的规律，这也是自然界运行的正常法则，不能够触犯和违背。违背自然法则，即使一时成功，也终究会失败。所以说，作为君主治理国家也要遵守自然法则，组织百姓生产生活，教养万民，收获、储藏，这种为政之道是不能违背的。如果违背，即使一时兴盛，最终也必将衰弱。这种顺应自然的为政之道，是国君必须遵守的纲领。

# 中　经

## 题 解

　　《中经》是鬼谷子鉴人、识才和制人的秘诀，主要论述内动心计、外以制人的诸多方法，主张通过人的相貌来了解其本性，通过人的言语来了解其真意。

## 原 文

　　《中经》，谓振①穷趋急，施之能言厚德之人。救拘执②，穷者不忘恩也。能言者，俦③善博惠；施德者，依道；而救拘执者，养使小人。盖士，遭世异时危，或当因免阗坑，或当伐害能言，或当破德为雄，或当抑拘成罪，或当戚戚④自善，或当败败自立。

## 注 释

　　①振：通"赈"，救济。

　　②拘执：这里指处于困境的人。

　　③俦（chóu）：这里指成对出现，比喻多。

④戚戚：忧心貌。

## 译 文

所谓《中经》，说的是救人于穷困和危难之中，能做到这一点的，一定是那些能言善辩、品德淳厚的人。如果能帮助那些处于困境中的人，他们就永远不会忘记你的恩德。能言善辩的人，多做善事，广施恩惠。那些对人施行恩德的人，能够遵循道义。救出身处困境的人，就能够豢养、驱使他们。士大夫处在动乱的年代、遭遇危难时，有的人能侥幸存活，免遭兵乱；有的人陷害善于辞令的人；有的人放弃仁德，崇尚武力，成为一方雄主；有的人被拘捕，成为囚犯；有的人处于忧愁的环境中却独善其身；有的人身处危难之中却能自强自立。

## 原 文

故道贵制人，不贵制于人也。制人者握权，制于人者失命。是以见形为容，象体为貌，闻声和音①，解仇斗郤②，缀去，却语，摄心，守义。《本经》③纪事者，纪道数，其变要在《持枢》《中经》。

## 注 释

①音：弦外之音。
②郤（xì）：通"隙"，这里指矛盾。
③《本经》：指《本经阴符七术》。

## 译 文

为人处世之道，最重要的是挟制别人，而不能被别人挟制。能够挟制别人，便能够把握主动权；受制于人，命运就掌握在别人手中。所以，看见外形要能判断面容，估量身材要能推知相貌，听到声音就能听出弦外之音，要善于解除争斗和矛盾，善于挽留想要离去的人和应对前来游说的人，善于摄取真情和恪守正义。《本经阴符七术》讲述的是一般的处世道理和技巧，运用时变通的要点都在《持枢》《中经》中。

## 原文

"见形①为容，象②体为貌"者，谓爻③为之生也，可以影响、形容、象貌而得之也。有守之人，目不视非，耳不听邪，言必《诗》《书》，行不僻淫，以道为形，以德为容，貌庄色温，不可象貌而得之。如是，隐情塞郄而去之。

## 注 释

①形：这里指八卦中爻的形状和位置。

②象：这里指八卦的卦象。

③爻（yáo）：组成卦的符号，分为阴爻、阳爻。

## 译 文

所谓"见形为容，象体为貌"，像在占卦时看到卦爻就可推测吉凶一样，可以从一个人的言语行事、外在形貌体态等方面探知他的内心世界。恪守正义的人，他们不看错误的事物，不听邪恶的声音，谈论的都是《诗经》《尚书》，没有乖僻淫乱的行为。他们的行为举止都遵循道德的要求，表情端庄，相貌温和，难以从外貌形态去判断他们的内心世界。遇到这种对手，就赶快隐藏起自己的真情，避免自己的言语出现漏洞，悄悄地离去。

## 原 文

闻声知音者，谓声气不同，则恩爱不接。故商、角①不二合，徵、羽不相配，能为四声主者，其唯宫乎？故音不和则悲，是以声散、伤、丑、害者，言必逆于耳也。虽有美行、盛誉，不可比目、合翼②相须也。此乃气不合、音不调者也。

## 注 释

①商、角：与下文的"徵、羽、宫"统称为五音，商属金，角属木，徵属火，羽属水，宫属土，由于五行之间相生相克，因此会出现乐声不调和的现象。

②合翼：指比翼鸟。

## 译 文

所谓"闻声知音"，就是人与人如果言语不合，意气不投，彼此间的感情就不会相通。就如同在五音中，商与角不相和、微与羽不相配一样，能够主宰协调四音的，大概只有宫音了。所以音调不和谐，听起来就会非常难受，散、伤、丑、害都是不和之音，用这些话来游说必然难于入耳。即使彼此间有美好的操行、盛大的声誉，也依旧不能像比目鱼和比翼鸟那样密切合作。这就是因为气质不和、语言不协调。

## 原 文

解仇斗郄，谓解赢①微之仇。斗郄者，斗强也。强郄既斗，称胜者，高其功，盛其势也。弱者哀其负，伤其卑，污其名，耻其宗②。故胜者闻其功势，苟进而不知退；弱者闻哀其负，见其伤，则强大力倍，死而是也。郄无强大，御无强大，则皆可胁而并。

## 注 释

①赢：这里指弱小者。
②耻其宗：耻于祖宗受辱。

## 译 文

所谓"解仇"，是说要调解两个弱者之间的敌对关系，让他们和解；所谓"斗郄"，则是使两个强大的国家相互争斗。强大的对手争斗时，得胜的一方，推崇功劳，耀武扬威；失败的一方，则哀叹自己的失利，伤心自己的地位低下，玷污了自己的声名，也有辱于祖先。所以，得胜者一听到人们称赞他的威势，便只知道进攻，不知道适可而止；失败者，看到自己的损伤就会努力使自己强大，增加成倍的力量，为此拼死斗争。这样，无论多么强大的敌手，都会因此而衰落，我们就可以胁迫甚至吞并他们。

## 原 文

缀去者，谓缀己之系言，使有余思①也。故接贞信者，称其行，厉②其志，言为可复，会之期喜。以他人庶③，引验以结往，明款款而去之。

## 注 释

①余思：遗憾的意思。

②厉：通"励"，激励的意思。

③庶：也许能。

## 译 文

所谓"缀去"，就是让即将离开的人能够与我们保持关系，用关心他的话去挽留，使他对离开我们感到遗憾。对待忠贞守信的人，要称赞他的品行，激励他的志向，言辞中流露出希望他回来的意思，并与他约下见面日期，让他心中高兴。引证别人往日所做的相似成功事例来验证自己的话，希望对方明白将来仍保持密切关系是可能的，即使款款而去，也十分留恋我们。

## 原 文

却语①者，察伺短也。故言多必有数短之处，识其短，验之。动以忌讳，示以时禁。其人恐畏，然后结信，以安其心，收语盖藏而却之，无见己之所不能于多方②之人。

## 注 释

①却语：有漏洞的语言。

②多方：知识丰富的人。

## 译 文

所谓"却语"，是说要在暗中观察他人言语中的漏洞。因为人言多时，必然会有失言的地方，发现其中的漏洞，并把它与事实相验证。要把他犯了什么忌讳，触动了当时哪条禁令讲给他听，等对方恐惧害怕的时候，再以诚信来结交他，安抚他的恐慌之心，把以前说过的话收藏起来，为他保密，然后离开。不要把自己的弱点，暴露给知识渊博的人。

## 原 文

摄心者，谓逢好学伎术①者，则为之称远。方验之道，惊以奇怪，人系其心于己。效之于人，验去乱其前，吾归诚于己。遭淫酒色者，为之术，音乐动之，以为必死，生日少之忧。喜以自所不见之事，终可以观漫澜②之命，使有后会。

## 注 释

①伎术：同"技术"。

②漫澜：无限遥远的样子。

## 译 文

所谓"摄心"，就是收买人心，碰到喜欢学习、富有才艺的人，就要为他扩大宣传，使他的名声传到远近各地。一旦他的才艺得到验证，就惊叹他的奇才异能，对方就会与自己心连心。然后，再把他的特长在众人面前呈现出来，并用古人成功的事例来验证他从前的表现，使他心悦诚服地归附我们。遇到沉湎于酒色的人，就要采用摄心之术。先用音乐使他猛醒过来，使他认识到这样下去必然早死，再用他不曾见过的美好景象来刺激他们的情绪，使他认识到在遥远的未来其使命之重大，最终他一定有所体悟。

## 原 文

守义①者，谓守以人义，探其在内以合也。探心，深得其主也。从外制内，事有系曲而随之。故小人比人，则左道②而用之，至能败家夺国。非贤智，不能守家以义，不能守国以道。圣人所贵道微妙者，诚以其可以转危为安，救亡使存也。

## 注 释

①守义：谨守做人的道义。

②左道：旁门左道。

## 译 文

所谓"守义"，就是谨守做人的道义，用仁义道德去探测对方的内心世界，以求彼此相合。探寻对方内心的想法，我们就可以掌握他内心的主要思想，就可以用相应的权术从外部控制他的内心，让对方因事而求我们，迎合我们。小人以利与人结交，用的是旁门左道的方法来迎合对方，常常会导致对方家破国亡。所以说，如果不是贤德和聪明的人，不能用仁义守家，不能用大道守国。圣人之所以看重那些微妙无比的道术，是因为运用它们的确可以使国家转危为安，救亡图存。

# 素　书

　　《素书》全文不足两千字，字字珠玑，句句名言，对复杂的人性把握得入木三分，对世间万事万物的本质和发展规律观察得细致入微。

# 原始章第一

**原 文**

夫道、德、仁、义、礼，五者一体也。

**译 文**

天道、德行、仁爱、正义、礼制，五位一体，密不可分。

**原 文**

道者，人之所蹈，使万物不知其所由。德者，人之所得，使万物各得其所欲。仁者，人之所亲，有慈惠恻隐之心，以遂其生成。义者，人之所宜，赏善罚恶，以立功立事。礼者，人之所履，夙兴夜寐，以成人伦之序。

**译 文**

道，即人所遵循的自然规律。世间万物都按它来运行，但往往不能为人所认知。德，即人顺应自然的安排而使欲求得到满足的能力，它支配世间万物，使他们各自的欲求得到满足。仁，是所有人都重视和向往的，只要具有慈悲、恻隐之心，人就会产生各种善良的愿望和行动，就形成了仁。义，即人所遵循的与事理相适宜的原则。义要求人奖赏善行、惩罚恶行，以此建功立业。礼，即人所遵循的社会规范。在礼制的规范下，每个人都克勤克俭，按照各自的社会角色行事，形成了和谐的社会秩序。

**原 文**

夫欲为人之本，不可无一焉。

**译 文**

道、德、仁、义、礼是做人的五项根本原则，修身立业缺一不可。

**原　文**

　　贤人君子，明于盛衰之道，通乎成败之数，审乎治乱之势，达乎去就之理。故潜居抱道，以待其时。若时至而行，则能极人臣之位；得机而动，则能成绝代之功。如其不遇，没身而已。是以其道足高，而名重于后代。

**译　文**

　　贤明的人和有德行的君子，都明白世间万物兴盛、衰败的道理，通晓事业成功、失败的规律，知道社会太平、纷乱的局势，懂得把握进退的尺度。当时机不对时，能够及时退隐，坚守正道，等待时机来临。一旦时机成熟，便乘势而行，于是常常能够位极人臣，建立盖世之功。如果时运不济，他们也能守得淡泊以终其生。像这样的人能达到很高的境界，能成为后世的典范，为后代所敬仰。

# 正道章第二

**原　文**

　　德足以怀远，信足以一异，义足以得众，才足以鉴古，明足以照下，此人之俊也。

**译　文**

　　高尚的品德足以使四方之人都心悦诚服，前来归顺。诚实守信可以统一不同的意见，行事正直公正可以得到众人的拥戴。才识渊博，便知以古为鉴；聪明睿智，可以体察下属，明辨是非。这样的人可谓人中俊杰。

**原　文**

　　行足以为仪表，智足以决嫌疑，信可以使守约，廉可以使分财，此人之豪也。

### 译 文

品行端正，可以成为人们的表率；足智多谋，可以析疑解惑；诚实无妄，可以使人们信守约定；清正廉洁，则处事必公，仗义疏财。这样的人可谓人中豪杰。

### 原 文

守职而不废，处义而不回。见嫌而不苟免，见利而不苟得，此人之杰也。

### 译 文

坚守职责而不废弛，恪守道义而不改初衷。即使处于容易被人猜疑的处境中也不逃避，仍能做自己该做的事情。见利而不忘义，这样的人可谓人中豪杰。

## 求人之志章第三

### 原 文

绝嗜禁欲，所以除累。抑非损恶，所以禳过。贬酒阙色，所以无污。避嫌远疑，所以不误。博学切问，所以广知。高行微言，所以修身。恭俭谦约，所以自守。深计远虑，所以不穷。亲仁友直，所以扶颠。近恕笃行，所以接人。任材使能，所以济务。弹恶斥谗，所以止乱。推古验今，所以不惑。先揆后度，所以应卒。设变致权，所以解结。括囊顺会，所以无咎。橛橛梗梗，所以立功。孜孜淑淑，所以保终。

### 译 文

杜绝不良嗜好，禁止痴心妄想，可以免除不少烦恼和牵累。抑制不合理的做法，减少邪恶的行径，可以避免不少祸患。不沉迷于酒色，可以保持身心纯洁无污。远离是非嫌疑，可以免除差错和谬误。广泛学习，切磋学问，可以扩大自己的知识面。行为高尚，言语谨慎，可以平心静气，修身养性。做人处世恭敬、节约、谦虚、自我约束，这样才能修身自省，守住家业；深谋远虑，才不至于陷入难解的困境。亲近仁义之士，结交正人君子，这样可以扶危助困，摆脱衰败。主动接近那些品性敦厚正直的人，乐于宽恕他人的过失，就能够获得正直朋友。任用德才兼备之人，使其才能得到充分发挥，这样才能成就大事业。憎恨奸恶之徒，排斥谗佞小人，这样可以防止社会动乱，维持太平盛世。以古人之兴衰成败为鉴，体察当世，便可以减少迷茫、疑惑。事先揣测、度量，做到心中有数，便可以审时度势，随机应变，处理突发事件。设想各种变化情况，加以权衡谋划，这样就可以灵活解决各种复杂矛盾。谨言慎行，举止顺应大局，这样才能远离纠纷，免遭祸患。坚定不移，刚正不阿，才能建立功勋。勤勉不怠，温雅善良，方能善始善终。

## 本德宗道章第四

### 原　文

夫志心笃行之术，长莫长于博谋，安莫安于忍辱，先莫先于修德，乐莫乐于好善，神莫神于至诚，明莫明于体物，吉莫吉于知足，苦莫苦于多愿，悲莫悲于精散，病莫病于无常，短莫短于苟得，幽莫幽于贪鄙，孤莫孤于自恃，危莫危于任疑，败莫败于多私。

### 译　文

一个人想要做到志向坚定，按照自己的意愿行事，必须懂得深思多谋，这是最长久的方法。忍辱负重，这是最安全的方式。修德养性，这是首要任务。乐善好施，这是最快乐的态度。至诚至性，这是最神圣的态度。了解事物本质，这是最明智的做法。知足常乐，这是最吉祥的观念。人世间最痛苦的事，莫过于欲壑难填。人世间最悲哀的事，莫过于精神离散。人世间最令

人困扰的病，莫过于内心不平静，反复无常。人世间最无耻的，莫过于不劳而获。最让人鄙视的，莫过于贪鄙。最孤独的念头，莫过于自恃太高。最危险的行为是任用自己不信任的人。人世间很多事情失败的根源就是自私自利。

# 遵义章第五

## 原 文

　　以明示下者暗，有过不知者蔽，迷而不返者惑，以言取怨者祸，令与心乖者废，后令缪前者毁，怒而无威者犯，好众辱人者殃，戮辱所任者危，慢其所敬者凶，貌合心离者孤，亲谗远忠者亡，近色远贤者昏，女谒公行者乱，私人以官者浮，凌下取胜者侵，名不胜实者耗。

## 译 文

　　总是向人显示自己聪明，其实是愚蠢的行为。有过错而不知反省的人，必会陷入愚昧。陷入迷途而不知返者，必然昏乱、迷惑。因言语招致埋怨，必然产生祸患。政令与思想不一致，必然导致政令偏废。号令前后不一，无法执行，必然导致失败。发怒却没有威严，无人畏惧，必然会受到侵犯。喜欢当众侮辱下属的人，必然要遭殃。对自己的部下过分责难的人，必然会令自己处于危险的境地。怠慢应当敬重的人，必然会招致不幸。与人貌合神离者，必然陷入孤独。亲近奸谗小人，远离忠良之士者，必然遭遇灭亡的厄运。亲近女色，疏远贤人者，必然昏庸无能，一事无成。女子干政，必然会使社会产生动乱。私下买卖官位，让庸碌之辈掌权，就会导致政事混乱，误国废事。欺凌属下，以势压人者，也必将受到属下的侵犯。名不副实者，虽耗尽精力，也不能办好事情。

## 原 文

　　略己而责人者不治，自厚而薄人者弃废，以过弃功者损，群下外异者沦，既用不任者疏，行赏吝色者沮，多许少与者怨，既迎而拒者乖，薄施厚望者不报，贵而忘贱者不久，念旧恶而弃新功者凶，用人不正者殆，强用人者不畜，为人择官者乱，失其所强者弱，决策于不仁者险，阴计外泄者败，厚敛薄施者凋。战士贫、游士富者衰，货赂公行者昧。

## 译 文

对自己宽容，对别人求全责备者，就无法治理好自己的国家；对自己宽厚，对别人刻薄者，必将被人唾弃。因为属下微小的过失就忽略其功劳的，必将大失人心，最后损害自身利益；上下离心，内外异志，必定沦亡；任用属下却不加以信任，必然导致上下关系疏远。奖赏属下时吝啬小气，会令人沮丧、失望；许诺多，实际兑现少，必然招致众人的埋怨；起初热情欢迎，之后又将人拒之千里的做法，必然会使双方的情义断绝。总想用小恩惠换大回报的人，必不能得偿所愿。富贵之后就忘了贫贱时的情况，这样的富贵必不会长久。对别人的旧恶耿耿于怀，对其新立功勋却视而不见，这样的人必将遭遇凶险。任用不正直的人，必将产生危险；勉强用人，一定留不住人。任人为官却徇私徇情，必将导致政事混乱。失去自己的优势，强者就变成了弱者。做决策时，向仁德缺失者咨询，是一件非常危险的事情。隐秘的计划被泄露出去，必会导致事情失败。横征暴敛，薄恩寡施，必将导致社会凋敝。战士出生入死，却生活贫困；享乐之徒无所事事，却安享富贵，这样国势一定会衰败。贿赂政府官员成风，则社会政治必然昏暗、愚昧。

## 原 文

闻善忽略、记过不忘者暴，所任不可信、所信不可任者浊。牧人以德者集，绳人以刑者散。小功不赏则大功不立，小怨不赦则大怨必生。赏不服人、罚不甘心者叛，赏及无功、罚及无罪者酷。听谗而美、闻谏而仇者亡。能有其有者安，贪人之有者残。

## 译 文

对别人做的好事不加重视，对其错误却耿耿于怀，这样的人乃粗暴之人。不信任所任用的人，信任的人又不能胜任其职，这样的政治必定混浊。

依靠道德来教化臣民，则臣民必将聚集在他的周围。若依靠刑法来维持统治，则将导致人心离散。对小功劳不加以封赏，则不能产生大功劳。对小埋怨不宽恕，则必将产生大怨恨。行赏不能服人，处罚不能使人甘心，则必将引起叛乱。无功之人受赏，无罪之人受罚，这是残酷的行为。听到谗言就十分高兴，听到逆耳忠言就心生怨恨，这样国家必然灭亡。各人满足于其所拥有的，则社会安定有序；若贪得无厌，总是贪求别人所拥有的，就无法保全自我。

# 安礼章第六

## 原　文

怨在不舍小过，患在不预定谋。福在积善，祸在积恶。饥在贱农，寒在惰织。安在得人，危在失士。富在迎来，贫在弃时。

## 译　文

怨恨之所以产生，是因为放不下小过错；祸患之所以产生，是因为没有事先仔细谋划。幸福的产生，在于平日积德行善；灾祸的根源，在于多行不义。饥荒之所以产生，是因为不重视农业生产；挨冷受冻，是因为怠于桑蚕之业。社会安定在于得到人心，社会危乱是因为人才流失。富贵在于招来远客，贫穷则是因为不珍惜机遇。

## 原　文

上无常躁，下多疑心。轻上生罪，侮下无亲。近臣不重，远臣轻之。自疑不信人，自信不疑人。枉士无正友，曲上无直下。危国无贤人，乱政无善人。

## 译　文

主上言行不一，反复无常，则属下必心生疑虑。怠慢主上，必将获罪；侮辱属下，则将失去亲信。亲近的大臣如果得不到重用，则其他关系疏远的大臣也将轻视主上。对自己都疑神疑鬼的人，绝不会相信别人；有自信的人，绝不会轻易怀疑别人。奸邪之人必无正直朋友，人品不端的主上也不会有刚正不阿的下属。危机四伏、行将灭亡的国家，找不到贤明之人辅政；朝纲混乱、民心浮动的朝廷也无善人加入。

## 原　文

爱人深者求贤急，乐得贤者养人厚。国将霸者士皆归，邦将亡者贤先避。地薄者大物不产，水浅者大鱼不游。树秃者大禽不栖，林疏者大兽不居。山峭者崩，泽满者溢。

## 译　文

爱惜别人的人，一定求才若渴；乐得贤才者，则必定不吝惜钱财，给予其丰厚的待遇。国家即将称霸四方，各地有才能的人都会前来归顺；国家即将灭亡，贤能的人将首先隐退。土地贫瘠的地方，产不了宝物；水浅的地方，大鱼都不游过来。光秃的树木，大的禽物不愿在上面栖息；稀疏的树林，大的野兽都不在其间居住。山势过于陡峭，则容易崩塌；水泽蓄水过满，则会漫溢出来。

## 原　文

弃玉取石者盲，羊质虎皮者柔。衣不举领者倒，走不视地者颠。柱弱者屋坏，辅弱者国倾。足寒伤心，人怨伤国。山将崩者下先隳，国将衰者人先弊。根枯枝朽，人困国残。与覆车同轨者倾，与亡国同事者灭。见已生者慎将生，恶其迹者须避之。

## 译　文

弃美玉而取顽石者，犹如盲人一般；绵羊即使披上虎皮，也不刚强。拿

衣服时不提领子，势必把衣服拿颠倒；走路不看地面，一定会跌倒。房屋梁柱软弱，屋子就会倒塌；辅助国政的大臣没有能力，国家将会倾覆。脚受寒，则心肺受损；人心生怨，则国家受损。山将崩，则土质先毁坏；国将亡，则人民先受其害。树根干枯，则枝叶腐朽；人民困苦，则国家残败。与倾覆的车走同一条轨道的车，也会倾覆；与已经败亡的国家做相同的事，国家也将遭到灭亡。知道以前发生的不幸之事，应该警惕再次发生类似的事；厌恶前人有过的劣迹，就应当尽力避免重蹈覆辙。

## 原　文

畏危者安，畏亡者存。夫人之所行，有道则吉，无道则凶。吉者，百福所归；凶者，百祸所攻。非其神圣，自然所钟。

## 译　文

害怕危险，常能获得安全；害怕灭亡，常能获得生存。一个人的所作所为，符合行事之道，就能吉祥喜庆，否则就凶险莫测。吉祥的人，各种福报都归集于他一身；险恶之人，则各种厄运都向他袭来。这并非什么神秘的事情，而是自然的规律。

## 原　文

务善策者无恶事，无远虑者有近忧。同志相得，同仁相忧，同恶相党，同爱相求，同美相妒，同智相谋，同贵相害，同利相忌，同声相应，同气相感，同类相依，同义相亲，同难相济，同道相成，同艺相规，同巧相胜。此乃数之所得，不可与理违。

## 译　文

行善积德，自然没有坏事侵扰；不深谋远虑，则无法避免忧患的产生。理想志趣相同的人，必然会情投意合，相得益彰。怀有仁善之心的人，必然相互担忧，关心对方。为非作歹之徒，必然结党营私。有相同爱好的人，自然会互相访求。同为倾城倾国的佳丽，必然互相嫉妒。同样才智超群的人，必然互相较量各自的谋略。具有同等权势地位的人，必然互相排挤，彼此倾轧。有同样利害关系的人，必然互相猜忌。有共同语言的人，则互相应和。气韵节奏相同的人，则互相感应。同一类型的人，互相依存。具有共同道义的人，互相亲近。处于同样困难中的人，互相帮助，同舟共济。同一条道上的人，互相扶助，促其成功。有同一技艺的人，互相窥探。有同一技巧的人，互相较量，以争其高低。以上这些都是自然界的变化规律，不可违背。

## 原　文

释己而教人者逆，正己而化人者顺。逆者难从，顺者易行。难从则乱，易行则理。如此理身、理家、理国，可也。

## 译　文

放任自己，却一味教育别人的人，别人不会接受他的道理；先端正自己，再去教化别人的，别人就会顺服。违反常理，则属下难以顺从；顺应天理，则易于行事。不顺从，则易生动乱；办事容易，则社会安定有序。这样，修身、齐家、治国都可以取得不错的成绩。

# 六　韬

　　《六韬》又称《太公六韬》《太公兵法》，全篇采用周文王、周武王与太公问答的方式，论述治国、治军和战术战略等方面的理论。北宋神宗元丰年间被列为《武经七书》之一，是值得深读的军事著作。

# 文　韬

## 文　师

**题 解**

　　本篇讲文王初见太公，太公以垂钓作比，劝文王"以国取天下"，并讲明天下并非一个人的天下，而是天下人的天下，只有与天下人共谋福利，才能让天下百姓归顺。

**原 文**

　　文王将田①，史编②布卜曰："田于渭阳，将大得焉。非龙非螭③，非虎非罴④，兆得公侯，天遗汝师，以之佐昌，施及三王。"

　　文王曰："兆致是乎？"

　　史编曰："编之太祖史畴，为禹占，得皋陶，兆比于此。"

**注 释**

　　①田：通"畋"，打猎。

　　②史编：史，官职。编，人名。

　　③螭（chī）：古代传说中的一种无角的龙。

　　④罴（pí）：棕熊，熊的一种，能爬树游水。

**译 文**

　　文王将要去打猎，史官编将占卜的结果告诉他："大王应在渭水北岸打猎，在那儿将大有收获。您得到的既不是龙也不是螭，既不是虎也不是棕熊。卜兆显示您将得到一位公侯，他是上天赐给您的老师，让他辅佐您成就功业，恩惠能够绵延三代帝王。"

　　文王说："卜兆真是这样的结果吗？"

史编说:"我的太祖史畴,为禹占卜,得到皋陶,当时的卜兆和今天的很相似。"

## 原　文

文王乃斋三日,乘田车,驾田马,田于渭阳,卒见太公<sup>①</sup>,坐茅以渔。

## 注　释

①太公: 吕望,姜姓,因受封于吕地,便以吕为氏。

## 译　文

文王于是斋戒三天,乘上打猎的车,驾着打猎的马,到渭水北岸打猎,结果看到姜太公坐在河边的茅草上垂钓。

## 原　文

文王劳而问之曰:"子乐渔耶?"

太公曰:"臣闻君子乐得其志,小人乐得其事。今吾渔,甚有似也。"

文王曰:"何谓其有似也?"

太公曰:"钓有三权<sup>①</sup>;禄等以权,死等以权,官等以权。夫钓以求得也,其情<sup>②</sup>深,可以观大矣。"

## 注　释

①权: 权术。

②情: 情理。

## 译　文

文王慰劳太公并问他道:"先生喜欢钓鱼吗?"

太公答:"我听说君子以实现自己的志向为乐,平凡人以做好自己的事为乐,现在我在这里钓鱼,与这种情形很相似。"

文王说:"为什么会说很相似呢?"

太公说:"钓鱼有似于三种权术;以饵钓鱼,如同以利禄收买人才,以

重金收买死士，以官职招揽人才。但凡垂钓，都是为了有所收获，但其中的道理很深奥，以此可以知晓治理国家的道理。"

## 原　文

　　文王曰："愿闻其情。"

　　太公曰："源深而水流，水流而鱼生之[1]，情也；根深而木长，木长而实生之，情也；君子情同而亲合[2]，亲合而事生之，情也。言语应对者，情之饰也；言至情者，事之极也。今臣言至情不讳，君其恶[3]之乎？"

## 注　释

　　①鱼生之：《史记·货殖列传》记载："渊深而鱼生之，山深而兽往之。"

　　②亲合：亲指外亲、姻亲，合指融洽、和睦。

　　③恶（wù）：厌恶。

## 译　文

　　文王说："我愿意听听其中的道理。"

　　太公说："源头深，水才能流动起来；水流不停，鱼才能在其中生存，这是合乎实情的。树根扎得深，树木才能枝繁叶茂，才能生出果实，这是合乎实情的。君子情意相投才能亲密协作，亲密协作才能成就大事，这是合乎实情的。用来应对的语言，是用来掩饰真情的；说出至情之言，是最好的事。如今我毫不避讳地说出至情之言，您听了会厌恶吗？"

## 原　文

　　文王曰："惟仁人能受直谏，不恶至情。何为其然？"

　　太公曰："缗[1]微饵明，小鱼食之；缗调饵香，中鱼食之；缗隆饵丰，大鱼食之。夫鱼食其饵，乃牵于缗；人食其禄，乃服于君。故以饵取鱼，鱼可杀；以禄取人，人可竭；以家取国，国可拔；以国取天下，天下可毕。呜呼！曼曼绵绵，其聚必散；嘿嘿昧昧[2]，其光必远。微哉！圣人之德，诱乎独见。乐哉！圣人之虑，各归其次，而树敛[3]焉。"

## 注 释

①缗：鱼线。

②嘿嘿（mò mò）昧昧：无声无息、昏暗不明的样子。

③树敛：建立起凝聚力。

## 译 文

文王说："只有仁德的人才能接受直言规劝，不会厌恶至情之言，为何会如此呢？"

太公说："鱼线细而鱼饵明显，小鱼就会前来吞食；鱼线粗细适中而鱼饵味香，中等大小的鱼就会前来吞食；鱼线粗而鱼饵丰盛，大鱼就会前来吞食。鱼吞食鱼饵，就会被鱼线牵绊；人以国家的俸禄为食，就会服从于国君。所以用鱼饵钓鱼，鱼就可以被捕获；以利禄取人，人就能竭尽全力；以家取国，国就能被攻克；以国取天下，天下就能全部拥有。啊！看起来漫长不绝的，有聚必定会有散；看起来沉静不露锋芒的，光芒必能照到远处。微妙啊！圣人的德行，在于以独到的见解引导他人。喜悦啊！圣人的思虑，让人们各安其所，从而形成凝聚人心的效果。"

## 原 文

文王曰："树敛若何，而天下归之？"

太公曰："天下非一人之天下，乃天下之天下也。同天下之利者，则得天下；擅天下之利者，则失天下。天有时，地有财，能与人共之者，仁也。仁之所在，天下归之。免人之死，解人之难，救人之患，济人之急者，德也。德之所在，天下归之。与人同忧同乐，同好同恶者，义也。义之所在，天下赴之。凡人恶死而乐生，好德而归利，能生利者，道也。道之所在，天下归之。"

文王再拜曰："允①哉！敢不受天之诏命②乎！"乃载与俱归，立为师。

## 注 释

①允：得当。

②诏命：泛指上对下的命令公告。

## 译 文

文王说："如何建起凝聚力而让天下归顺呢？"

太公说："天下不是一个人的天下，是天下人的天下。能够同天下人共享天下之利，就能够获得天下；若独占天下的利益就会失去天下。天有四时变化，地有财富生出，能与天下人共享天时地财的，就是仁。仁所在之处，天下的人都会归向于此。免人之死，解人之难，救人之患，济人之急的，就是德。德所在之处，天下人都会归向于此。与天下人同忧虑同欢乐，同欢喜同憎恶，就是义。义所在之处，天下人都会投奔于此。凡是人都厌死亡而以生存为乐，都喜欢德行而趋向有利，能为他人谋得利益的，就是道。道所在之处，天下的人都会归顺于此。"

文王一拜再拜说："真是太对了！我怎么敢不接受来自上天的诏命呢！"于是和太公一同乘车而归，拜他为国师。

# 大 礼

## 题 解

本篇主要论述君臣之间的行为准则：上要体察下情，施及恩惠；下要服从号令，安守职责。更为重要的是，君主只有安稳淡定，体察民情，才能坐拥天下。

## 原 文

文王问太公曰："君臣之礼如何？"

太公曰："为上唯临①，为下唯沉②。临而无远，沉而无隐。为上唯周，为下唯定。周③，则天也；定，则地也。或④天或地，大礼乃成。"

## 注 释

①临：居高临下，此处为洞察下情。

②沉：低伏在下，处下服上，此处为谦恭驯服。

③周：遍及，周到。

④或：有的人。

## 译 文

文王问太公说:"君臣之间的礼法该如何呢?"

太公说:"做君主的只要体察下情,做臣子的只要沉稳顺从。君主体察下情,但不要疏远臣子;臣子沉稳顺从,但不能隐瞒实情。做君主的只要遍施恩惠,做臣子的只要安稳守成。遍施恩惠的就是天,安稳的就是地。君主效法天,臣子效法地,君臣之间的礼就能得到确立。"

## 原 文

文王曰:"主位如何?"

太公曰:"安徐而静,柔节先定①。善与而不争,虚心平志,待物以正。"

## 注 释

①安徐而静,柔节先定:居位应当安详而镇静,以柔和为节,先能定己,然后能够定人。

## 译 文

文王说:"君主如何居其位呢?"

太公说:"君主居位应当安稳从容,以柔和为节,让自己能够安定下来。善于施与恩惠却不和臣民争利,虚心静气待人,以公正态度对待事物。"

## 原 文

文王曰:"主听如何?"

太公曰:"勿妄而许,勿逆①而拒。许之则失守②,拒之则闭塞。高山仰之,不可极也。深渊度之,不可测也。神明之德,正静其极。"

## 注 释

①逆:意见不同。

②失守:失去主见。

## 译 文

　　文王说:"君主应当如何听取意见呢?"

　　太公说:"不要轻易应许,不要因为意见不同就拒绝。轻易应许就会失去主见,一味拒绝就容易造成闭塞。君主应当如高山一样,让臣子仰望而看不到顶峰;如同深渊一般,让臣子俯视却无法测出深度。拥有像神明一样的德行,以'正'和'静'作为准则。"

## 原 文

　　文王曰:"主明如何?"

　　太公曰:"目贵明,耳贵聪,心贵智。以天下之目视,则无不见也;以天下之耳听,则无不闻也;以天下之心虑,则无不知也。辐辏并进,则明不蔽矣。"

## 译 文

　　文王说:"君主如何才能明察一切呢?"

　　太公说:"眼睛贵在明察事物,耳朵贵在灵敏易辨,心灵贵在聪慧通达。君主如果能以天下人的眼光去看,就没有什么看不见的;君主如果能以天下人的耳朵去听,就没有什么听不到的;君主如果能以天下人之心去思虑,就没有什么不知道的。君主如果能像辐辏一样汇集天下人的聪明才智,就能不被蒙蔽,明察一切了。"

# 六　守

## 题 解

　　本篇讲述了君主选拔人才的六条标准:仁爱、正直、忠实、诚信、勇敢、谋略。并提出君主必须控制农业、手工业、商业这几个关乎国家存亡的经济命脉。

## 原 文

　　文王问太公曰:"君国主①民者,其所以失之者,何也?"

太公曰："不慎所与也。人君有六守、三宝。"

文王曰："六守者何也？"

太公曰："一曰仁，二曰义，三曰忠，四曰信，五曰勇，六曰谋，是谓六守。"

## 注 释

①主：掌管，统治。

## 译 文

文王问太公："君主统治国家、主宰人民，有的君主却失掉国家和人民，这是为什么呢？"

太公说："这是因为没有慎重地选择授予权力的臣子。君主应做到'六守'和'三宝'。"

文王说："什么是'六守'？"

太公说："一是仁，二是义，三是忠，四是信，五是勇，六是谋，这就是六种应当信守的品德。"

## 原 文

文王曰："慎择六守者何？"

太公曰："富之而观其无犯①；贵之而观其无骄；付之而观其无转②；使之而观其无隐；危之而观其无恐；事之而观其无穷。富之而不犯者，仁也；贵之而不骄者，义也；付之而不转者，忠也；使之而不隐者，信也；危之而不恐者，勇也；事之而不穷者，谋也。人君无以三宝借人，借人则君失其威。"

## 注 释

①犯：越过本分。

②转：一说为专断，一说为改变心意。

## 译 文

文王说："怎样能慎重选择具有'六守'的臣子呢？"

　　太公说："让他富贵，看他是否失去本分；让他地位显赫，看他是否骄傲自大；交给他权力，看他是否仗势专断；让他出使，看他是否有所隐瞒；让他身处危险，看他是否临危不乱；让他处理烦琐事务，看他是否办法无穷。让他富贵，他却没有超过本分，就是仁；让他地位显赫，他却没有骄傲放纵，就是义；交给他权力，他却没有独断专行，就是忠；让他出使，他却没有隐瞒，就是信；让他身处危险，他却没有慌乱，就是勇；让他处理烦琐之事，他却有无穷计谋，就是谋。君主不能将'三宝'交给他人，否则就会失去威严。"

## 原　文

　　文王曰："敢问三宝。"

　　太公曰："大农、大工、大商①，谓之三宝。农一其乡，则谷足；工一其乡，则器足；商一其乡，则货足。三宝各安其处，民乃不虑。无乱其乡，无乱其族。臣无富于君，都无大于国②。六守长，则君昌。三宝全，则国安。"

## 注　释

　　①大农、大工、大商：加"大"字以表示强调，指农业、手工业和商业。

　　②都：较大的城邑。国：国都。

## 译　文

　　文王说："请问什么是'三宝'？"

　　太公说："农业、手工业、商业，就是三宝。农民集中在一处进行耕作，粮食就会丰足；工匠集中在一处进行生产，器具就会充足；商人聚集在一处进行贸易，货物就会充足。三宝各安其所，百姓就不会心生焦虑。不要打乱三大行业的结构，也不要破坏百姓的家族。不要让臣子比君主富裕，不要让城邑的规模大于国都，有'六守'的人受到重用，国家就能繁荣昌盛。'三宝'齐全完备，国家就能安定。"

# 守 土

## 题 解

本篇论述如何保卫国家，策略在于用仁义之道调和好远近四方的关系，仁政的基础在于富国，并且要牢牢将国家重权握在手中。

## 原 文

文王问太公曰："守土奈何？"

太公曰："无疏其亲，无怠其众，抚其左右，御其四旁。无借人国柄；借人国柄①，则失其权。无掘壑而附丘，无舍本而治末。日中必彗②，操刀必割，执斧必伐。日中不彗，是谓失时；操刀不割，失利之期；执斧不伐，贼人将来。涓涓不塞，将为江河！荧荧不救，炎炎奈何③！两叶不去，将用斧柯。是故，人君必从事于富。不富无以为仁，不施无以合亲。疏其亲则害，失其众则败。无借人利器④；借人利器，则为人所害而不终其世也。"

## 注 释

①国柄：喻指国家权力。

②彗：指暴晒。

③荧荧：微弱的火光。炎炎：焚烧的样子，指烈火。

④利器：锋利的武器，这里指国家大权。

## 译 文

文王问太公："怎样才能守卫国土？"

太公答："不要疏远宗亲，不要怠慢百姓；安抚好左右近邻，控制四方远邻。不要将治国大权委托给别人；将治国大权拱手让给别人，君主就会失去自己的权威。不要挖深沟的土壤填补土丘的高度，不要舍本逐末。太阳到了中午一定会暴晒，手持斧头就一定要尽快斩断。太阳到了正午却不暴晒，这就叫作失去天时；手拿快刀却不割取，这就叫作错失良机；手握斧头却不砍伐，就会遭到贼人的攻击。涓涓细流不加阻塞，就会汇聚成江河；微弱的

火苗若不及时扑灭，变成熊熊大火就会无可奈何；嫩苗刚刚发芽却不除掉，将来就得要用斧头砍伐了。所以，君主一定要遵从富国之道，国家不富裕就无法施行仁政，无法施行仁政就不能让宗亲和睦。疏远宗亲就会带来祸害，失掉亲近的臣子就会衰败。不要将国家大权交给别人，将大权交给别人就会被人所害，让国家大政难以长久贯彻。"

## 原 文

文王曰："何谓仁义？"

太公曰："敬其众，合其亲。敬其众则和，合其亲则喜，是谓仁义之纪。无使人夺汝威，因其明，顺其常。顺者，任之以德；逆者，绝之以力。敬之无疑，天下和服。"

## 译 文

文王说："什么是仁义呢？"

太公说："尊重百姓，与宗亲融洽相处。尊重百姓就会上下协调一致，与宗亲和睦就会欢欣鼓舞，这是仁义的准则。不要让别人夺走你的权威，要依据自己的明察，顺乎情理地处理事情。顺从你的人，要给他恩惠任用他；违背你的人，要以武力灭绝他。慎重地按照这些原则行事，不要迟疑不决，天下人自然就能臣服了。"

# 举 贤

## 题 解

本篇主要论述推举人才之道，着重考察名实相称、考核人才的实际能力，量才而用，谨慎选用世俗称颂之人，不以世俗评价做取舍。

## 原 文

文王问太公曰："君务①举贤，而不获其功，世乱愈甚，以致危亡者，何也？"

太公曰："举贤而不用，是有举贤之名，而无用贤之实也。"

## 注　释

①务：致力于。

## 译　文

文王问太公："君主致力于推举贤才，却不能获得成效，社会更加混乱，导致国家面临危亡，是因为什么呢？"

太公说："选拔贤才却不加任用，这是有推崇贤才的虚名，却没有起到重用贤才的实效。"

## 原　文

文王曰："其失安在？"

太公曰："其失在君。好用世俗①之所誉②，而不得真贤也。"

## 注　释

①世俗：指平常凡俗的普通人。

②誉：赞美。

## 译　文

文王问："那么其中的过失在什么地方呢？"

太公说："过失在于君主。君主喜欢用世俗之人所称赞的人，而没有得到真正的贤才。"

## 原　文

文王曰："何如？"

太公曰："君以世俗之所誉者为贤，以世俗之所毁者为不肖，则多党者进，少党者退。若是则群邪比周①而蔽贤，忠臣死于无罪，奸臣以虚誉取爵位。是以世乱愈甚，则国不免于危亡。"

## 注　释

①比周：结党营私。

## 译 文

文王说:"为什么会这样呢?"

太公说:"君主把世俗之人称赞的人当作贤才,把世俗之人毁谤的人当作不贤之人,所以集结朋党多的人就得以重用,而朋党少的人就会被降职。倘若这样,结党的奸恶之人就会遮挡贤才,忠臣无罪却冤死,奸臣以虚名取得官职。所以社会更加混乱,国家也就不免于灭亡了。"

## 原 文

文王曰:"举贤奈何?"

太公曰:"将相分职,而各以官名举人。按名督实,选才考能,令实当其名,名当其实,则得举贤之道也。"

## 译 文

文王说:"那应该怎样推举贤才呢?"

太公说:"让将相各安其位,依照官吏应具备的条件来推举人才。以不同的官职确定选择条件,遴选人才,考察他的能力,使其德才与官职相符,让官位能够与实际能力相符,这样就获得了选用贤才的方法了。"

# 赏 罚

## 题 解

本篇论述赏罚贵在分明,采用奖赏注重言而有信,惩罚贵在言出必行的原则。

## 原 文

文王问太公曰:"赏所以存劝①,罚所以示惩。吾欲赏一以劝百,罚一以惩众,为之奈何?"

太公曰:"凡用赏者贵信,用罚者贵必。赏信罚必于耳目之所闻见,则所不闻见者,莫不阴化②矣。夫诚,畅于天地,通于神明,而况于人乎?"

## 注 释

①劝：勉励。

②阴化：暗中受到影响。

## 译 文

文王问太公："奖赏是为了给人勉励，惩罚是为了让人以此获得警示。我想奖赏一个人而让大部分人得到鼓励，惩罚一个人而让大部分人得到警示，该如何做呢？"

太公说："大凡奖赏贵在信守诺言，惩罚贵在言出必行。如果在耳朵能听到、眼睛能看到的范围内做到奖惩分明，那么在听不到、看不到的地方也会被潜移默化地影响到。诚信能够在天地间畅通无阻，可以与神明相通，更何况是人呢？"

# 兵 道

## 题 解

本篇主要论述用兵的基本原则，最重要的是保持上下的一致性，在两军实力相当时声东击西，出其不意，从而取得胜利。

## 原 文

武王①问太公曰："兵道何如？"

太公曰："凡兵之道，莫过乎一②。一者，能独往独来③。黄帝④曰：'一者，阶于道，几于神。'用之在于机，显之在于势，成之在于君。故圣王号兵为凶器，不得已而用之。今商王知存而不知亡，知乐而不知殃。夫存者非存，在于虑亡；乐者非乐，在于虑殃。今王已虑其源，岂忧其流乎？"

## 注 释

①武王：周武王姬发，文王之子。

②一：专一，一致。

③独往独来：指全军上下浑然一体的至高境界。

④黄帝：上古传说中的部落首领，姬姓，从周代开始受到尊奉。

## 译 文

武王问太公："用兵作战的原则是怎样的呢？"

太公说："大凡用兵的原则，没有比上下一致更为重要的了。上下一致，就能浑然一体、所向披靡。黄帝说：'上下一致是用兵的基础，做到这一点，几乎就能够达到如神的境界。'运用这种原则在于时机；把握这个原则，关键在掌握形势；获得成效，关键在于君主运筹帷幄。所以，圣明的君主将战争看成不祥之物，只有万不得已时才使用它。如今商纣王只知道国家存在而不知道灭亡，只知道享乐而不考虑灾祸。国家不是永远的存在，须得时时提防是否灭亡；欢乐也不是永久的欢乐，须得时时想到灾祸。如今大王已经考虑到其中的根本所在，为什么还要担心细枝末节的问题呢？"

## 原 文

武王问曰："两军相遇，彼不可来，此不可往，各设固备，未敢先发。我欲袭之，不得其利，为之奈何？"

太公曰："外乱而内整，示饥而实饱，内精而外钝。一合一离，一聚一散。阴其谋，密其机，高其垒，伏其锐士，寂若无声，敌不知我所备。欲其西，袭其东①。"

## 注 释

①欲其西，袭其东：后代兵法所说的"声东击西"即来源于此。

## 译 文

武王说："两军相遇，对方不能攻进，我方不能攻去，各自建起固若金汤的守备，不敢轻率发起攻势。我想要进攻敌军，却找不到有利时机，应该怎么办呢？"

太公说："表面散乱而内在严整，好似粮食匮乏实际物资充足，内在精明外表笨拙，布阵时分时合、时聚时散。让计谋得以隐藏，让机要得以保密，高高筑起壁垒，伏藏精锐之士，寂静得好像没有声响，让敌人不知道我方的军备情况。想要进攻西面，就先伪装攻击敌人的东面。"

## 原　文

武王曰："敌知我情，通①我谋，为之奈何？"

太公曰："兵胜之术，密察敌人之机而速乘其利，复疾②击其不意。"

## 注　释

①通：了解。

②疾：快速。

## 译　文

武王说："如果敌军通晓我方的情况，了解我方的谋略，那该怎么办呢？"

太公说："作战获胜的方法，在于掌握了敌人的机要秘密，抓住有利时机就迅速出其不意地攻击他们。"

# 武　韬

## 发　启

### 题　解

本篇论述夺取天下的办法，要实行德政惠民，正确判断形势把握先机，不动声色地积蓄力量，顺应时势，为天下人谋利，就能得到天下人的拥护。

### 原　文

文王在丰①，召太公曰："呜呼！商王虐极，罪杀不辜，公尚②助予忧民，如何？"

太公曰："王其修德，以下贤惠民，以观天道。天道③无殃，不可先倡；人道④无灾，不可先谋。必见天殃，又见人灾，乃可以谋。必见其阳，又见其阴，乃知其心。必见其外，又见其内，乃知其意。必见其疏，又见其亲，乃知其情。

## 注 释

①丰：周文王灭崇国后从岐迁都到此，今在陕西西安。

②尚：表祈求语气的副词。

③天道：古人用日月星辰等天象来推测吉凶的观念，也指天地运行的规律。

④人道：人世间之事。

## 译 文

文王在丰地召见太公说："唉！商纣王暴虐极了，以莫须有之罪加诸无辜之人，请太公协助我为民解忧，该怎么办呢？"

太公说："君主应当先修养好自己的德行，礼贤下士，施惠于民，观察天道运行的吉凶。天道没有出现商纣王灭亡的迹象，就不能轻率讨伐。国家社会还没有产生祸乱，就不能事先谋划讨伐。一定要既看到上天灭商的征兆，又看到国家社会产生祸乱，这样才能谋划讨伐之事。一定要既看到商王公开的一面，又对他隐藏的一面了如指掌，这样才能知道他心中所想。一定要看到他的外在形势，又知道内在动机，这样才能了解他的意图。既要看到他疏远什么人，又了解他亲近什么人，这样才能知道他统治的实际情况。

## 原 文

行其道①，道可致也；从其门，门可入也；立其礼，礼可成也；争其强，强可胜也。全胜不斗，大兵无创，与鬼神通，微哉！微哉！与人同病相救，同情相成，同恶相助，同好相趋。故无甲兵而胜，无冲机②而攻，无沟堑③而守。

## 注 释

①其道：《武经七书汇解》："其道，吊民伐罪之道也。"

②冲机：攻城的战车和其他器械。

③沟堑：很深的护城河。

## 译 文

只要奉行吊民伐罪之道，王道就能实现；遵循正确的谋略，就能进入胜利之门；只要确立礼仪，制度就能有所成；与敌人征战，再强大的敌人也能够战胜。大获全胜而无须战斗，军队上下没有伤亡，可谓是用兵如神，微妙啊！微妙啊！与他人同病相怜就能互相救援，与他人意愿相同就能互相成全，与他人憎恶相同就能互相帮扶，与他人喜好相同就能一起前进。所以，即便没有全副武装的士兵也能取得胜利，没有良好的武器器械也能攻城略地，没有壕沟和护城河也能保住城池。

## 原 文

大智不智，大谋不谋，大勇不勇，大利不利。利天下者，天下启之；害天下者，天下闭之。天下者，非一人之天下，乃天下之天下也。取天下者，若逐野兽，而天下皆有分肉之心；若同舟而济，济则皆同其利，败则皆同其害。然则皆有启之，无有闭之也。无取于民者，取民者也；无取于国者，取国者也；无取于天下者，取天下者也。无取民者，民利之；无取国者，国利之；无取天下者，天下利之。故道在不可见，事在不可闻，胜在不可知，微哉！微哉！鸷鸟①将击，卑飞敛翼；猛兽将搏，弭耳俯伏；圣人将动，必有愚色。

## 注 释

①鸷（zhì）鸟：凶猛的鸟。

## 译 文

真正有大智慧的人不炫耀他的智慧，真正有大谋略的人不炫耀他的谋略，真正的大勇之人不炫耀他的勇气，真正谋大利的人不贪图私利。为天下谋利的，天下人都向他敞开大门；让天下受到损害的，天下人都向他紧闭大门。天下不是一个人的天下，是天下人的天下。夺取天下，就如同追逐野兽一般，天下人都有分而食之的心思；又如同舟共济一般，渡过了大家一起受益，失败了就一起受害。因而大家都会支持他，不会抛弃他。不掠夺百姓的利益，就会得到百姓的拥戴；不掠夺别国的利益，就会得到别国的拥戴；不向天下搜刮利益，天下就会给他利益。不掠夺百姓的利益，百姓就会给他创造利益。不掠夺别国的利益，别国也会给他利益；不掠夺天下的利益，天下也会给他利益；所以要想获得天下，谋略就在于隐秘不可张扬，实行谋略在于不为人所听，取胜在于巧妙的使人不可知。微妙啊！微妙啊！凶猛的鸷鸟获取猎物时，都要低飞收起翅膀；凶猛的野兽将要搏击时，都会伏地潜行；圣人将要行动时，都会表现出愚钝的模样。

## 原　文

　　"今彼殷商，众口相惑，纷纷渺渺，好色无极。此亡国之征也。吾观其野，草菅①胜谷；吾观其众，邪曲胜直；吾观其吏，暴虐残贼。败法乱刑，上下不觉。此亡国之时也。大明②发而万物皆照，大义发而万物皆利，大兵发而万物皆服。大哉！圣人之德，独闻独见。乐哉！"

## 注　释

　　①菅（jiān）：茅草。
　　②大明：指太阳。

## 译　文

　　"现在那殷商，众人上下互相欺骗，朝廷混乱不已，纣王荒淫无度，这就是亡国的先兆。我观察殷商的田野中，茅草多于庄稼；我观察商朝的百姓，邪恶之徒多于正直之士；我观察殷商的官吏，暴虐无度，滥施刑罚，君臣上下却浑然不知，这就是亡国的时候了。太阳初生，恩泽世间万物；大义兴盛，能让天下受益；大军发动时，万物都会顺从。伟大啊！圣人的德行，能够拥有独到的眼光，无人能及，所以蕴含着无穷的欢乐。"

# 文　启

## 题　解

　　本篇论述要想让国家长治久安，就应当像天一样自然无为，顺应民心民意，民众才能富足安康。

## 原 文

文王问太公曰：圣人何守？

太公曰：何忧何啬①，万物皆得；何啬何忧，万物皆遒②。政之所施，莫知其化；时之所在，莫知其移。圣人守此而万物化，何穷之有？终而复始。优之游之，展转求之。求而得之，不可不藏；既以藏之，不可不行；既以行之，勿复明③之。夫天地不自明，故能长生；圣人不自明，故能名彰。

## 注 释

①啬：吝惜。

②遒：汇集。

③明：宣扬。

## 译 文

文王问太公：圣人治理国家要恪守什么样的原则呢？

太公说：何必担忧，何必吝惜，万物都会生长；何必吝惜，何必担忧，万物都能积聚恩德。政令施行的时候，要让百姓在不知不觉中受到感化，如同四时的存续，没有人能感觉到它的推移变化。圣人恪守这一点原则，万物自然生长，哪里还有穷尽的时候呢？万物必然周而复始地循环。以安闲悠游的心态，反复探求其中的大道。获得了大道，就要将它牢牢记在心中；既然牢记在心，就要考虑身体力行；既然考虑身体力行，就不必再张扬生事。天地运行从来都不刻意表现自我，所以才能生长万物；圣人从不表明自己，所以才能声名远扬。

## 原 文

古之圣人，聚人而为家，聚家而为国，聚国而为天下。分封贤人，以为万国，命之曰大纪①。陈其政教，顺其民俗，群曲化直，变于形容②。万国不通，各乐其所，人爱其上，命之曰大定。呜呼！圣人务静之，贤人务

正之；愚人不能正，故与人争。上劳则刑繁，刑繁则民忧，民忧则流亡。上下不安其生，累世不休，命之曰大失。

## 注 释

①纪：法度，原则。
②形容：形体容貌。

## 译 文

古代的圣人，将人们聚集在一起形成家庭，将家庭聚集在一起形成国家，将国家聚集在一起形成天下。将贤德之人分封为诸侯，这样就是治理国家的法度。宣扬政令教化，顺应各地的民俗，将不正之人教化成正直之人，变化就体现在百姓的容貌体态上。各个小国互不往来，各安其所，人人都拥护自己的君主，这就是最为安定的局势。唉！圣人致力于清静无为，贤人致力于公正待人，愚昧的君主不能做到公正，就会和百姓争利。君主政令繁多就会让刑罚增多，刑罚变多就会让百姓担忧，百姓担忧就会逃亡流浪，君臣上下都不得安生，世代无法休养生息，这就是大失的局势了。

## 原 文

"天下之人如流水，障之则止，启之则行，静之则清。呜呼！神哉！圣人见其所始，则知其所终。"

文王曰："静之奈何？"

太公曰："天有常形①，民有常生②。与天下共其生，而天下静矣。太上因之，其次化之。夫民化而从政，是以天无为而成事，民无与而自富。此圣人之德也。"

文王曰："公言乃协予怀，夙夜念之不忘，以用为常。"

## 注 释

①常形：自然运行的规律。
②常生：固定的生活规律。

## 译　文

"天下百姓就如同流水一样，阻塞它就会不再流动，疏导它就会畅行不止，让它静止就会保持清澈。哎呀，神奇啊！圣人看到事物的开始，就能推导它的结局了。"

文王说："怎么才能让天下保持安静平和呢？"

太公说："天有恒定不变的规律，百姓也有不变的生活规律。与天下人共同安定发展，天下就会安静平和。最好的方法就是顺应自然规律，次要的就是让人民接受教化、听从政令。百姓听从教化就会顺从政令，所以，天无为而治就能让万物自然生长，百姓没有负担就能丰衣足食，这就是圣人的德政。"

文王说："您的话正合我的心意，我要日夜牢记在心，把它当作治理国家的不变准则。"

# 龙　韬

## 论　将

### 题　解

本篇讲述将帅素质对国家存亡的重要性，提出将帅所需的五种素质和十种应该避免的过失。

### 原　文

武王问太公曰：论将之道奈何？

太公曰：将有五材十过。

武王曰：敢问其目？

太公曰：所谓五材者，勇、智、仁、信、忠也。勇则不可犯，智则不可乱，仁则爱人，信则不欺，忠则无二心。

### 译　文

武王问太公：评论将帅的原则有哪些呢？

171

太公说：将帅应该有五种美德，应该避免十种过失。

武王说：请问都有哪些呢？

太公说：所谓五种应有的美德，是勇、智、仁、信、忠。有了勇敢就不会被轻易侵犯，有了智慧就不会被轻易迷惑，有了仁德就会爱护他人，有了诚信就不会被人欺瞒，拥有忠诚就不会对君主生出二心。

# 原文

所谓十过者：有勇而轻死者，有急而心速①者，有贪而好利者，有仁而不忍人者，有智而心怯者，有信而喜信人者，有廉洁而不爱人者，有智而心缓②者，有刚毅而自用者，有懦而喜任人者。勇而轻死者，可暴也；急而心速者，可久也；贪而好利者，可遗③也；仁而不忍人者，可劳也；智而心怯者，可窘也；信而喜信人者，可诳也；廉洁而不爱人者，可侮也；智而心缓者，可袭也；刚毅而自用者，可事④也；懦而喜任人者，可欺也。

# 注释

①心速：思考不够周密，此处指急功近利。

②心缓：思考迟缓，犹豫不决。

③遗：这里指贿赂。

④事：被利用。

# 译文

所谓十种过失，是有勇猛却轻于赴死，急功近利却想速战速决，贪婪而好利，仁慈却当断不断，谋略过人却心中懦弱，诚信却轻信别人，廉洁却不爱护别人，聪明却贪生怕死，刚强而自以为是，懦弱而毫无主见。勇猛而轻于赴死的，容易被人激怒；急于求成的，容易被拖延的办法驯服；贪婪好利的，容易被人用财物收买；仁慈却一味姑息的，容易被困扰；聪明却胆怯的，容易陷于困窘之境；诚信却轻信他人的，容易被人用计谋欺骗；廉洁而没有仁爱之心的，容易受辱而失去民心；有谋略却举棋不定的，容易被突然出击打败；刚愎自用的，容易被他人利用；懦弱毫无主见的，容易受到欺侮。

## 原　文

"故兵者，国之大事，存亡之道，命在于将。将者，国之辅，先王之所重也。故置将不可不察也。故曰：兵不两胜，亦不两败。兵出逾境，期不十日，不有亡国，必有破军杀将。"

武王曰："善哉！"

## 译　文

"所以战争是国家的大事，国家存亡，命运就在将帅手中。将帅是国家的有力辅佐，也是君主最重视的。因此，选用将帅一定要认真考察。所以说，两军交战没有两方都胜利的，也没有两方都失败的。军队越境出征，不能超过十天，不是攻克敌国，就是我方军队失利。"

武王说："您说得真是太好了！"

# 选　将

## 题　解

本篇讲述士人内外不相符的十五种情况，要从八个方面考察待选者的品德才干。

## 原　文

武王问太公曰："王者举兵，欲简练英雄，知士之高下，为之奈何？"

太公曰："夫士外貌不与中情相应者十五，有贤而不肖者，有温良而为盗者，有貌恭敬而心慢者，有外廉谨而内无至诚者，有精精①而无情者，有湛湛②而无诚者，有好谋而不决者，有如果敢而不能者，有悾悾③而不信者，有恍恍惚惚而反忠实者，有诡激而有功效者，有外勇而内怯者，有肃肃而反易④人者，有嗃嗃而反静悫⑤者，有势虚形劣而外出无所不至、无所不遂者。天下所贱，圣人所贵。凡人莫知，非有大明，不见其际。此士之外貌不与中情相应者也。"

## 注 释

①精精：精明能干。

②湛湛：忠厚老实。

③悾悾（kōng kōng）：诚恳的样子。

④易：平易近人。

⑤嗃嗃（hè hè）：严酷的样子。静悫（què）：沉静谨慎。

## 译 文

武王问太公："君主起兵，想要选拔能干之才，怎样才能知晓他们才干的高低呢？"

太公说："士人的外表和内心实际不符的情况有十五种，有表面贤能实际无德无才的，有表面良善而暗中多为苟且之事的，有表面恭敬实际内心傲慢自大的，有表面廉洁谨慎但实际虚伪狡诈的，有表面精明实际没有才干的，有表面忠厚老实却不诚恳的，有喜欢出谋划策却无法决断的，有看似果断实际没有作为的，有看似诚实真挚实际没有信用的，有看起来不可捉摸却忠实可信的，有言辞激烈却能建立功业的，有表面英勇实际胆小怕事的，有表面严肃正直实际轻视别人的，有看似威严可怖但实际沉稳严谨的，有外表虚弱鄙陋但外出游说却无所不成的。天下人所轻视的，圣人却能看重。但凡常人不能理解，没有敏锐的洞察力，是无法看清其中的差别的。这就是士人外表和内心情形不一致的情况。"

## 原 文

武王曰："何以知之？"

太公曰："知之有八征，一曰问之以言，以观其辞。二曰穷之以辞，以观其变。三曰与之间谍，以观其诚。四曰明白显问，以观其德。五曰使之以财，以观其廉。六曰试之以色，以观其贞。七曰告之以难，以观其勇。八曰醉之以酒，以观其态。八征皆备，则贤、不肖别矣。"

## 译 文

武王说："怎样才能了解其中的真实情况呢？"

太公说："想要了解其中的真实情况，有八种验证的办法，一是提出问题，看他能否解释清楚。二是继续追问，看他的应变能力如何。三是派人暗中考察验证，看他是否诚实无欺。四是明知故问，看他是否隐瞒，借以了解他的品德。五是给他财物，看他是否廉洁。六是用美色试验他，看他的操守。七是告诉他有大危难，看他是否勇敢。八是让他喝醉，看他酒醉后的仪态。这八种验证方法都用过之后，就知道他是不是贤明之人了。"

# 立 将

## 题 解

本篇讲述任命主将的仪式，并强调"将在外，君命有所不受"的准则。

## 原 文

武王问太公曰：立将之道奈何？

太公曰：凡国有难，君避正殿①，召将而诏之曰："社稷安危，一在将军。今某国不臣，愿将军帅师应之。"

将既受命，乃命太史卜。斋三日，之太庙，钻灵龟，卜吉日。以授斧钺②。

## 注 释

①正殿：指君主朝会百官的正中大殿。凡有灾祸，君主会改到偏殿处理政事，称为避正殿。

②钺：一种兵器，似斧而较大。授斧钺，象征授以率领全军的权力。

## 译 文

武王问太公：任命主将的仪式是怎样的呢？

太公说：但凡国家面临危难，君主都要避开正殿，在偏殿召见主将并告诉他："国家存亡，就靠将军你一人了。现在某国反叛，希望将军率领军队出兵迎战。"

主将接受命令之后，君主就让太史占卜。国君斋戒三日，到太庙举行仪式。太史钻凿龟甲，以卜吉凶。国君授予军权。

## 原 文

君入庙门，西面而立①；将入庙门，北面而立。君亲操钺，持首，授将其柄，曰："从此上至天者，将军制之。"复操斧，持柄，授将其刃，曰："从此下至渊者，将军制之。见其虚则进，见其实则止。勿以三军为众而轻敌，勿以受命为重而必死，勿以身贵而贱人，勿以独见而违众，勿以辩说为必然。士未坐勿坐，士未食勿食，寒暑必同。如此，则士众必尽死力。"

## 注 释

①西面而立：主人所居之位。太庙中太祖的神主居中面东，君主拜会时即为西向。

## 译 文

君主进入太庙，面向西方站立；主将进入太庙，面朝北站立。君主亲手拿着钺的头部，将钺柄授予主将，说："从现在开始，从这上到天的一切，军中大事都由将军来掌管。"再手拿斧之柄，将斧刃给主将，说："从现在开始，从这下到深渊的一切，一切军务都由将军来掌握。将军用兵，敌弱即进攻，敌强则停止。不要因为甲兵众多就轻视敌人，不要因为任务重大就以死相搏，不要认为自己身份高贵就轻慢待人，不要固守己见而不听别人进谏，不要将诡辩之言当作真理。士兵没有坐下，你就不能坐下；士兵没有吃饭，你就不能吃饭；无论冷暖寒暑都要与士兵同进退。做到这样，士兵就必定会不顾一切地与你一同作战。"

## 原 文

将已受命，拜而报君曰："臣闻国不可从外治，军不可从中御①。二心不可以事君，疑志不可以应敌。臣既受命，专斧钺之威，臣不敢生还，愿君亦垂②一言之命于臣。君不许臣，臣不敢将；君许之，乃辞而行。"

"军中之事，不闻君命，皆由将出。临敌决战，无有二心。若此，则无天于上，无地于下；无敌于前，无君于后。是故，智者为之谋，勇者为之斗；气厉青云，疾若驰骛；兵不接刃，而敌降服。战胜于外，功立于内。吏迁士赏，百姓欢悦，将无咎殃。是故，风雨时节，五谷丰熟，社稷安宁。"

武王曰："善哉！"

## 注 释

①御：掌握，控制。

②垂：赐，此处指发布诏命。

## 译 文

主将已经接受任命，向君主跪拜并回答道："臣听说国家不能从外部治理，军队在外不能由朝廷控制。将领有二心就无法辅佐君主，心志不坚定就不能迎战敌人。臣既然已经接受君命掌管军权，就不敢心存逃生的念头，只希望君主能赐给臣明确的一句话，君主若不答应臣的请求，臣就不敢领兵出征；若君主允诺，臣当即刻启程出征。"

"军队中的一切，不听从君主号令，一切都听从主将的安排。与敌军作战，全军必须上下一心。只有这样，才能上不受天时影响，下不受地势的制约；前不受敌军控制，后不受君主限制。因此，心有谋略的人才能为主将出谋划策，骁勇之士才能全力出战；士气直抵云霄，行军如雷电迅疾；两军交战尚未短兵相接，敌人已经闻风丧胆。大军在外取得战争的胜利，将士在朝廷领工授勋，获得升迁。士兵受赏，百姓欢欣雀跃，主将也不会受到责难。因此，国家才能风调雨顺、五谷丰登，江山根基才能稳固安宁。"

武王说："您说得实在太好了！"

# 将 威

## 题 解

本篇主要讲述主将树立威信，应该做到罚于上，赏及下。

## 原 文

武王问太公曰："将何以为威？何以为明？何以为禁止而令行？"

太公曰："将以诛大为威，以赏小为明，以罚审为禁止而令行。故杀一人而三军震者，杀之；赏一人而万人悦者，赏之。杀贵大，赏贵小。杀及当路①贵重之臣，是刑上极也；赏及牛竖②、马洗③、厩养之徒，是赏下通也。刑上极，赏下通，是将威之所行也。"

## 注 释

①当路：执掌大权。

②牛竖：牧牛的僮仆。

③马洗：马夫。

## 译 文

武王问太公："主将怎样才能树立威信呢？怎样才能英明有为呢？怎样才能做到令行禁止呢？"

太公说："主将要以处死地位尊贵的人来树立威信，以赏赐地位卑微的人来体现英明，以赏罚谨慎公允来实现令行禁止。所以，处死一个可以震动军队的人，就处死他；赏赐一个让众人心悦诚服的人，就赏赐他。处罚贵在敢于针对位高权重的，赏赐贵在可以施及地位最低的。处决地位显贵的大臣，是刑罚的最高层级；赏赐到达放牛仆役、马夫、饲养人等地位低下的人，就是赏赐到达最底层了。刑罚可以加之于位高权重者，赏赐可以施予卑微低下者，主将的威严就能因此树立起来。"

# 励 军

## 题 解

本篇主要讲述如何振奋士气。只有主将以身作则，克制私欲，与士兵同甘共苦，才能让全军上下一心。

## 原 文

武王问太公曰："吾欲令三军之众，攻城争先登，野战争先赴，闻金声①而怒，闻鼓声而喜，为之奈何？"

太公曰："将有三。"

## 注 释

①金声：鸣金的声音，军中以之为发号施令的工具，通常"击金则退，击鼓则进"。

## 译 文

武王问太公："我想让三军之士能够在攻城之时率先攀登，在野外作战时争先恐后，听到退兵号令不情愿撤退，听到进攻的鼓声会心生欢喜，怎么才能做到呢？"

太公说："主将有三种可以激励士兵的办法。"

## 原 文

武王曰："敢闻其目？"

太公曰："将冬不服裘，夏不操扇，雨不张盖，名曰礼将；将不身服礼，无以知士卒之寒暑。出隘塞，犯泥涂，将必先下步①，名曰力将；将不身服力，无以知士卒之劳苦。军皆定次②，将乃就舍；炊者皆熟，将乃就食；军不举火，将亦不举，名曰止欲将；将不身服止欲，无以知士卒之饥饱。将与士卒共寒暑、劳苦、饥饱，故三军之众，闻鼓声则喜，闻金声则怒。高城深池，矢石繁下，士争先登；白刃始合，士争先赴。士非好死而乐伤也，为其将知寒暑、饥饱之审，而见劳苦之明也。"

## 注 释

①下步：从车马上下来步行。
②次：临时驻扎。

## 译 文

武王说："请问这三点的具体内容是什么？"

太公说："主将冬天不穿皮裘，夏天不摇扇子，雨天不以伞遮雨，这叫作礼将；主将不以身作则，就不会知道士兵的冷暖。经过险要而狭窄的路段，路过泥泞的路段，主将必须先下车马徒步而行，这叫作力将；主将不

身体力行，就不会知道士兵的劳苦艰辛。全军安营扎寨之后，主将才能休息；士兵的饭菜都熟了，主将才能进餐；全军未点火，主将也不能点火，这叫作止欲将；主将不亲自抑止欲望膨胀，就不能了解士兵的饥饱。主将和士兵共同经受冷暖、辛苦和饥饱，全军才能听到进攻的号令就欢欣鼓舞，听到撤退的号令就心生愤恨。即便敌人居高临下，箭如雨下，石块纷落，士兵也会抢先攀登；即便兵刃相见，士兵也会争着迎战。士兵并非喜欢死亡，愿意受伤，只是因为主将能够了解他们的冷暖饥饱，体谅他们的劳苦艰辛啊！"

# 军　势

## 题　解

　　本篇主要讲行军作战的原则，要在知己知彼的基础上，抓住有利时机，一举出击，才能获得胜利。

## 原　文

　　武王问太公曰：攻伐之道奈何？

　　太公曰：势因敌家之动，变生于两陈之间，奇正①发于无穷之源。故至事不语，用兵不言。且事之至者，其言不足听也；兵之用者，其状不足见也。倏②而往，忽而来，能独专而不制者，兵也。

## 注　释

　　①奇正：出奇制胜和常规的用兵之法。

　　②倏：忽然，迅速。

## 译　文

　　武王问太公：攻伐敌国的战术是怎样的呢？

　　太公说：攻伐的战术要根据敌人的变化而变化，战术变化产生于两军对阵之间，出奇制胜和正规作战的变化产生于无穷的智慧，所以最重要的事情不能对人讲，用兵的谋略也不能对别人说。何况最重要的事情，对别人说也未必能说清楚；用兵时捉摸不定，没有固定模式让人明白。忽往忽来，扑朔迷离，能够独断专行而不受别人牵制的，这就是用兵的原则。

## 原 文

夫兵，闻则议，见则图，知则困，辨则危。故善战者，不待张军①；善除患者，理于未生；善胜敌者，胜于无形。上战无与战，故争胜于白刃之前者，非良将也；设备于已失之后者，非上圣也。智与众同，非国师②也；技与众同，非国工也。

## 注 释

①张军：摆开阵势等待敌人。
②国师：君主的老师。

## 译 文

我方出兵，敌军听到消息就会商量对策；我军暴露出弱点，敌军就会乘虚而入；我军的部署被敌方知晓，就会让我们陷入困境；我军的动向被敌军发现，就会处于危难之中。所以善于作战的人，不等敌人摆出阵势，就已经歼灭敌军了；善于解除战场灾祸的，尚未萌芽就已经有了防备。最厉害的是不与敌军交战就大获全胜，所以在战场的锋刃上获胜的，算不上好的将领；设置防御敌人的军备已经被攻破，再想方设法弥补的，不算是上圣之人。聪明才智和众人相同的，不能算是国君的老师；技巧和别人一样的，不能算是能工巧匠。

## 原 文

事莫大于必克，用莫大于玄默①，动莫神于不意，谋莫善于不识。夫先胜者，先见弱于敌而后战者也，故事半而功倍焉。

圣人征于天地之动，孰知其纪？循阴阳之道，而从其候；当天地盈缩②，因以为常。物有生死，因天地之形。故曰：未见形而战，虽众必败。

善战者，居之不挠，见胜则起，不胜则止。故曰：无恐惧，无犹豫。用兵之害，犹豫最大；三军之灾，莫过狐疑。善战者，见利不失，遇时不疑。失利后时，反受其殃。故智者，从之而不释；巧者，一决而不犹豫。

是以疾雷不及掩耳，迅电不及瞑目。赴之若惊，用之若狂；当之者破，近之者亡。孰能御之？

夫将，有所不言而守者，神也；有所不见而视者，明也。故知神明之道者，野无衡敌，对无立国。

武王曰：善哉！

## 注 释

①玄默：沉静而内藏玄机。
②天地盈缩：指日月盈亏，消长变化。

## 译 文

战争最重要的莫过于克敌制胜，用兵最重要的莫过于沉静而暗藏玄机，行动最重要的莫过于出其不意，攻其不备，谋略最高明的莫过于没有人能分辨虚实。获胜的关键，在于先向敌方展现虚弱衰败的假象，然后再与之作战，这样会事半功倍。

圣人从天地变化中洞悉大道，常人如何能够明了这些呢？他们遵循阴阳五行之道，顺从季节变化；根据日月盈亏总结出普遍适用的规律。万物的生长消亡，都要因循天地的变化而变化。所以说，没有看清敌方的实际情况就作战，即使兵力充足也难以取胜。

善于作战的将领，在军营中运筹帷幄却不被敌方干扰，发现有利的机会就进攻，没有看到有利的时机就静观其变。所以说，不要有恐惧，不要有疑虑。用兵最大的祸患，就是犹豫不决；军队最大的灾祸，莫过于狐疑不定。善于作战的人，不会错过良机，也不会在合适的时机迟疑不定。错过有利时机，反而会遭受灾难。所以，智慧的人会顺应有利的时机不放过；心思敏锐的人一旦决定就不再犹豫。作战如同雷声骤起而来不及捂住耳朵，如同闪电划过而来不及闭上眼睛。军队行进如惊之马，用兵之法如同狂飙猛进；阻挡的就会被攻破，临近的就会被消灭，这样谁还能抵御呢？

所以做将帅的，一言不发而有所坚守，就到了用兵出神入化的境界；能做到在平常之中看出事物发展的大势，就算得上明智。所以懂得用兵变幻莫测和明智之道的，战场之上就不会有敌人能与之抗衡，对面也不会有坚不可摧的敌国。

武王说：您说得太好了！

# 虎　韬

## 动　静

### 题　解

本篇主要讲述在双方势均力敌时，如何以迂回后方、设置伏兵的方式取胜。

### 原　文

武王问太公曰："引兵深入诸侯之地，与敌之军相当。两陈相望，众寡强弱相等，未敢先举。吾欲令敌人将帅恐惧，士卒心伤，行陈不固，后陈欲走，前陈数顾。鼓噪而乘之，敌人遂走。为之奈何？"

太公曰："如此者，发我兵，去寇十里而伏其两旁，车骑百里而越其前后。多其旌旗，益其金鼓。战合，鼓噪而俱起。敌将必恐，其军惊骇。众寡不相救，贵贱不相待，敌人必败。"

### 译　文

武王问太公："率领军队深入敌国境内，我军与敌军实力相当。双方军阵对峙，人数多少和兵力强弱都相当，谁都不敢先发出攻击。我想让敌军将帅心生恐惧，士兵担忧起疑，布阵不牢固，列阵后方的士兵想要逃跑，列阵前方的士兵反复回望。这时我军趁势鸣鼓出击，让敌人失败逃跑，该怎么办呢？"

太公说："想要这样，就要派遣我方士兵，在距离敌军十里开外的地方埋伏在道路两旁，车兵和骑兵在距离敌军百里的地方形成前后包围。我方多设下旌旗，增加金铎和战鼓。双方交战时，鼓声连同铎声和呼喊声并起，敌方的将领必定心生恐惧，敌方士兵定会大惊失色。无论敌方有多少兵力都无法互相帮助，将帅和士兵都争相逃跑，敌军必定会溃败。"

## 原 文

武王曰："敌之地势，不可以伏其两旁，车骑又无以越其前后。敌知我虑，先施其备。我士卒心伤，将帅恐惧，战则不胜，为之奈何？"

太公曰："微哉！王之问也。如此者，先战五日，发我远候，往视其动静。审候其来，设伏而待之，必于死地，与敌相避。远我旌旗，疏我行陈。必奔其前，与敌相当。战合而走，击金无止。三里而还，伏兵乃起。或陷其两旁，或击其前后。三军疾战，敌人必走。"

武王曰："善哉。"

## 译 文

武王说："敌方的地势，我们不能埋伏在道路两侧，车骑也无法越过敌人到达后方。敌方知道我方的谋略，先行有所准备。我方士兵疑虑重重，将帅心生恐惧，战斗也无法获胜，该怎么办呢？"

太公说："君主的问题实在是微妙啊！类似这样的情况，应当在开战五天前就派出我军的士兵到敌方阵地观察他们的一举一动，刺探他们的来意，然后设下埋伏等待敌军，一定要选择在背水一战、没有退路的险要地形上作战。将我方旌旗设在远处，布阵分散开来。一定要让前锋部队英勇杀敌，但要刚刚交战就撤退，一路鸣金收兵。后退到我军埋伏的地方突然转向攻击，伏兵也一同起来作战。有的攻击敌军两翼部队，有的攻击敌军首尾部队，全军上下士气振奋，敌人一定会被打败。"

武王说："您说得太好了！"

# 金 鼓

## 题 解

本篇主要讲述"戒"对于军队的重要性，在防御敌军时要严密戒备。为了避免被伏击，全军要分工合作，发动攻击扭转战局。

## 原 文

武王问太公曰："引兵深入诸侯之地，与敌相当；而天大寒甚暑，日夜霖雨，旬日不止。沟垒悉坏，隘塞不守，斥候懈怠，士卒不戒。敌人夜来，三军无备，上下惑乱，为之奈何？"

太公曰："凡三军，以戒为固，以怠为败。令我垒上，谁何<sup>①</sup>不绝；人执旌旗，外内相望，以号相命，勿令乏音，而皆外向<sup>②</sup>。三千人为一屯，诫而约之，各慎其处。敌人若来，视我军之警戒，至而必还，力尽气怠。发我锐士，随而击之。"

## 注 释

①谁何：指相问，侦察诘问。
②外向：面向军营的外侧。

## 译 文

武王问太公："带领军队深入敌国境内，两军实力相当，但是天气酷暑或严寒，昼夜大雨滂沱，一连十多天不停止，壕沟壁垒全部损坏，要塞也无法保全，侦察士兵懒散懈怠，士兵没有防备之心。敌人夜半来犯，全军上下没有防备，一片混乱，该怎么办呢？"

太公说："但凡军队必须有所戒备才能攻不可破，一旦松散懈怠就会失败。让我军士兵在壁垒上侦察询问声不绝，士兵手拿旌旗，内外相互呼应，不要让声音中断，士兵的方向一致对外。每三千人为一屯，互相告诫约束，在自己的位置上各自防守。如果有敌人来犯，看到我军的戒备状况，虽然已经到达也一定会撤退，等到他们兵力劳累、士气低微，我军就派出精锐部队，一举击败他们。"

## 原 文

武王曰："敌人知我随之，而伏其锐士，佯北不止。遇伏而还，或击我前，或击我后，或薄我垒。吾三军大恐，扰乱失次，离其处所。为之奈何？"

太公曰："分为三队，随而追之，勿越其伏。三队俱至，或击其前后，或陷其两旁。明号审令，疾击而前，敌人必败。"

## 译 文

武王说："敌方知道我方要追击他们，早已埋伏好士兵，假装逃跑。等

到了埋伏的地点就掉转方向进攻,有的攻打我军前方,有的打击我军后方,有的侵入我军营垒。我方军队上下惊慌,毫无秩序,甚至逃离自己在阵中的位置,该怎么办呢?"

太公说:"将全军分为三队,分头追击在追击时不要进入敌方的埋伏地区。三路人马都到齐后,共同出击,有的攻打前锋,有的攻打左右两翼。严明号令,迅速出击,向前冲击,敌人必定会失败。"

# 豹 韬

## 敌 强

### 题 解

本篇主要讲述在敌强我弱、敌军夜袭的情况下,我方如何里应外合、上下一心取得胜利。

### 原 文

武王问太公曰:"引兵深入诸侯之地,与敌人冲军①相当,敌众我寡,敌强我弱。敌人夜来,或攻吾左,或攻吾右,三军震动。吾欲以战则胜,以守则固。为之奈何?"

太公曰:"如此者,谓之震寇。利以出战,不可以守。选吾材士强弩,车骑为之左右,疾击其前,急攻其后;或击其表,或击其里。其卒必乱,其将必骇。"

武王曰:"敌人远遮我前,急攻我后,断我锐兵,绝我材士。吾内外不得相闻,三军扰乱,皆散而走,士卒无斗志,将吏无守心。为之奈何?"

太公曰:"明哉!王之问也。当明号审令,出我勇锐冒将之士,人操炬火,二人同鼓。必知敌人所在,或击其表,或击其里。微号相知②,令之灭火,鼓音皆止。中外相应,期约皆当。三军疾战,敌必败亡。"

武王曰:"善哉。"

## 注　释

①冲军：突击部队。

②微号相知：以约定的暗号互相联络。

## 译　文

武王问太公："带兵深入敌国境内，我方与敌军突围部队相遇，敌方人数多我方人数少，敌军兵强我方兵弱。敌军若在深夜进攻，有的攻击我方左翼，有的攻击我方右翼，全军上下恐慌不已。我想要作战就能取胜，守卫就能固守，该怎么办呢？"

太公说："这样的情形叫作'震寇'。我方以出战为利，不宜防守，精选勇武的士兵手持强弩，车兵骑兵护在两侧，迅速猛烈地攻打敌人前锋部队，再快速攻击敌人侧后方，有的攻击阵外，有的攻入阵内。敌人的将士必然陷入混乱，将帅必然惊慌失措。"

武王说："敌人如果在远处阻击我方先锋部队，又快速攻击后方，阻断救援的勇武之士，让我军内外失去联系。全军混乱四散，士气萎靡，将帅和守兵都没有防守的信心，该怎么办呢？"

太公说："大王的问题太高明了！应当清楚地发布军令，选拔我方骁勇善战的强壮士兵，每人手持一把火炬，两人敲一面鼓，准确地弄清敌军的方位，迅猛发动进攻。有的攻击阵外，有的冲入阵内。攻击时以暗号互相联络，让我方士兵熄灭火炬，停止击鼓，内外相应，按照约定时间猛击敌军。全军上下同仇敌忾，敌人必然失败逃跑。"

武王说："您说得真是太好了！"

# 犬　韬

## 教　战

## 题　解

本篇主要讲述如何以一带十，逐步完成整支军队的作战演练。

## 原　文

　　武王问太公曰："合三军之众，欲令士卒服习教战①之道，奈何？"

　　太公曰："凡领三军，必有金鼓之节，所以整齐士众者也。将必先明告吏士，申之以三令，以教操兵②起居、旌旗指麾之变法。故教吏士：使一人学战，教成，合之十人；十人学战，教成，合之百人；百人学战，教成，合之千人；千人学战，教成，合之万人；万人学战，教成，合之三军之众；大战之法，教成，合之百万之众。故能成其大兵，立威于天下。"

　　武王曰："善哉。"

## 注　释

　　①服习：掌握。教战：军事训练。
　　②操兵：使用兵器。

## 译　文

　　武王问太公："会合全军将士，想要让全军士兵掌握作战的基本技能，该怎么办呢？"

　　太公说："但凡统率军队，一定要有金铎和战鼓的控制，这是为了让士兵行动整齐一致。将领一定要明确告诉全体士兵行进统一。将领一定要先行告诫士兵，反复强调法令，然后具体传授士兵使用兵器的方法、列阵的要领和分辨旌旗指挥信号的方法。训练士兵要做到：让一个人学会作战方法，之后十人合练；十人学会作战基本要领，然后百人合练；百人学会作战要领后，千人合练；千人学会作战要领后，再万人合练；训练完成后组织全军共同训练；等全军训练完成，还要聚集百万之众共同训练。这样就能成就强大的军队，扬威于天下。"

　　武王说："您说得太好了！"

# 三　略

　　《三略》，原称《黄石公记》，因分上、中、下三卷，又被称
为《黄石公三略》，简称《三略》，是古代著名兵书，北宋神宗元
丰年间被列为《武经七书》之一。

# 上　略

## 题　解

　　上略主要论述君主治国必须礼贤下士，赏罚分明，明辨贤佞，选贤任能，让官位俸禄能够与功绩相匹配。在治国平乱方面，君主要特别重视英雄，让国家能够长治久安。

## 原　文

　　夫主将之法，务揽英雄之心，赏禄有功，通志于众。故与众同好，靡不成；与众同恶，靡不倾。治国安家，得人也；亡国破家，失人也。含气之类[①]，咸愿得其志。

## 注　释

　　①含气之类：指人。

## 译　文

　　作为统领，务必要收揽天下英雄之心。将禄位赏给有功之人，将自己的志向与众人贯通。所以，与众人追寻的目标一致，目标没有不能实现的；与众人同仇敌忾，就没有无法消灭的敌人。国家太平、家庭安稳，是因为得到了人心；国亡家破，是因为失去了人心。人人都想实现自己的志向。

## 原　文

　　《军谶》曰："柔能制刚，弱能制强。"柔者德也，刚者贼也。弱者人之所助，强者怨之所攻。柔有所设，刚有所施，弱有所用，强有所加，兼此四者，而制其宜。端末未见，人莫能知；天地神明，与物推移；变动无常，因敌转化；不为事先，动而辄随。故能图制无疆，扶成天威；匡正八极，密定九夷。如此谋者，为帝王师。故曰：莫不贪强，鲜能守微；若能守微，乃保其生。圣人存之，动应事机。舒之弥四海，卷之不盈怀；居之不以室宅，守之不以城郭；藏之胸臆，而敌国服。

《军谶》曰："能柔能刚，其国弥光；能弱能强，其国弥彰；纯柔纯弱，其国必削；纯刚纯强，其国必亡。"

## 译 文

《军谶》说："柔能制刚，弱能制强。"柔是一种美德，刚是一种灾难。弱者容易得到人们的同情和帮助，强者容易受到人们的怨怼和攻击。有时候要用柔，有时候要用刚，有时候需要示弱，有时候需要刚强，这四者兼顾就能根据万物变化而运用恰当。事物的本末还没有显现时，平常人是无法认识到它的本质的。天地神明，是可以随着万物的变化而显现出来的。战争也是同样的道理，要根据敌方情况的变化而采取相应的策略，在形势不成熟之前不要采取行动，一旦时机成熟，就立刻行动。这样就能够做到百战不殆，无所阻碍，辅佐君王威霸天下，让天下统一安定。像这样的谋士，可以当帝王的老师。所以说，没有不争强好胜的，却很少有人知道柔能克刚、弱能胜强这个微妙的道理；如果能够懂得这个道理，就可以保全自己的性命。圣人懂得这个道理，行动总是应时而变。这个幽微细致的道理，展开能够波及四海，合拢起来却不充塞内心；安置它不需要使用房屋，守护它不需要城池；藏在心中，就能够让敌国屈服。

《军谶》说："可柔可刚，国家的命运就充满光明；可弱可强，国家就能永葆昌盛；单纯用柔和弱，国家必然会被外敌削弱；单纯用刚和强，国家必定会走向灭亡。"

## 原 文

夫为国之道，恃贤与民。信贤如腹心，使民如四肢，则策无遗。所适如支体相随，骨节相救；天道自然，其巧无间。军国之要，察众心，施百务。危者安之，惧者欢之，叛者还之，冤者原之，诉者察之，卑者贵之，强者抑之，敌者残之，贪者丰之，欲者使之，畏者隐之，谋者近之，谗者覆之，毁者复之，反者废之，横者挫之，满者损之，归者招之，服者居之，降者脱之。

获固守之，获厄塞之，获难屯之，获城割之，获地裂之，获财散之。

敌动伺之,敌近备之,敌强下之,敌佚去之,敌陵待之,敌暴绥之,敌悖义之,敌睦携之。顺举挫之,因势破之,放言过之,四网罗之。得而勿有,居而弗守,拔而勿久,立而勿取,为者则己,有者则士。焉知利之所在!彼为诸侯,己为天子,使城自保,令士自取。

## 译 文

　　治理国家之道,在于依靠贤德之士和百姓的拥戴。信任贤者如心腹,役使百姓如手足,这样谋略就不会有什么差错了。如此国家就会如同四肢协调于身体,如同骨头和关节一般互相照应,像天道运行一般顺应自然,巧妙得不留痕迹。治军治国的关键,在于体察百姓,并施行恰当的措施。让处于危难中的得以安抚,心存畏惧的得以愉悦,流浪逃亡的得以归顺,蒙受冤屈的得以昭雪,向上申诉的得以调查真相,地位卑微的得以提拔,恃强凌弱的受到抑制,让与我敌对的得以剪除,想要功名的获得满足,毛遂自荐的得以任用,畏惧的人得以隐藏,善于谋划的得以亲近,诋毁他人的获罪,叛乱的得以灭亡,让蛮横之人受挫,骄傲自满的受损,归顺的得到安抚,被征服的妥善安置,投降的人获得豁免。

　　占领了严防之地就要好好把守,占领了险要之地就要设立关塞,占领了易守难攻的地方就要驻兵屯守,得到了城邑就要分赏给有功之臣,占领了土地就要分封给肱股之士,得到钱财就要散给众人。密切侦察敌人的行动,防备敌人的逼近,敌人强大就示弱,敌人以逸待劳就要避开,敌人进犯就要严阵以待,敌人暴虐就要争取他的人心,敌人有悖情理就用正义征讨,敌人和睦就要离间他。顺应敌人的一举一动让他受挫,按照敌人的形势攻击他,散布假情报让敌人犯错,四面包抄将敌人消灭。胜利时不居功自傲,获得财物不要独自占有,夺取城池不要打持久战,拥立敌国敌人作为他们的国君而不要取而代之。决策在自己,功劳归将士,哪里知道这才是真正的利益所在啊?别人做诸侯,自己做天子,让他们各自保卫城邑,各自征收赋税。

## 原 文

　　世能祖祖,鲜能下下。祖祖为亲,下下为君。下下者,务耕桑,不夺其时;薄赋税,不匮其财;罕徭役,不使其劳,则国富而家娱,然后选士以司牧之。夫所谓士者，英雄也。故曰：罗其英雄，则敌国穷。英雄者，国之干；庶民者，国之本。得其干，收其本，则政行而无怨。

## 译 文

世上人都能尊崇祖先，却很少有人爱惜百姓。尊崇祖先只是宗族之亲，爱惜百姓才是为君之道。爱惜百姓，就要重视农耕蚕桑，不侵占农时，减轻赋税，不让百姓资财匮乏，这样国家就能富强，百姓生活就能安乐，然后再选拔贤士管理他们。所谓贤士，就是人们口中的英雄。所以说，收服敌国英雄的心，敌国就会陷入进退两难的境地。英雄是国家的肱股；百姓是国家的根本。得到了肱股，获得了根本，就能让政令上通下达，百姓没有怨言。

## 原 文

夫用兵之要，在崇礼而重禄。礼崇则智士至，禄重则义士轻死。故禄贤不爱财，赏功不逾时，则下力并而敌国削。夫用人之道，尊以爵，赡以财，则士自来；接以礼，励以义，则士死之。夫将帅者，必与士卒同滋味而共安危，敌乃可加。故兵有全胜，敌有全因。昔者良将之用兵，有馈箪醪者，使投诸河与士卒同流而饮。夫一箪之醪，不能味一河之水，而三军之士思为致死者，以滋味之及己也。《军谶》曰："军井未达，将不言渴；军幕未办，将不言倦；军灶未炊，将不言饥。冬不服裘，夏不操扇，雨不张盖，是谓将礼。"与之安，与之危，故其众可合而不可离，可用而不可疲，以其恩素蓄，谋素和也。故曰：蓄恩不倦，以一取万。

## 译 文

用兵的关键，在于尊崇礼节，俸禄优厚。礼节隆重，智谋之士就会来此投奔；俸禄优厚，忠义之士就能视死如归。所以，赐予贤士俸禄时不能吝啬财物，奖赏有功之臣不应延误。这样，部属就能同仇敌忾，敌国的力量就会被削弱。用人之道，就要用封爵以示尊崇，用优厚俸禄供养，这样贤德之士便会自动归附；用礼节接待他，用大义激励他，贤德之士就会以死相报。将帅必须和士兵同甘苦，共死生，才能领兵作战，这样我军才能大获全胜，敌人大败而归。从前有位良将，别人送他一瓢美酒，他让人倒在河里，这样就

能和士兵共同享用。一瓢酒不能让一河之水都有酒味，但全军上下会心悦诚服地以死相报，这是因为将帅能够与自己同甘共苦啊！《军谶》说："军井没打好，将帅不会说口渴；帐篷没搭好，将帅不会说疲惫；饭菜没做好，将帅不会说饥饿。冬天不穿皮裘，夏天不用扇子，下雨不打雨伞，这就是所谓将帅的礼节。"和士兵同甘苦，共患难，全军就能上下一心，不会离散，能够南征北战不言疲劳。这是将帅平日积累恩德、上下一心的缘故。所以说，不断积累恩德，将帅就能获得万人之心。

## 原 文

《军谶》曰："将之所以为威者，号令也；战之所以全胜者，军政也；士之所以轻战者，用命也。"故将无还令，赏罚必信；如天如地，乃可御人；士卒用命，乃可越境。夫统军持势者，将也；制胜破敌者，众也。故乱将不可使保军，乖众不可使伐人。攻城则不拔，图邑则不废，二者无功，则士力疲弊。士力疲弊，则将孤众悖。以守则不固，以战则奔北，是谓老兵。兵老则将威不行，将无威则士卒轻刑，士卒轻刑则军失伍，军失伍则士卒逃亡，士卒逃亡则敌乘利，敌乘利则军必丧。

## 译 文

《军谶》说："将帅之所以有威信，关键在于号令严明；作战能胜利，关键在于治军严整；士兵不因战争而畏惧，是因为服从命令。"因此将帅号令一出必须施行，赏罚一定要守信，像天地那样公正，将帅才能统领军队。士兵听从号令，才能越过边境作战。统率军队、掌控形势的是将帅，获得胜利打败敌人的是士兵。所以，治军没有法度的将帅不能让他统率全军，乖戾的士兵不能让他攻打敌人。攻打城池难以获取，攻打国都难以获胜，两者都做不到，全军上下疲劳不堪。全军疲劳不堪，将领就会被孤立，士兵就不听指挥。这样的军队，守卫难以抗敌，作战必然败逃，这就叫作死气沉沉的军队。如此将帅就没有威信；将帅没有威信，士兵就不怕惩罚；士兵不怕惩罚，军队就会混乱；军队一旦混乱，士兵就会败逃；士兵败逃，敌人就会乘机进攻。敌人进攻，我军就一定会失败。

## 原　文

《军谶》曰:"良将之统军也,恕己而治人。推惠施恩,士力日新。战如风发,攻如河决。"故其众可望而不可当,可下而不可胜。以身先人,故其兵为天下雄。

## 译　文

《军谶》说:"好的将帅统领军队,以推己及人之道治理军队。广施恩泽,军队的战斗力就会日新月异。战斗时如同狂风一般迅猛,出击时像大河决堤一样猛烈。"所以,敌人只能远远望着我军攻克却无法阻挡,俯首投降却没有任何取胜的可能。将帅能够以身作则,军队就能称雄于天下。

## 原　文

《军谶》曰:"军以赏为表,以罚为里。赏罚明,则将威行;官人得,则士卒服;所任贤,则敌国震。"

《军谶》曰:"贤者所适,其前无敌。"故士可下而不可骄,将可乐而不可忧,谋可深而不可疑。士骄则下不顺,将忧则内外不相信,谋疑则敌国奋。以此攻伐,则致乱。夫将者,国之命也。将能致胜,则国家安定。

## 译　文

《军谶》说:"治理军队应以奖赏为表,以惩罚为里。赏罚严明,将帅的威信才能树立起来;官吏任用得当,士兵才能心服口服;任用德才兼备的人,敌国就会被震慑。"

《军谶》说:"有贤德之士归顺的国家,必定所向披靡,没有敌人。"所以,对待贤德之士只能谦虚恭敬,不能傲慢无礼;对待将帅只能让他心生愉悦,不能让他产生忧虑;制定谋略时要深思熟虑,不能犹豫不定。对待士兵傲慢,下属就难以顺从;将帅心中有担忧,君主和将领之间就无法互相信任;对谋略举棋不定,敌国就会趁机发起进攻。在这样的情况下作战一定会招致祸乱。将帅是国家命运的掌控者,将帅能够攻克敌军,国家便能长治久安。

## 原 文

《军谶》曰："将能清，能静，能平，能整，能受谏，能听讼，能纳人，能采言，能知国俗，能图山川，能表险难，能制军权。"故曰，仁贤之智，圣明之虑，负薪之言，廊庙之语，兴衰之事，将所宜闻。将者，能思士如渴，则策从焉。夫将，拒谏，则英雄散；策不从，则谋士叛；善恶同，则功臣倦；专己，则下归咎；自伐，则下少功；信谗，则众离心；贪财，则奸不禁；内顾，则士卒淫。将有一，则众不服；有二，则军无式；有三，则下奔北；有四，则祸及国。

## 译 文

《军谶》说："将帅要能清廉，能镇定，能公正，能严肃，能接受劝谏，能明辨是非，能吸纳人才，能采纳各方意见，能了解各国风俗，能绘制山川地图，能明晓关口险隘，能囊括全军形势。"所以说，但凡是贤臣的聪明才智，君主的深谋远虑，百姓的种种言论，官员的劝谏言论，兴衰存亡的历史事件，都是将帅应该懂得的。将帅能思贤若渴，谋略过人的贤才就会在他身边聚集；将帅对下属的意见充耳不闻，出色的人才就会纷纷离开。如果不听从谋士的直谏，他们就会叛离；善恶不分，有功之臣就会颓唐失色；固执己见，下属就会将错误归到他的身上；自我夸耀，下属就不愿建功立业；听信谗言，全军上下就会失去凝聚力；贪恋钱财，就无法禁止恶行；内心有所顾虑，不能专心于军务，士兵就会放纵不知节制。将帅有了上面一条言行，士兵就不会心悦诚服；有了两条，军队就会失去法度；有了三条，士兵就会战败逃跑；有了四条，就会给国家带来灾难。

## 原 文

《军谶》曰："将谋欲密，士众欲一，攻敌欲疾。"将谋密，则奸心闭；士众一，则军心结；攻敌疾，则备不及设。军有此三者，则计不夺。将谋泄，则军无势；外窥内，则祸不制；财入营，则众奸会。将有此三者，军必败。将无虑，则谋士去；将无勇，则吏士恐；将妄动，则军不重；将迁怒，则一军惧。《军谶》曰："虑也，勇也，将之所重；动也，怒也，将之所用。"此四者，将之明诫也。

## 译 文

《军谶》说："将帅的谋略要保密，士兵的思想要上下统一，进攻的行动要迅猛。"将帅的计谋保密，奸细就无机可乘；士兵思想统一，人心就不会离散；攻击迅速猛烈，敌人就来不及防备。做到以上三点，军队的计划就不会失败。将帅的计谋被泄露，军队就会失去有利的形势；奸细获得内部情报，军队的灾难就会难以抑制；贿赂的财宝进入军营，各种坏事就会发生。将帅有了这三点，军队就一定会大败而归。将帅目光短浅，谋士就会离开；将帅懦弱无能，士兵就会恐惧；将帅轻举妄动，军队就无法稳固；将帅迁怒他人，全军都会畏惧。《军谶》说："目光深远，勇敢果决，是将帅应注重的品质；适时而动，该发怒才发怒，是将帅用兵的方法。"这四点，都是对将帅明确的告诫。

## 原 文

《军谶》曰："军无财，士不来；军无赏，士不往。"《军谶》曰："香饵之下，必有悬鱼；重赏之下，必有死夫。"故礼者，士之所归；赏者，士之所死。招其所归，示其所死，则所求者至。故礼而后悔者，士不止；赏而后悔者，士不使。礼赏不倦，则士争死。

## 译 文

《军谶》说："军队中没有钱财，就没有士兵来投靠；军队中没有奖赏，士兵就不会勇往直前。"《军谶》说："在鲜美鱼饵的引诱下，一定会有鱼上钩；在重赏的诱惑下，必有敢于赴死的士兵。"所以，礼可以让士兵愿意归附，但让士兵以死效劳的却是奖赏。以他们所需的东西招引他们，用让他们敢于为之效死的奖赏来明示他们，这样需要的人才就会来到。所以，先以礼相待但后来又改变的，士兵就不愿长留；先前给予奖赏的许诺，后面又反悔的，士兵就不愿意为之效死。先以奖赏明示他人，然后始终如一地礼遇和奖赏，这样士兵才能争先恐后地效死。

## 原 文

《军谶》曰:"兴师之国,务先隆恩;攻取之国,务先养民。"以寡胜众者,恩也;以弱胜强者,民也。故良将之养士,不易于身;故能使三军如一心,则其胜可全。

## 译 文

《军谶》说:"想要兴兵作战,就一定要先以恩泽对待士兵;攻占他国,一定要让百姓得以休养生息。"在战争中能够以少胜多,是因为恩泽;能够以弱胜强,是得到百姓支持拥护的结果。所以,好的将帅对待士兵,和对待自己没有什么差别;能让全军上下万众一心,在战争中就能获得胜利。

## 原 文

《军谶》曰:"用兵之要,必先察敌情,视其仓库,度其粮食,卜其强弱,察其天地,伺其空隙。"故国无军旅之难而运粮者,虚也;民菜色者,穷也。千里馈粮,民有饥色;樵苏后爨,师不宿饱。夫运粮千里,无一年之食;二千里,无二年之食;三千里,无三年之食,是谓国虚。国虚则民贫,民贫则上下不亲。敌攻其外,民盗其内,是谓必溃。

## 译 文

《军谶》说:"用兵的关键在于侦察敌情,了解敌方仓库虚实,估量粮食多少,判断兵力强弱,了解对方的天时地利,寻找可乘之机。"所以,敌国没有战争的危难却忙于运粮,说明敌国国力空虚;百姓面黄肌瘦,说明敌国民众穷苦。从千里之外运输军备的粮食,百姓就会挨饿;临时砍柴割草做饭,军队就难以饱足。运粮到一千里之外,国家就缺少一年的粮食;运粮到两千里之外,国家就缺少两年的粮食;运粮到三千里之外,国家就缺少三年的粮食,这都是国力空虚的表现。国力空虚,百姓生活就贫困;百姓生活贫困,官民上下就难以亲近。敌人攻陷在外,百姓在内部动乱,国家就一定会崩溃。

原 文

《军谶》曰:"上行虐,则下急刻。赋敛重数,刑罚无极,民相残贼,是谓亡国。"

译 文

《军谶》说:"君主暴虐昏庸,官吏就会严峻苛刻。横征暴敛,刑罚没有节制,百姓之间互相残害,这就叫作亡国。"

原 文

《军谶》曰:"内贪外廉,诈誉取名;窃公为恩,令上下昏;饰躬正颜,以获高官,是谓盗端。"

译 文

《军谶》说:"内在贪婪却外表廉洁,凭借欺骗沽名钓誉,盗取公家的官爵俸禄推行个人恩惠,让全军上下都不辨真相;将自己伪装成内在谦恭外表正直的模样,凭此获取高官厚禄,这就是窃国作乱的开始。"

原 文

《军谶》曰:"群吏朋党,各进所亲;招举奸枉,抑挫仁贤;背公立私,同位相讪,是谓乱源。"

译 文

《军谶》说:"官吏之间结党营私,各自引荐自己的亲信;招揽奸邪之人,排斥压制仁人贤士;背着朝廷建起自己的威信,谋取私人恩惠,同僚之间互相毁谤攻击,这就是祸乱的开始。"

原 文

《军谶》曰:"强宗聚奸,无位而尊,威无不震;葛藟①相连,种德立恩,夺在权位;侵侮下民,国内哗喧,臣蔽不言,是谓乱根。"

## 注 释

①葛藟（gě lěi）：一种葡萄科的蔓生植物。

## 译 文

《军谶》说："豪门大族，相聚为奸，虽然没有官爵却地位显赫，威势让人心生畏惧；互相勾结，如同葛藟般盘根错节，私自培养个人恩德，侵夺朝廷权力；欺压穷苦百姓，国内舆论哗然，臣子却隐瞒真相，蒙骗君主，这就叫祸乱之根。"

## 原 文

《军谶》曰："世世作奸，侵盗县官；进退求便，委曲弄文，以危其君，是谓国奸。"

## 译 文

《军谶》说："世世代代为非作歹，侵占君主的权威；一进一退只想着自己的私利，舞文弄墨、歪曲法令，危害君主，这就叫国之奸贼。"

## 原 文

《军谶》曰："吏多民寡，尊卑相若，强弱相虏；莫适禁御，延及君子，国受其咎。"

## 译 文

《军谶》说："官多民少，不分尊卑，强大的掠夺弱小的；如果不能及时制止，一定会让有德之人受到牵连，国家也一定会遭到祸患。"

## 原 文

《军谶》曰："善善不进，恶恶不退；贤者隐蔽，不肖在位，国受其害。"

## 译 文

《军谶》说："喜欢好人却不予以任用，厌恶坏人却不予以排斥；贤能之士被迫深居简出，无才无德之人却掌权执政，国家一定会遭受危害。"

## 原 文

《军谶》曰："枝叶强大，比周居势；卑贱陵贵，久而益大；上不忍废，国受其败。"

## 译 文

《军谶》说："皇族宗室势力强大，互相结党，占据要职；以下犯上，时间久了，势力越来越大；君主不忍心废除，国家就会遭受败坏。"

## 原 文

《军谶》曰："佞臣在上，一军皆讼。引威自与，动违于众。无进无退，苟然取容。专任自己，举措伐功。诽谤盛德，诬述庸庸。无善无恶，皆与己同。稽留行事，命令不通。造作奇政，变古易常。君用佞人，必受祸殃。"

## 译 文

《军谶》说："奸佞臣子掌握大权，全军都会愤愤不平。他们依靠别人的权势助长自己的气焰，一举一动都违背众人的心意。他们不知进退，只知道讨君主的欢心。他们刚愎自用，稍有行动就标榜自己的功劳。他们诽谤污蔑有德有功之人，说他们无德无能。他们心中不分善恶，凡事但求符合自己心意。他们将政务公文积压下来，让上面的命令无法迅速地传达到下级。他们在政治上标新立异，任意更改古制，变换常规之法。君主如果任用这种奸佞之人，一定会遭受祸殃。"

## 原 文

《军谶》曰："奸雄相称，障蔽主明。毁誉并兴，壅塞主聪。各阿所私，令主失忠。"

## 译 文

《军谶》说："奸雄互相恭维标榜，蒙蔽君主的眼睛，让他无法明辨是

非。诽谤和吹捧同时兴起，堵塞君主的耳朵，让他无法分辨善恶。他们各自偏袒自己的亲信，让君主失去忠臣。"

## 原文

故主察异言，乃睹其萌；主聘儒贤，奸雄乃遁；主任旧齿，万事乃理；主聘岩穴，士乃得实；谋及负薪，功乃可述；不失人心，德乃洋溢。

## 译文

因此，君主能够明察诡辩的言论，才能看出祸乱的萌芽；君主聘用有学问的儒士贤才，奸邪霸道的人便会远远逃遁；君主任用德高望重的老人，万事就能有条有理；君主恳请山林中的世外高人出山，才能获得有真才实学的贤士；君主谋划事情时能听取百姓的意见，才会有可以彪炳史册的功绩；君主不失去人心，德政才能名扬天下。

# 中　略

## 题　解

中略主要讲述君主治国、主帅治军时要如何根据德行任用贤能之士，根据表象洞悉国家兴衰和敌方形势，强调君主在战争结束后如何以爵位土地等削弱主帅的实力，保证国家安定；人臣也必须明白"高鸟死，良弓藏；敌国灭，谋臣亡"的道理，选择"全功保身"。

## 原文

夫三皇无言而化流四海，故天下无所归功。

帝者，体天则地，有言有令，而天下太平。君臣让功，四海化行，百姓不知其所以然。故使臣不待礼赏有功，美而无害。

王者，制人以道，降心服志；设矩备衰，四海会同，王职不废。虽有甲兵之备，而无斗战之患。君无疑于臣，臣无疑于主，国定主安。臣以义退，亦能美而无害。

霸者，制士以权，结士以信，使士以赏。信衰则士疏，赏亏则士不用命。

## 译 文

三皇不需要任何言论，教化便会流行于四海之外，所以天下的人都不知道将功劳归于谁。

五帝体察效法天地的运行规律，有言论也有命令，天下因而太平安稳。君主和臣子相互谦让功绩，四海之内教化先行，百姓却不知道为什么出现这样的局面。所以，使用臣下不必依靠礼法和奖赏，君臣之间就能和睦，没有嫌隙。

三王以道德治理百姓，让人心悦诚服；设定法规防止世道衰败，让天下诸侯按时朝见，朝廷的官职不形同虚设。虽然有甲胄兵器的军备，却没有战争的灾祸。君主对臣子不怀疑，臣子也不怀疑君主。国家太平，君主安康，臣子功成后适时隐退，君臣之间和美没有嫌隙。

春秋五霸凭借权术制约士人，以信任与士人结交，用奖赏役使士人。信任减少，士人就会疏远君主；奖赏减少，士人就会不服从调度。

## 原 文

《军势》曰："出军行师，将在自专；进退内御，则功难成。"

## 译 文

《军势》说："出兵打仗，重在将帅可以自行裁决；如果军队的一进一退都要受到君主的控制，就很难获得战争的胜利。"

## 原 文

《军势》曰："使智、使勇、使贪、使愚。智者乐立其功，勇者好行其志，贪者邀趋其利，愚者不顾其死，因其至情而用之，此军之微权也。"

## 译 文

《军势》说："要这样使用有智谋的人、有胆略的人、贪婪的人和愚钝的人。有智谋的人喜欢建立功业，有胆略的人喜欢实现自己的志向，贪财的人追求丰厚的利禄，愚钝的人不会吝惜自己的性命，根据他们各自的特点来利用他们，这就是军中用人的微妙权术。"

**原文**

《军势》曰："无使辩士谈说敌美，为其惑众；无使仁者主财，为其多施而附于下。"

**译文**

《军势》说："不要让能言善辩的人谈论敌人的优势，因为这样会迷惑扰乱人心；不要让宅心仁厚的人管理财务，因为他会滥施钱财来满足下属。"

**原文**

《军势》曰："禁巫祝，不得为吏士卜问军之吉凶。"

**译文**

《军势》说："军队之中要禁绝鬼神占卜，不准将士们占卜吉凶。"

**原文**

《军势》曰："使义士不以财。故义者不为不仁者死，智者不为暗主谋。"

**译文**

《军势》说："役使正义之士不能依靠钱财。所以，义士是不会为不仁之人赴死的，明智的人是不会替昏庸的君主谋划的。"

**原文**

主，不可以无德，无德则臣叛；不可以无威，无威则失权。臣，不可以无德，无德则无以事君；不可以无威，无威则国弱，威多则身蹶。

## 译　文

君主不可以没有德行，没有德行臣子就会背叛他；君主也不能没有威严，没有威严就会失去权力。大臣不可以没有德行，没有德行就不能辅佐君主；也不能没有威严，没有威严国家就会衰败，威严太盛则会让自己栽跟头。

## 原　文

故圣王御世，观盛衰，度得失，而为之制。故诸侯二师，方伯三师，天子六师。世乱，则叛逆生；王泽竭，则盟誓相诛伐。德同势敌，无以相倾，乃揽英雄之心，与众同好恶，然后加之以权变。故非计策，无以决嫌定疑；非谲奇，无以破奸息寇；非阴计，无以成功。

## 译　文

所以，圣明的君主统治天下，会仔细观察盛衰变更，定夺人事得失，然后依此定下制度。所以，诸侯管理二军，方伯管理三军，君主管理六军。天下大乱，就会产生叛逆；君主恩泽枯竭，诸侯之间的结盟和攻伐就会出现。如果诸侯之间势均力敌，谁也无法战胜对方，就会争相招揽英雄豪杰，与众人同好恶，然后再使用权术。所以，不用计谋就无法决断判定嫌疑；不能出奇就无法打败奸寇；不暗中谋划就无法获得成功。

## 原　文

圣人体天，贤者法地，智者师古。是故《三略》为衰世作。《上略》设礼赏，别奸雄，著成败;《中略》差德行，审权变;《下略》陈道德，察安危，明贼贤之咎。故人主深晓《上略》，则能任贤擒敌；深晓《中略》，则能御将统众；深晓《下略》，则能明盛衰之源，审治国之纪。人臣深晓《中略》，则能全功保身。夫高鸟死，良弓藏；敌国灭，谋臣亡。亡者，非丧其身也，谓夺其威，废其权也；封之于朝，极人臣之位，以显其功；中州善国，以富其家；美色珍玩，以说其心。夫人众一合而不可卒离，威权一与而不可卒移。还师罢军，存亡之阶。故弱之以位，夺之以国，是谓

霸者之略。故霸者之作，其论驳也。存社稷罗英雄者，《中略》之势也，故
世主秘焉。

## 译 文

圣人体察天之道，贤德之人能够从地之理中取法，智慧的人能够以古
为师。所以，《三略》是为衰微世道所作的。《上略》设立礼节奖赏，提供辨
识奸雄、预示成败的方法；《中略》明晰德行，研究权术变化；《下略》陈述
道德，明察安危，讲述残害贤德之人的罪责。所以，君主通晓《上略》，就
能够选贤任能，克敌制胜；君主通晓《中略》，就能够役使将领，统领三军；
君主通晓《下略》，就能够清楚兴衰更替的根本，了解治国法度。臣子知晓
《中略》，就能够建立功业，保全身家性命。高飞的鸟死了，精良的弓就要收
起来；敌国灭亡了，谋臣就要消灭。所谓消灭，并非消灭他们的肉体，而是
削弱他们手中的权势，废掉他们手中的权力；在朝廷上给予封赏，给他们最
高的爵位，来表彰他们的功绩；赠给他们中原最为肥沃的土地，让他们家中
富足；赏给他们美女珍宝，让他们心情愉快。士兵一旦编为军队，就不能仓
促解散；兵权一旦授予，就不能立刻收回。战争结束将帅班师回朝，对君主
来说是生死存亡的关键所在。所以，要以分封官职为名削弱他们的实力，以
分封土地为名夺取他们的兵权，这就是霸者役使将领的策略。因此，霸者的
行为是复杂难懂的。保全国家，拉拢天下英雄，就是《中略》所谓的权
术变化，所以历代君主对此都秘而不宣。

# 下　略

## 题　解

下略主要讲述"人"与"政"的重要性，盛衰的根源在于是否获得民
心，国家政令法度也要依据百姓的实际情况制定。统治者要注重道德，推
崇圣贤，以礼乐教化和悦民心。

## 原 文

夫能扶天下之危者，则据天下之安；能除天下之忧者，则享天下之乐；能救天下之祸者，则获天下之福。故泽及于民，则贤人归之；泽及昆虫，则圣人归之。贤人所归，则其国强；圣人所归，则六合同。求贤以德，致圣以道。贤去，则国微；圣去，则国乖。微者，危之阶；乖者，亡之征。

## 译 文

能够挽救天下危亡的，就能获得天下的安宁；能够解除天下忧患的，就能享受天下的欢乐；能够拯救国家于灾祸之中的，就能获得天下的福泽。所以，恩泽遍及百姓身上，贤人就会归附他；恩泽遍及世间万物，圣人就会归附他。贤人归附的地方，国家就会强盛；圣人归附的地方，天下就能统一。让贤人归附要用"德"，让圣人归附要用"道"。贤人离开，国家就会衰微；圣人离开，国家就会陷入混乱。衰弱是通往危险的阶梯，不和是灭亡的先兆。

## 原 文

贤人之政，降人以体；圣人之政，降人以心。体降可以图始，心降可以保终。降体以礼，降心以乐。所谓乐者，非金石丝竹也，谓人乐其家，谓人乐其族，谓人乐其业，谓人乐其都邑，谓人乐其政令，谓人乐其道德。如此，君人者乃作乐以节之，使不失其和。故有德之君，以乐乐人；无德之君，以乐乐身。乐人者，久而长；乐身者，不久而亡。

## 译 文

贤人的政治，让人从行动上服从；圣人执政，能让人从内心服从。从行动上服从，能够和他一起谋划开创功业；从内心服从，才能善始善终。让人从行动上服从，需要依靠礼教；让人从内心顺从，需要的是乐教。所谓乐教，并不只是金、石、丝、竹等乐器，而是要让人人热爱自己的家庭，人人热爱自己的宗族，人人热爱自己的工作，人人热爱自己的城邑，人人热爱国家的政令，人人热爱社会的道德。像这样治理百姓，然后再通过推行乐教加

以调和，让社会不失和谐。所以，有德行的君主，用音乐让天下人快乐；没有德行的君主，用音乐来自娱自乐。让天下人快乐，国家才能长久安定；只顾自己快乐，就会造成国家的覆亡。

## 原 文

释近谋远者，劳而无功；释远谋近者，佚而有终。佚政多忠臣，劳政多怨民。故曰：务广地者荒，务广德者强；能有其有者安，贪人之有者残。残灭之政，累世受患；造作过制，虽成必败。

## 译 文

放下近的谋划远的，辛苦却没有功绩；放下远的谋划近的，安逸并且有所收获。让民众休养生息，国家就会出现忠臣；让百姓辛劳，民众就会抱怨憎恶君主。所以说，致力于对外扩张的国家败亡，致力于推广恩德的国家强盛；能保持自己既有的，国家就会安定；一心贪图别人所有的，国家就会毁灭。政治残酷暴虐，国家世代都要受到牵连；所作所为没有节制，即使成功了也必会失败。

## 原 文

舍己而教人者逆，正己而教人者顺。逆者乱之招，顺者治之要。

## 译 文

不先端正自己，却去教化别人，有悖于常理；自己先端正，然后再去教化别人，才顺应情理。悖于常理会招来灾祸，顺应常理是国家长治久安的关键所在。

## 原 文

道、德、仁、义、礼，五者一体也。道者，人之所蹈；德者，人之所得；仁者，人之所亲；义者，人之所宜；礼者，人之所体；不可无一焉。故夙兴夜寐，礼之制也；讨贼报仇，义之决也；恻隐之心，仁之发也；得己得人，德之路也；使人均平，不失其所，道之化也。

## 译 文

道、德、仁、义、礼，这五者是一个整体。道，是人们遵循的规律；德，是人们获得的修养；仁，是人们相互之间的亲近；义，是人们应当做的事；礼，是人们行为的规范；这五点都不可或缺。所以，晨起夜眠，要遵循礼的规范；讨伐贼人，是凭借义做的决断；心有不忍，是仁的开始；以自我涵养来教育别人，是德的途径；让人人平等，各得其所，是道的教化。

## 原 文

出君下臣，名曰命；施于竹帛，名曰令；奉而行之名，曰政。夫命失，则令不行；令不行，则政不正；政不正，则道不通；道不通，则邪臣胜；邪臣胜，则主威伤。

## 译 文

君主向下发布的指示叫"命"，写在竹帛上的叫"令"，按照命令办事叫"政"。一旦"命"有偏差，"令"就无法推行；"令"无法推行，"政"就无法得到适当施行；"政"无法适当施行，"道"就难以通行；"道"无法通行，奸邪的臣子就会气焰高涨；奸邪的臣子气焰高涨，君主的威信就会受到伤害。

## 原 文

千里迎贤，其路远；致不肖，其路近。是以明王舍近而取远，故能全功尚人，而下尽力。

## 译 文

到千里之外迎请贤德之人，路途是遥远的；招来不才之人，路途是非常近的。所以，明智的君主总是能舍弃身边的不才之人，到千里之外寻访贤德之人。因而能够保全功业，尊崇贤德之人，臣子也会尽心尽力。

**原 文**

废一善，则众善衰；赏一恶，则众恶归。善者得其祐，恶者受其诛，则国安而众善至。

**译 文**

废黜一个贤德之人，众多的贤人就会引退；奖赏一个奸恶之人，众多的恶人就会蜂拥而来。贤德之人受到护佑，奸恶之人受到惩罚，国家就会安定，贤人就会奔涌而来。

**原 文**

众疑，无定国；众惑，无治民。疑定惑还，国乃可安。

**译 文**

百姓都心生疑虑，国家就无法安定；百姓都困惑不已，社会就难以长治久安。疑虑消散，迷惑解除，国家才能安定。

**原 文**

一令逆则百令失，一恶施则百恶结。故善施于顺民，恶加于凶民，则令行而无怨。使怨治怨，是谓逆天；使仇治仇，其祸不救。治民使平，致平以清，则民得其所，而天下宁。

**译 文**

一项法令不合民意，就会让许多法令失去效用；一项坏的政令得以施行，许多恶果都会产生。所以，对顺从的民众要施行仁政，对奸恶之人要严厉惩处。这样，法令就能自上而下贯通，百姓没有怨言。用百姓怨恨的法令治理心怀怨恨的百姓，就叫作违背天道；用百姓仇恨的法令治理心存仇恨的百姓，祸患将无法挽救。统治百姓要公平，公平要凭借政治清明，这样百姓就会各安其所，天下便会安宁稳定。

## 原　文

犯上者尊，贪鄙者富，虽有圣王，不能致其治。犯上者诛，贪鄙者拘，则化行而众恶消。

## 译　文

冒犯上级的人成为尊贵的官员，贪婪鄙陋的人占有财富，即使有明智的君主，也无法将国家治理好。只有冒犯上级的人遭到诛杀，贪婪鄙陋的人被拘禁，教化才能得以施行，各种邪恶才能被消除。

## 原　文

清白之士，不可以爵禄得；节义之士，不可以威刑胁。故明君求贤，必观其所以而致焉。致清白之士，修其礼；致节义之士，修其道。而后士可致，而名可保。

## 译　文

品行高洁的人，是无法用官位和俸禄收买的；有节操的正义之士，是无法用权威和刑罚胁迫的。所以，明智的君主寻访贤德之士，必须依照他们的特点来招揽。招揽品行高洁的人，要注重礼节；招揽有节操的正义之士，要依靠道义。这样才能寻访到贤人，君主的英明才可以保全。

## 原　文

夫圣人君子，明盛衰之源，通成败之端，审治乱之机，知去就之节，虽穷，不处亡国之位；虽贫，不食乱邦之禄。潜名抱道者，时至而动，则极人臣之位；德合于己，则建殊绝之功。故其道高，而名扬于后世。

## 译　文

明智的圣人君子能够知晓兴衰的根源所在，了解成败的缘由，洞察治乱的关键所在，知道去留的分寸。再穷困也不做将亡之国的官吏，再贫苦也不领取衰微之邦的丰厚俸禄。胸怀经邦治世之道却隐姓埋名的人，等时机到来采取行动，就可以位居大臣的最高位。遇到志趣相投的君主，就能建立卓越的功勋。所以，他们道行高明的美名会扬于后世。

## 原 文

圣王之用兵，非乐之也，将以诛暴讨乱也。夫以义诛不义，若决江河而溉爝火，临不测而挤欲堕，其克必矣。所以优游恬淡而不进者，重伤人物也。夫兵者不祥之器，天道恶之；不得已而用之，是天道也。夫人之在道，若鱼之在水，得水而生，失水而死。故君子者常畏惧而不敢失道。

## 译 文

明智的君主使用兵力，并非出于喜爱战争，而是用来讨伐暴乱叛逆的。以正义征讨不义，就如同决开江河的水浇灭火把一样，如同在深渊边上推下一个摇摇欲坠的人，胜利是必然的。明智的君主安静淡泊，不轻易出兵，是因为战争带来的人员和物资消耗巨大。战争是不吉祥的东西，被天道厌恶；只有在迫不得已的情况下作战，才合乎天道。人在天道中，如同鱼游于水中，得到水就能生存，失去水就会死亡。所以，君子常常心存敬畏，不敢轻易背离天道。

## 原 文

豪杰秉职，国威乃弱；杀生在豪杰，国势乃竭。豪杰低首，国乃可久；杀生在君，国乃可安。四民①用虚，国乃无储；四民用足，国乃安乐。

## 注 释

①四民：士农工商。《汉书·食货志上》记载："士农工商，四民有业：学以居位曰士，辟土殖谷曰农，作巧成器曰工，通财鬻货曰商。"

## 译 文

专权的豪强把持朝政，君主的威信就会削弱；生杀大权握在豪强手中，国家的权势就会衰微。只有专权的豪强低头听从命令，国家才能长久存在；生杀之权掌握在君主手中，国家才能安定。士农工商穷困潦倒，国家就没有资财储备；士农工商富足，国家才能安乐。

## 原 文

贤臣内①，则邪臣外②；邪臣内，则贤臣毙。内外失宜，祸乱传世。

## 注 释

①内：亲近。
②外：疏远。

## 译 文

亲近贤臣，奸臣就会被排斥疏远；亲近奸臣，贤臣就会被害死。亲疏不得当，祸乱就会延续到后世。

## 原 文

大臣疑①主，众奸集聚。臣当君尊，上下乃昏；君当臣处，上下失序。

## 注 释

①疑：通"拟"，比拟。

## 译 文

大臣能与君主相比拟，众多的奸臣就会聚集而来。大臣享受和君主一样尊贵的地位，上下就会昏昧不明，君主沦落到臣子的地位，上下就失去了应有的尊卑秩序。

## 原 文

伤贤者，殃及三世；蔽贤①者，身受其害；嫉贤者，其名不全；进贤者，福流子孙。故君子急于进贤，而美名彰焉。

## 注 释

①蔽贤：埋没贤德之人。

## 译 文

迫害贤德之人，祸患就会波及子孙三代；埋没贤德之人，自己就会遭到戕害；妒忌贤德之人，名誉就难以保全；推荐贤德之人，恩泽会延续到子孙后代。所以，君子总是热心推荐贤德之人，因而美名远扬。

## 原 文

利一害百，民去城郭①；利一害万，国②乃思散。去一利百，人乃慕泽；去一利万，政乃不乱。

## 注 释

①城：内城。郭：外城。

②国：此处指一国之人。

## 译 文

对一个人有好处，却对百人有害，民众就会离开都城；对一个人有好处，却对万人有害，全国的人都会想要离散。除去一个人，却对百人有益，人们就会感慨思慕他的恩泽；除掉一个人，却对万人有利，政治就不会发生混乱。

# 长短经

　　《长短经》是唐朝赵蕤编撰的一部谋略之书。它以谋略为经，历史为纬，融历史学、政治学、谋略学、人才学、社会学为一体，探讨济世安邦的长短纵横之术。唐朝大诗人李白对赵蕤极为推崇，曾跟随他学习帝王学和纵横术，时称"赵蕤术数，李白文章"。

# 卷一　文　上

# 大　体

## 题　解

　　本篇主要讲识大体而弃细务这一帝王之道。作者认为，帝王治理国家，要合理任用官员，充分发挥其长处；而帝王自己，则要提高修养，真正站在管理国家的高度上，避免陷入烦琐的具体事务之中。

## 原　文

　　臣闻老子曰："以正理国，以奇用兵，以无事取天下。"荀卿<sup>①</sup>曰："人主者，以官人<sup>②</sup>为能者也；匹夫者，以自能为能者也。"傅子<sup>③</sup>曰："士大夫分职而听，诸侯之君分土而守，三公总方而议，则天子拱己<sup>④</sup>而正矣。"

　　何以明其然耶？当尧之时，舜为司徒，契为司马，禹为司空，后稷为田畴，夔为乐正，倕为工师，伯夷为秩宗，皋陶为理官，益掌驱禽。尧不能为一焉，奚以为君？而九子者为臣，其故何也？尧知九赋之事，使九子各授其事，皆胜其任以成九功。尧遂乘成功以王天下。

## 注　释

　　①荀卿：荀子，名况，时人尊号为卿。战国著名思想家，儒家学派代表人物之一，著有《荀子》。
　　②官人：任命别人官职。
　　③傅子：傅玄。西晋哲学家、文学家和思想家，著有《傅子》。
　　④拱己：垂拱，垂衣拱手，不亲理政务，意指无为而治。

## 译 文

我知道老子说过:"以正道治理国家,以奇法调兵作战,以无为夺取天下。"荀子说:"做帝王的,知人善任才算贤能;普通百姓,则以自身能干为有才能。"傅子说:"士大夫各司其职,服从命令;诸侯国的君主分到封地,牢牢守护;朝廷三公总揽天下大事并参政议政。这样,天子就可以优哉游哉地无为而治了。"

如何能证明这个道理呢? 在尧的时代,舜做司徒,契做司马,禹做司空,后稷管农业,夔管礼乐,倕管工匠,伯夷掌管祭祀,皋陶负责司法,伯益负责调驯鸟兽。这些具体的工作,尧一件也不做,怎么能做帝王呢? 而这九个人心甘情愿地做他的臣子,又怎么可能呢? 这是因为,尧懂得这九种职务各应承担什么职责,然后对这九个人量才使用,使之分担各自适合的事务,他们也就都能胜任其职并个个成就一番事业。尧于是凭借他们成就的功业而统治了天下。

## 原 文

汉高帝曰:"夫运筹策①于帏幄之中,决胜于千里之外,吾不如子房②;镇国家,抚百姓,给饷馈③,不绝粮道,吾不如萧何;连百万之军,战必胜,攻必取,吾不如韩信。三人者,皆人杰也,吾能用之,此吾所以有天下也。"

## 注 释

①筹策:本指竹码子,古时计算用具,意为筹算、谋划。

②子房:张良,秦末汉初杰出的谋士、大臣,与韩信、萧何并称为"汉初三杰"。

③饷馈:军粮或军队的俸给。

## 译 文

汉高祖说:"运筹帷幄之中,决胜千里之外,我不如张良;定国安邦,安抚百姓,供应军需,保证粮道畅通,我不如萧何;统领百万大军,战无不

胜，攻无不取，我不如韩信。这三个人，都是人中的精英，我能任用他们，这就是我夺取天下的原因所在。"

# 任 长

**题 解**

"任长"即任用别人的长处，充分发挥各种人才的优势。作为君主，在选用人才方面，一定要懂得善用其长这一道理，有时甚至可以不拘一格。如果运用得当，连贪图小利之人也能很好地发挥他的作用。

**原 文**

臣闻料才核能，治世之要。自非圣人，谁能兼兹百行，备贯众理乎？故舜合群司，随才授位；汉述功臣，三杰异称。况非此俦①，而可备责耶？

**注 释**

①俦：类。

**译 文**

我听说考察人才、衡量才能，是治理天下的关键。既然我们不是圣人，谁又能兼通各行各业，穷极各门各科的理论呢？所以，舜统管各个部门，根据各人的才能而授予不同的官职；汉高祖刘邦讲论功臣，对张良、萧何、韩信这三人的才干各有不同的封赏。何况还有种种与这些人不同的人等，怎么可以求全责备呢？

**原 文**

昔伊尹①之兴土工也，强脊者使之负土，眇②者使之推，伛③者使之涂，各有所宜，而人性齐矣。

218

## 注 释

①伊尹：商代大臣。本是汤妻陪嫁的奴隶，后受汤赏识，并助汤伐夏桀，建立商朝。

②眇（miǎo）：瞎了一只眼睛。

③伛（yǔ）：曲，意为驼背。

## 译 文

从前伊尹负责土木建设时，用脊力强健的人来背土，独眼人来推车，驼背的人来涂地，各人做其适宜做的事，从而使每个人的特点都得到充分发挥。

## 原 文

《淮南子》曰："天下之物莫凶于奚毒①，然而良医橐②而藏之，有所用也。麋之上山也，大章③不能跂④；及其下也，牧竖⑤能追之。才有修短也。胡人便于马，越人便于舟。异形殊类，易事则悖矣。"

## 注 释

①奚毒：附子，多年生草本植物，俗称僧鞋菊。叶茎有毒，根尤剧，可入药，对虚脱、水肿、霍乱等有疗效。

②橐（tuó）：袋子，这里指用袋子装。

③大章：太章，相传为禹臣，善走。

④跂：通"企"，及、赶得上。

⑤牧竖：牧童。

## 译 文

《淮南子》说："天下的物品没有比附子这种草药更毒的，但是高明的医生却把它装进药袋里收藏起来，因为它有独特的药用价值。麋鹿上山的时候，善走的太章都追不上它；等它下山的时候，牧童也能追得上。可见在不同的环境中，才能有长短之别。胡人骑马方便，越人乘船方便。虽然情形不同、种类互异，但一旦调换过来，就有违事理了。"

## 原　文

魏武诏曰："进取之士，未必能有行。有行之士，未必能进取。陈平①岂笃行，苏秦②岂守信耶？而陈平定汉业，苏秦济弱燕，任其长也。"

## 注　释

①陈平：西汉初年著名大臣，在追随刘邦之初曾被人指责有"盗嫂"等不端品行，而刘邦任用不疑，后屡立奇功。

②苏秦：字季子，东周洛阳人，主张关东六国联合抗击秦国，是与张仪齐名的纵横家代表人物。

## 译　文

魏武帝曹操下诏说："有进取心的人，未必一定有德行。有德行的人，不一定有进取心。陈平难道有忠厚品行？苏秦难道诚信守诺？然而陈平奠定了汉王朝的基业，苏秦拯救了弱小的燕国，原因就在于他们的特长都得到了充分发挥。"

# 品　目

## 题　解

人与人相比，德有高下，性有贤愚。帝王管理国家，关键在于人才的选择与任用。因此，练就一双慧眼，洞察人心，品评所面对的人才，就是帝王之要务。

## 原　文

夫天下重器①，王者大统，莫不劳聪明于品材，获安逸于任使。故孔子曰："人有五仪②，有庸人、有士人、有君子、有圣、有贤。审此五者，则治道毕矣。"

## 注 释

①重器：国家的宝器，意指治国的关键。

②仪：容貌、风度，此处引申为人的内在品性。

## 译 文

国家社稷的宝器所在，天下的一统和延续，没有比劳心费神辨别人才并量才使用更重要的了，如此才能获得安逸。所以孔子说："人可分五类，庸人、士人、君子、圣人、贤人。能详察这五类人并分别妥当运用，那么就算掌握长治久安之道了。"

## 原 文

所谓庸人者，心不存慎终之规，口不吐训格之言①；不择贤以托身，不力行以自定；见小暗大②而不知所务，从物如流而不知所执。此则庸人也。

## 注 释

①训格之言：指可以奉为行为准则的教诲之言。

②见小暗大：指小事清楚，大事糊涂。

## 译 文

所谓庸人，就是内心没有谨慎善终的信念；说话口无遮拦，没有可奉为准则的教诲之言；不选择贤德之人结交朋友来依靠；不愿努力使自己在社会上立命安身；目光短浅，不识大局，不知道自己应该干什么；沉迷于声色犬马，随波逐流而毫无主见的人。有诸如此类表现的，就是庸人。

## 原 文

所谓士人者，心有所定，计有所守。虽不能尽道术之本，必有率①也；虽不能遍百善之美，必有处也。是故智不务多，务审其所知；言不务多，务审其所谓；行不务多，务审其所由。智既知之，言既得之，行既由之，

则若性命形骸之不可易也。富贵不足以益，贫贱不足以损。此则士人也。

## 注 释

①率：有遵循之意，与后文的"处"互文。

## 译 文

所谓士人，内心有坚定的信念，做事有计划。虽不能精通大道和治人的根本，但向来都有自己坚持的主张；虽不能把各种善行做得十全十美，但必定有自己为人处世的一贯原则。因此，士人的智慧不要求有多高深，只要通彻明了他所知道的；讲话不求能言善辩，只要他所述中肯简要；他所完成的事业不一定很多，只要每做一件事都明白为什么。他的思想非常明确，言语扼要得当，做事有根有据，犹如人的性命和形体一样和谐统一，不可更改。富贵不能使其增益；贫贱不能使其受损。这就是士人的主要特点。

## 原 文

所谓君子者，言必忠信而心不忌，仁义在身而色不伐①，思虑通明而辞不专，笃行信道，自强不息，油然若将可越而终不可及者。此君子也。

## 注 释

①伐：自夸。

## 译 文

所谓君子，说话一定诚实守信，心中对人不存忌恨；身秉仁义，但从不向人夸耀；通情明理，但说话从不专横武断；行为一贯，守道不渝，自强不息；看起来超过他们很容易，然而终究不可企及。这是真正的君子。

## 原 文

所谓贤者，德不逾闲①，行中规绳，言足法于天下而不伤其身，道足化于百姓而不伤于本。富则天下无菀②财，施则天下不病贫。此则贤者也。

## 注 释

①闲：法。

②菀：积。

## 译 文

所谓贤人，品德不会逾越法度，行为完全合于规范，其言论足以被天下人奉为道德准则而不遭人诋毁，其思想足以教化百姓而不损伤道德的本体。能使人民富有，却没有私蓄的财产；引导民众乐善好施，天下人却不因此而担忧贫困。这就是贤人。

## 原 文

所谓圣者，德合天地，变通无方，穷万事之终始，协庶品①之自然，敷②其大道③而遂成④情性⑤，明并日月，化行若神，下民不知其德，睹者不识其邻⑥。此圣者也。

## 注 释

①庶品：犹众物，万物。

②敷：传布。

③大道：指圣人之道。

④遂成：养成，成就。

⑤情性：本性。

⑥邻：界限。

## 译 文

所谓圣人，自身的品德修为已与天地的自然法则融为一体，练达人事，变通无穷，洞悉万事运行发展的规律，协和万物，顺应自然，传布其思想道德，自然而然地发挥民众的和谐本性；圣明的统治可与日月同辉，教化的推行有如神助；百姓不能明白他的品德有多么崇高伟大，即使见到，也不能真正了解其德行的边界在哪里。这就是圣人。

# 量　才

## 题　解

从古至今，人才一直是国家发展的重要因素，因而深受重视。能否得到优秀的人才并合理使用他们，决定了君王功业的成败。

## 原　文

太公曰："多言多语，恶口恶舌，终日言恶，寝卧不绝，为众所憎，为人所疾①。此可使要遮闾巷②，察奸伺③祸。权数好事，夜卧早起，虽剧④不悔，此妻子之将也。先语察事，劝而与食，实长希言，财物平均，此十人之将也。忉忉⑤截截⑥，垂意⑦肃肃，不用谏言，数行刑戮⑧，刑必见血，不避亲戚，此百人之将也。讼辩好胜，嫉贼侵凌，斥人以刑，欲整一众，此千人之将也。外貌怍怍⑨，言语时出，知人饥饱，习人剧易⑩，此万人之将也。战战栗栗，日慎一日，近贤进谋，使人知节，言语不慢，忠心诚毕，此十万人之将也。温良实长，用心无两，见贤进之，行法不枉，此百万人之将也。勋勋纷纷，邻国皆闻，出入豪居，百姓所亲，诚信缓大，明于领世，能效成事，又能救败，上知天文，下知地理，四海之内，皆如妻子，此英雄之率，乃天下之主也。"

## 注　释

①疾：与前文"憎"同义，恨。

②闾巷：古时二十五家为一闾，此处泛指乡里民间。

③伺：观察，探察，侦察。

④剧：繁忙，意为操劳。

⑤忉（dāo）忉：忧思貌。

⑥截截：巧辩貌。

⑦垂意：留意。

⑧刑戮：指各种刑罚。

⑨怍怍（zuò）：惭愧貌，这里指做出谦卑的样子。

⑩剧易：轻重，难易。

## 译 文

姜太公说："平日唠唠叨叨，嘴巴不干不净，整天如此，贪睡不起，为众人所憎恶。这种人可以让他管理街区，盘查坏人，发现灾祸。喜弄权术，爱管杂事，晚睡早起，任劳任怨，这种人可以管理自己的妻子儿女。有一定先见之明，也注意搜集情报，平时做事勤勉，与下属同甘苦，忠实寡言，财物分配平均，这种人可以做十个人的小头目。整天忧心忡忡，对上恭谨严肃，能言善辩，殷勤备至，对下不听劝谏，动辄施以刑罚，刑必见血，六亲不认，这种人可做一百人的首领。说话辩论时争强好胜，仇视敌人，好欺凌别人，用明确的刑罚来整饬部众，这种人可以做一千人的统帅。外貌谦卑，说话合宜，了解部属的饥饱和甘苦，这种人可以做一万人的将领。行事谨小慎微，如履薄冰，亲近贤能之人，听取他们的计策，用人有分寸，说话不傲慢，忠心耿耿，这种人是十万人的将领。温柔敦厚，用心专一，遇到贤能的人就举荐，不徇私枉法，这种人是百万人的将领。功勋卓著，名震四海，出则仪仗盛大，入则豪宅奢华，但百姓也愿意亲近他，诚信宽厚，对治理天下很有见识，能圆满地完成任务，也能补救危亡，反败为胜，上知天文，下知地理，厚爱天下百姓如同自己的妻子儿女一般，这种人是英雄的首领，天下的主人。"

# 知 人

## 题 解

"知人"就是了解别人。对于君王而言，"知人"是选用人才最基本的条件。但"知人"之难，古今皆然。

## 原 文

臣闻主将之法，务览英雄之心。然人未易知，知人未易。汉光武，聪

听之主也，谬于庞萌；曹孟德，知人之哲也，弊<sup>①</sup>于张邈。何则？夫物类者，世之所惑乱也。故曰：狙<sup>②</sup>者类智而非智也，愚者类君子而非君子也，戆<sup>③</sup>者类勇而非勇也。亡国之主似智，亡国之臣似忠，幽<sup>④</sup>莠<sup>⑤</sup>之幼似禾，骊牛<sup>⑥</sup>之黄似虎，白骨疑象，碔砆<sup>⑦</sup>类玉。此皆似是而非也。

## 注 释

①弊：欺蒙。

②狙：狡诈。

③戆：鲁莽。

④幽：隐藏。

⑤莠：狗尾草，穗有毛，很像谷子。

⑥骊牛：黑色的牛。

⑦碔砆：美如玉的石头。

## 译 文

我听说领导将帅的原则，一定要了解手下英雄的内心世界。然而，人不容易被了解，想了解别人不容易。汉光武帝刘秀是很善于听其言知其人的皇帝，但却错误地信任了庞萌；曹操是知人善任的高手，还是让张邈蒙蔽了。这是什么原因呢？事物纷繁复杂，谁都免不了受迷乱诱惑。所以说，狡诈之人看似聪明，其实并不聪明；愚蠢之人看似正人君子，其实不是君子；鲁莽之人看似勇敢，其实并不勇敢。历史上的亡国之君貌似颇有智慧，亡国之臣往往表现得忠心耿耿，莠草的幼苗很像禾苗，黑牛长上黄色的花纹很像老虎，白骨像是象牙，色泽如玉的石头很容易与玉石混淆。这都是似是而非的事物以假乱真的情况。

## 原 文

孔子曰："凡人心险于山川，难知于天。天犹有春秋冬夏、旦暮之期，人者厚貌深情。故有貌愿而益<sup>①</sup>，有长<sup>②</sup>若不肖，有顺怀而达，有坚而缦<sup>③</sup>，有缓而钎<sup>④</sup>。"

## 注 释

①愿而益：愿，忠厚貌。益，同"溢"，骄傲自满。

②长：长者。

③缦：同"慢"，缓慢。

④钎：通"悍"，急躁。

## 译 文

孔子说："人心比山川还要险恶，了解人心比预测天气还难。天还有春秋冬夏和早晚的既定周期，可人呢，外貌淳厚，但其真实情感却深藏不露。所以，有的外貌忠厚温驯，内心却骄傲自满；有的貌有长者之风，实为卑鄙小人；有的外貌圆滑，内心却刚直豁达；有的看似坚强果断，实则疲沓散漫；有的看似泰然自若，内心却总焦躁不安。"

# 论 士

## 题 解

在古代，"士人"是一个国家的中坚力量，他们上联君臣，下系百姓，各种人才藏于其中，对于整个社会的稳定、政令的畅通有着重要意义。

## 原 文

谚曰："浴不必江海，要之去垢；马不必骐骥①，要之善走；士不必贤也，要之知道；女不必贵种，要之贞好。"何以明之？淳于髡②谓齐宣王曰："古者好马，王亦好马；古者好味，王亦好味；古者好色，王亦好色；古者好士，王独不好！"王曰："国无士耳。有则寡人亦悦之。"髡曰："古有骅骝③骐骥，今之无有，王选于众，王好马矣；古有豹象之胎，今之无有，王选于众，王好味矣；古有毛嫱、西施④，今之无有，王选于众，王好色矣；王必待尧舜禹汤之士，而后好之，则尧舜禹汤之士，亦不好王矣。"

## 注 释

①骐骥：千里马的别称。

②淳于髡：战国时齐国大夫、学者，博学而有辩才，齐威王用之为客卿。

③骅骝：赤红色的骏马，泛指骏马。

④毛嫱、西施：春秋时期越国的绝色美女。

## 译 文

俗语说："沐浴不一定要去江海，只要能洗掉污垢就行；马不一定非要骐骥这样的千里马，只要善跑就行；用人无须多么贤德，只要懂得治国用兵的道理就行；娶妻不必出身高贵，只要贞洁漂亮就行。"为什么这么说呢？淳于髡曾对齐宣王说："古代的君王喜欢马，大王也喜欢马；古代的君王喜欢美味，大王也喜欢美味；古代的君王喜欢美色，大王也喜欢美色；古代的君王喜欢有才能的士人，大王却偏不喜欢。"齐宣王说："国中没有贤士啊，如果有，我自然也会喜欢他们。"淳于髡说："古时有骅骝、骐骥这样的骏马，现在已经没有了，大王从众多的马中挑选好马，这说明大王是喜欢马的；古时有豹子、大象之胎做成的美味，现在已经没有了，大王从众多美味中挑选佳肴，这说明大王是喜欢美味的；古时有毛嫱、西施这样的美女，现在没有了，大王就从众多美女中挑选丽人，这说明大王是喜欢美色的；大王一定要坐等尧舜禹汤时的贤士出现，然后才去爱惜，那么尧舜禹汤时的贤士，也就不会喜欢大王了。"

## 原 文

《穀梁传》曰："子既生，不免乎水火，母之罪也；羁冠①成童②，不就师傅，父之罪也；就师，学问无方，心志不通，身之罪也；心志既通，而名誉不闻，友之罪也；名誉既闻，有司③不举，有司之罪也；有司举之，王者不用，王者之过也。"

## 注 释

①羁冠：古时成童发式，女曰羁，男曰冠，后泛指童年。

②成童：年龄稍大的儿童，或谓八岁以上，或谓十五岁以上，说法不一。

③有司：泛指官吏。

## 译 文

《穀梁传》说："孩子出世后，不能避免水火之害，是母亲的过错；年龄稍大一点，还不拜师学习，是父亲的过错；拜师学习后，求教不得法，心志不通，是自己的过错；心志已经开通，而名声不为人所知，是朋友的过错；名声广播四方，官吏却不予举荐，是官吏的过错；官吏举荐了，君王却不任用，是君王的过错。"

# 政 体

## 题 解

设立一种政治体制，是必要的。譬如，设立君主是为了天下的公平正义而不是满足其私欲。治国规则的设定也是必要的，其中的关键，在于确定的规则所有人都应遵循，如此才有方圆。

## 原 文

古之立帝王者，非以奉养其欲也。为天下之人，强掩弱，诈欺愚，故立天子以齐一之。谓一人之明，不能遍照海内，故立三公九卿以辅翼之。为绝国殊俗，不得被泽，故立诸侯以教诲之。

## 译 文

古代设立帝王的原因，不是为了满足他们的贪欲，而是因为天下百姓中，总有以强凌弱、以狡诈欺侮老实的，因此才拥立天子来统一管理他们。然而天子无论多么英明，也不能管到天下各地，因此才设立三公九卿等各级官吏来辅佐他。因为风俗不同的偏远之地难以得到天子的恩泽，所以分封诸侯来教化他们。

## 原 文

夫教诲之政，有自来矣。何以言之？

管子曰："措①国于不倾之地，有德也；积于不涸之仓，务五谷也；藏于不竭之府②，养桑麻、育六畜也；下令于流水之原，以顺人心也；使士于不诤之官，使人各为其所长也；明必死之路，严刑罚也；开必得之门，信庆赏也；不为不可成，量人力也；不求不可得，不强人以其所恶也；不处不可久，不偷取一世宜也。知时者，可立以为长；审于时，察于用，而能备官者，可奉以为君。"

## 注 释

①措：设置，设立。

②府：府库，指国家贮藏财物、兵甲的处所。

## 译 文

这种用教化来统治的政策是由来已久的。为什么这样说呢？

管仲说："使国家立于不被倾覆的稳固状态，是因为实行了德政。想使粮仓内的粮食积蓄取之不尽，就必须重视发展农业生产。想使府库里，财富储藏永不枯竭，就必须大力种植桑麻，饲养六畜。下达的政令想要如同从源头奔流而下的江水畅行无阻，就要顺应民心。任用官吏，必须选择那些不争权夺利的人，并且要各尽其所长。要给百姓指出犯罪必死的道路，就要严明刑罚。要向百姓敞开有功必赏的大门，就必须信守奖赏的承诺。不勉强做不可能成功的事，凡事都要量民力而行。不强求得不到的东西，不强迫人们做其所厌恶之事。不固守在不能久留的地方，就要不为一时侥幸而苟且敷衍。懂得把握时机的人，可以任命他为一地的行政长官。能审时度势，明察资财用度，并且能恰当地选官任职的人，就可以奉立他做君王。"

# 卷二 文 中

## 君 德

### 题 解

本篇就古代帝王的治国之道展开讨论。作者认为，帝王治理国家，除了须加强自身修养外，还要根据形势需要，合理运用"德""刑"两端，选任、聚集、贤能之臣。篇中选择自三皇五帝到隋朝有较大历史影响的帝王，通过比较的方式品评其优劣得失，希望后代帝王能从中得到经验和教训。

### 原 文

夫三皇①无言，化流四海，故天下无所归功。帝者体天则地，有言有令，而天下太平。君臣让功，四海化行，百姓不知其所以然。故使臣不用礼赏功，美而无害。王者制人以道，降心服志。设矩备衰，有察察②之政、兵甲之备，而无争战血刃之用，天下太平，君无疑于臣，臣无疑于主，国定主安，臣以义退，亦能美而无害。霸主制士以权，结士以信，使士以赏。信衰士疏，赏毁，士不为用。故曰：理国之本，刑与德也。二者相须而行③，相待而成④也。天以阴阳成岁，人以刑德成治，故虽圣人为政，不能偏用也。故任德多，用刑少者，五帝⑤也；刑德相半者，三王⑥也；仗刑多，任德少者，五霸⑦也；纯用刑，强而亡者，秦也。

### 注 释

①三皇：上古传说中的三位帝王，说法不一，其中一说为伏羲、女娲、神农。

②察察：清楚、洁净的样子。

③相须而行：互相依存而行动一致。

④相待而成：互相辅助以取得成功。

⑤五帝：传说中的五位帝王，说法不一，其中一说为黄帝、颛顼、帝喾、尧、舜。

⑥三王：上古传说中的三位帝王，说法不一，其中一说为夏禹、商汤、周文王。

⑦五霸：春秋时先后称霸的五个诸侯，说法有二：一为齐桓公、晋文公、秦穆公、宋襄公、楚庄王；一为齐桓公、晋文公、楚庄王、吴王阖闾、越王勾践。

## 译 文

上古时期的"三皇"虽然没有传下修身治国的言论，但他们潜移默化的仁德遍布四海，所以，天下百姓不知道该把这样的功德记在谁的名下。做帝王的人，如果能够依循天地运行的自然规律，有理论，有法规，天下就会太平无事。君臣间相互礼让已有的功绩，美好的德化无形中传遍四海，百姓深受其恩德，却不知恩德从何而来。所以，任用群臣不必实行繁杂的礼仪与赏罚制度，就能达到和美而不互相伤害的目的。做君王的要以德治人，征服天下百姓的心志。设立各种法度，防备衰败之事，造就清明政治；储存各种坚甲利兵的装备，避免流血战争、涂炭生灵，从而使天下太平。这样，君臣之间互不猜疑，国家稳定，君主安乐，大臣可以循礼义而退隐，也就能达到和美而不互相伤害的目的。王霸驾驭士人靠权势，招揽结交士人靠信用，任用士人靠奖赏。信用衰败，士人就会疏远他；奖赏制度破坏，士人就会离开他。所以说，治理国家的根本，在于刑罚与仁德。二者必须互相依存，相辅相成，才能成功。天以阴阳二气的交互变化构成一年四季，人以刑德二法的合理使用形成治国之道。所以，即便是圣人治国理政，也不可偏用其一。所以，运用仁德较多而刑罚较少的是"五帝"，刑德并重的是"三王"，刑罚较多而仁德较少的是"五霸"，只用刑罚治国，一时强盛但最终亡国的就是秦朝了。

# 臣 行

## 题 解

本篇所讨论的是历史上的臣子之道。臣子的一举一动皆关涉王朝统治，短视行为并不可取，有精神气节的人才可流芳百世。同时，通达权变也是臣子应当掌握的重要能力之一。

## 原 文

夫人臣萌牙未动，形兆未见，昭然独见存亡之机，得失之要，豫①禁乎未然之前，使主超然立乎显荣之处，如此者，圣臣也。虚心尽意，日进善道，勉主以礼义，谕主以长策，将顺②其美，匡救其恶，如此者，良臣也。夙兴夜寐，进贤不懈，数称往古之行事，以厉③主意，如此者，忠臣也。明察成败，早防而救之，塞其间，绝其源，转祸以为福，使君终已无忧，如此者，智臣也。依文奉法，任官职事，不受赠遗，食饮节俭，如此者，贞臣也。国家昏乱，所为不谀，敢犯主之严颜，面言主之过失，如此者，直臣也。是谓"六正"。

## 注 释

①豫：提前。
②将顺：顺势促成。
③厉：通"励"。

## 译 文

作为臣子，在事情萌芽未露、行迹兆头尚不明显的时候，就独具慧眼，洞察其存亡之先机、得失之关键，提前行动，防患于未然，使他的君主超然立于显贵荣耀之地，达到这种境界的，可称"圣臣"。始终谦虚谨慎，尽心竭力为君主效劳，经常进言良好的治国建议，勉励君主恪守礼仪，劝说君主

长远策划，顺势促成君主的美德善行，及时匡救君主的恶风陋习，做到这种程度的，可称"良臣"。为政勤勉，早起晚睡，终生不懈地举贤荐能，博学通识，经常引证古代明君治国的经验教训来激励君主，能做到这些的，可称"忠臣"。深谋远虑，明察成败得失的关键，事先预防，事后补救，堵塞漏洞，杜绝根源，转祸为福，使君主始终不必忧虑，能做到这样的，可称"智臣"。奉公守法，忠于职守，不受贿赂，日常清俭，能做到这样的，可称"贞臣"。当君昏国乱时，所作所为不阿谀奉承，敢犯颜直谏，当面指出君主的过错，能做到这样的，可称"直臣"。这六种类型，总称"六正"。

## 原 文

安官贪禄，不务公事，与世沉浮，左右观望，如此者，具臣①也。主所言皆曰善，主所为皆曰可，隐而求主之所好而进之，以快主之耳目，偷合苟容，与主为乐，不顾后害，如此者，谀臣也。中实险诐②，外貌小谨，巧言令色，又心疾贤，所欲进则明其美，隐其恶；欲退则彰其过，匿其美，使主赏罚不当，号令不行，如此者，奸臣也。智足以饰非，辩足以行说，内离骨肉之亲，外妒乱于朝廷，如此者，谗臣也。专权擅势，以轻为重，私门成党，以富其家，擅矫③主命，以自显贵，如此者，贼臣也。谄主以佞邪，坠主于不义，朋党比周，以蔽主明，使白黑无别，是非无闻，使主恶布于境内，闻于四邻，如此者，亡国之臣也。是谓"六邪"。

## 注 释

①具臣：备位充数之臣。具，准备。

②诐（bì）：偏颇、邪僻。

③矫：矫诏，假托假传的皇帝诏书，或者篡改皇帝的诏令。

## 译 文

安于官职，贪取俸禄，不务正事，随波逐流，缺乏主见，左右观望，见风使舵，这样的臣僚，叫"具臣"。凡君主所说的都一味加以赞美，凡君主所做的都一味加以肯定，暗中揣摩君主的嗜好而进献礼物，满足君主的声色之乐，奉承迎合苟且存活，凡事投其所好，丝毫不考虑后患，这样的臣僚，叫"谀臣"。内心阴险奸诈，外貌谨小慎微，花言巧语，极力讨好，却又嫉贤妒能，对于想推荐的人就大肆夸赞他的优点，隐瞒他的缺点，对于自己不满意的人就夸大他的过失，隐瞒他的优点，结果使君主赏罚不当，号令不能贯彻，这样的臣僚，叫"奸臣"。才智足以文过饰非，舌辩足以貌若一家学说，对内离间骨肉之亲，对外使满朝文武相互猜忌而造成混乱，这样的臣僚，叫"谗臣"。专擅国柄权谋，颠倒轻重，结党营私，壮大自己的势力，擅自矫诏，借以彰显自己的地位，这样的臣僚，叫"贼臣"。使奸邪之手段来谄媚君主，又陷君主于不义，结纳朋党，蒙蔽君主，使之不明黑白，不辨是非，还让君主的恶名传布境内，四邻皆知，这样的臣僚，叫"亡国之臣"。这六种类型，总称"六邪"。

# 卷三 文 下

## 反 经

### 题 解

人们历来认为仁义、赏罚是治国的基本纲领。然而，如果不根据实际情况恰当选用，反而会有害于国民。因此，作者特别从反面论述良好的治国方法可能带来的问题，就此撰写了《反经》这一篇。这是全书的着眼点，也是被后人称为《反经》的原因所在。

### 原 文

臣闻三代之亡，非法亡也，御法者非其人矣。故知法也者，先王之陈迹，苟非其人，道不虚行。故《尹文子》①曰："仁、义、礼、乐、名、法、刑、赏，此八者，五帝三王治世之术。"故仁者，所以博施于物，亦所以生偏私。义者，所以立节行，亦所以成华伪。礼者，所以行敬谨，亦所以生

惰慢。乐者，所以和情志，亦所以生淫放。名者，所以正尊卑，亦所以生矜篡。法者，所以齐众异，亦所以乖名分[2]。刑者，所以威不服，亦所以生凌暴。赏者，所以劝忠能，亦所以生鄙争。

## 注 释

①《尹文子》：作者是齐国人尹文，战国时代著名哲学家。

②名分：名位身份。

## 译 文

我听说夏、商、周三个朝代之所以消亡，并不是因为三代的法规制度过时了，而是因为执政的人不合适。由此可知，所谓法规制度，即前代君王遗留的经验，如果没有合适的人选，就不会真正得以贯彻实行。所以，《尹文子》说："仁、义、礼、乐、名、法、刑、赏，这八种政治措施，是五帝和三王治理国家的基本方法。"所谓仁，本来是要广泛施予恩惠，可在实行的过程中却会生出偏袒徇私的情况。所谓义，本是建立节操品行的标准，结果却流于哗众取宠、虚浮诈伪。所谓礼，本是为了让人们的言行严谨恭敬，但在实行中却会滋生惰怠和散漫。所谓乐，本来是用以调和性情的，但在实行过程中却会让人淫逸放浪。所谓名，本是为了明确划分身份贵贱高低的，但骄慢篡夺的野心也就因此而产生了。所谓法，本是为了使各行各业的人都有统一的行为准则，但在实行中却会使人背离本分。所谓刑，本来是要威慑、惩罚那些不服管束之人的，但在实行中会导致凌辱、虐待百姓的行为。所谓奖，本来是为了劝勉人忠心效力、尽展其能的，但也会导致用卑鄙手段进行的竞争。

## 原 文

《韩诗外传》曰："夫士有五反：有势尊贵，不以爱人行义理，而反以暴傲；家富厚，不以振[1]穷救不足，而反以侈靡无度；资勇悍，不以卫上攻战，而反以侵凌私斗；心智慧，不以端计教，而反以事奸饰非；貌美好，不以统朝莅人，而反以蛊女从[2]欲。"

## 注 释

①振：同"赈"，赈济。

②从：古同"纵"。

## 译 文

《韩诗外传》说："士人往往会发生五种与本意相反的情况：掌有权势、地位尊贵以后，却不能爱护百姓、推行公义、通情达理，反而变得残暴、傲慢。家境富裕以后，却不能周济贫困、扶危救难，反而变得骄奢淫逸、挥霍无度。仗着自己勇敢彪悍的资本，却不能保卫君王、驰骋沙场，反而变得欺小凌弱、勇于私斗。心中富于智慧，却不能致力于谋划治国的正事，反而使奸耍滑、颠倒是非。相貌堂堂、风度翩翩之人，却不能在朝堂树立良好形象，为人表率，反而借此引诱女色，行淫纵欲。"

## 原 文

晏子曰："臣专其君，谓之不忠；子专其父，谓之不孝；妻专其夫，谓之嫉妒。"

## 译 文

晏婴说："做臣子的，博得君主的专宠，叫作不忠；当儿子的，获得父亲的偏爱，叫作不孝；为人之妻的，独霸丈夫的感情，叫作嫉妒。"

## 原 文

子路拯溺而受牛谢①，孔子曰："鲁国必好救人于患也。"子贡赎人而不受金于府，孔子曰："鲁国不复赎人矣。"子路受而劝德，子贡让而止善。由此观之，廉有所在，而不可公行。

## 注 释

①谢：谢礼。

## 译 文

子路救了一个落水的人，而领受了一头牛的酬谢，孔子说："以后鲁国的人必定都愿意救人于危难之中了。"子贡赎回一位沦为奴仆的鲁国人，却不接受官府的奖金，孔子说："以后鲁国不会再有人自己掏钱赎人了。"子路接受了别人的谢礼，从而起到了劝勉人们行善的作用；子贡谦让，谢绝受赏，反而阻塞了人们效仿为善的路。由此看来，廉洁谦让的美德也是分场合的，并非可以不分时间、地点等具体情况而广泛推行。

# 卷八　杂　说

## 用无用

### 题 解

有用和无用是相对的。看起来无用的东西，往往有很大的用处。本篇通过自然现象和历史故事，论述了无用就是有用的道理，并对认识不到"无用"作用的人进行了批评。

### 原 文

古人有言曰："得鸟者，罗之一目。然张一目之罗，终不能得鸟矣。鸟所以能远飞者，六翮①之力也。然无众毛之助，则飞不能远矣。"以是推之，无用之为用也，大矣。故惠子②谓庄子曰："子言无用矣。"庄子曰："知无用而始可与言用矣。夫天地非不广且大也，人之所用，容足耳。然则削足而垫之至黄泉，人尚有用乎？"惠子曰："无用。"庄子曰："然则无用之为用也，亦明矣。"

昔陈平智有余而见疑，周勃③质朴，忠而见信。夫仁义不足相怀，则智者以有余见疑，而朴者以不足取信矣。汉征处士④樊英、杨厚，朝廷若待神明，至，竟无他异。李固、朱穆以为处士纯盗虚名，无益于用。然而后进希⑤之以成器，世主礼之以得众。

原其无用，亦所以为用也。而惑者忽不践之地，赊无用之功，至乃诮讪⑥远术，贱斥国华，不亦过乎？

## 注 释

①翮：禽鸟羽毛中大而硬的角质空心的羽轴。

②惠子：惠施，战国时期名家代表人物，善于辩论。

③周勃：西汉开国将领、宰相。

④处士：指有才德而隐居不仕的人。

⑤希：仰慕。

⑥诮讪：讥讽。

## 译 文

古人这样说过："捕获鸟的，只是罗网上的一个网眼，然而只张一个网眼的网，是永远捕不到鸟的。鸟所以能够飞得远，主要是靠健羽的力量，然而如果只有健羽而无其他众多羽毛的辅助，是飞不远的。"以此推论，看似无用的东西，却是有很大作用的。所以，当惠子对庄子说"你的学问都是无用的空话"时，庄子就告诉他："懂得了无用的道理，才能跟他谈论有用的道理。大地不是不广大辽阔，可是人们占用的，不过是能容下双脚的地方。然而假如把立足之外的土地挖成坑堑，直到黄泉，那人可立足的地方还有用吗？"惠子说："没用了。"庄子说："既然这样，那么无用就是有用，这个道理就很明白了。"

从前，陈平由于智谋出众，而被刘邦疑忌；周勃非常质朴，却被认为忠诚而受到信任。当仁义不足以使人们互相信任的时候，聪明人因智慧而被疑忌，朴拙的人却因笨拙而取得了信任。东汉时，征召隐士樊英、杨厚入朝做官，朝廷待他们就如神明一样。可是他们为官后，并没有什么过人之处。李固、朱穆认为这种隐士纯属欺世盗名之辈，没有实际用处。然而后生晚辈因仰慕他们的名声，从而成为大器；皇帝礼遇他们，从而招揽了众多的人才。

推究起来，无用也就是有用。不懂这个道理的人很容易忽视双足之外的无用之地，看不起无用之物的特殊作用，甚至于嘲笑这一理论是迂腐的空谈，轻视排斥国家的英才，这不是太过分了吗？

# 势 运

## 题 解

本篇论述社会环境对人的影响。人的品质和行为与社会环境有着密切关系：政治清明，小人也会奉公守法；世道混乱，君子也会行奸作恶。

## 原 文

夫天下有君子焉，有小人焉，有礼让焉。此数事者，未必其性也，未必其行也，皆势运之耳。何以言之？

《文子》曰："夫人有余则让，不足则争。让则礼义生，争则暴乱起。物多则欲省，求赡①则争止。"

《淮南子》曰："游者不能拯溺，手足有所争急也；灼者不能救火，身体有所痛也。林中不卖薪，湖上不鬻②鱼者，有所余也。"故世治则小人守正，而利不能诱也；世乱则君子为奸，而刑不能禁也。

故《庄子》曰："当尧舜而天下无穷人，非智得也；当桀纣而天下无通人，非智失也。时势适然。"

《新语》曰："近河之地湿，近山之木长者，以类相及也；四渎③东流，则百川无西行者，小象大而少从多也。"

是知世之君子，未必君子；世之小人，未必小人；世之礼让，未必礼让。夫势运者，不可不察。

## 注 释

①赡：供给人财物；富足。

②鬻（yù）：卖。

③四渎：古人称长江、黄河、淮河、济水为"四渎"。渎，河流。

## 译 文

天下有品德高尚的君子，有品德卑下的小人，也有谦让之风。但上述情况，未必出于人的本性，或出于人的品行，都是大的形势造成的。为什么这样说呢？

《文子》说："人们富余时才会退让，而不足时便会争斗。谦让就会产生礼义，争斗就会发生暴乱。财富多了欲望就减少，欲望满足了争斗就会停止下来。"

《淮南子》说："在水里游泳的人不能拯救溺水的人，因为他自己的手脚还忙不过来；在火灾中被烧伤的人不能救火，因为他自己的烧伤还疼得厉害。在树林中没有卖木柴的，在湖上没有卖鱼的，因为这些东西很充足。"所以太平盛世，道德卑下的小人也会奉公守法，财利不能诱惑他。但在世道混乱的时候，品德高尚的君子也会干坏事，刑罚也不能禁止他。

所以，《庄子》说："在尧舜的时代，天下没有不得志的人，并不是因为那时的人都聪明。在桀纣的时代，天下没有显达的人，并不是因为那时的人都愚笨。这都是时代形势造成的。"

《新语》说："靠近河边的土地总是湿润的，靠近山边的树木总是长得很高，那是同类互相影响的原因。长江、黄河、淮河、济水四条大河都是向东流入大海的，所以众多的小河也没有向西流的，这是小河仿效大河，水少的追随水多的原因。"

因此可知，世上的君子，未必本质上就是君子；世上的小人，未必本质上就是小人；世上的礼让，未必是出于真心的礼让。因而时势对人的影响，不能不认真加以考察探究。

# 三十六计

《三十六计》是一部传习久远的兵法奇书，与《孙子兵法》合称中国古代兵法谋略学的双璧。

# 第一套　胜战计

## 第一计　瞒天过海

### 题 解

这一计名字出自《永乐大典·薛仁贵征辽事略》。"瞒天过海"用在兵法上，是一种示假隐真的疑兵之计，用来作为战役伪装，以期达到出其不意的效果。

### 原 文

备周则意怠[1]，常见则不疑。阴在阳之内[2]，不在阳之对。太阳，太阴。

### 注 释

①怠：松懈。
②阴：秘密的。阳：公开的。

### 译 文

防备周全时，更容易麻痹大意；习以为常的事，就不会对其产生怀疑。秘密常潜藏在公开的事物里，并非存在于公开暴露事物的对立面。公开暴露的事物发展到极端，就形成了最隐秘的潜藏状态。

# 第二计　围魏救赵

**题 解**

这个故事出自《史记·孙子吴起列传》。"围魏救赵"，可以说是一种避实击虚的策略。水的流动规律是避开高处而流向低处，同样的道理，用兵的规律是避开敌人的坚实之处而攻击其薄弱之处。

**原 文**

共敌不如分敌①，敌阳不如敌阴②。

**注 释**

①共：集中的。分：分散，使分散。
②敌：攻打。

**译 文**

与其攻击兵力集中之强敌，不如设计分散敌方兵力，避实就虚，各个击破。攻打士气旺盛的敌人，不如攻打士气衰弱的敌人。

# 第三计　借刀杀人

**题 解**

这条计的名称出自明代戏剧《三祝记》。该剧说的是北宋时期，范仲淹的政敌密谋，让根本没有打仗经验的范仲淹领兵去征讨西夏，借兵强马壮的西夏军这把"刀"除掉范仲淹，达到他们阴险的目的。所谓"借刀杀人"，是指在对付敌人的时候，自己不动手，而利用第三者的力量去攻击敌人，以保存自己的实力。

## 原 文

敌已明，友未定<sup>①</sup>，引友杀敌，不自出力，以《损》推演。

## 注 释

①友：指军事上的盟者，即敌、我两方之外的第三者中，可以一时结盟而借力的人、集团或国家。

## 译 文

攻击的目标已经确定，而友军犹豫不定。设计诱导友军攻击敌人，保存我方实力，掌握战争的主动权。这个道理可以用《损卦》来推演。

# 第四计　以逸待劳

## 题 解

这一计出自《孙子·军争篇》："三军可夺气，将军可夺心。是故朝气锐，昼气惰，暮气归。故善用兵者，避其锐气，击其惰归，此治气者也。以治待乱，以静待哗，此治心者也。以近待远，以佚待劳，以饱待饥，此治力者也。"此计强调若想使敌方处于困境，不一定只用进攻之法，关键在于掌握主动权，伺机而动，以不变应万变，以静对动，积极调动敌人，创造战机，不让敌人调动自己，而要努力牵着敌人的鼻子走。

## 原 文

困敌之势，不以战<sup>①</sup>，损刚益柔。

## 注 释

①困敌之势：迫使敌人处于被包围的境地。

### 译 文

要使敌人处于穷困状态的战争态势，并不需要采取直接进攻的态势，可根据"损刚益柔"原理的来运用。

# 第五计　趁火打劫

### 题 解

这一计出自《西游记》，意思是趁别人家里失火一片混乱时，去抢夺人家的财物。《战国策·燕策二》中的著名寓言"鹬蚌相争，渔翁得利"，也是"趁火打劫"的形象体现。

### 原 文

敌之害大<sup>①</sup>，就势<sup>②</sup>取利，刚决柔也。

### 注 释

①害：指敌人所遭遇的困难。
②就势：趁势。

### 译 文

当敌方内部混乱时，就乘机取利，用优势力量攻击其软弱之处。

# 第六计　声东击西

### 题 解

这一计出自唐代杜佑编纂的《通典》："声言击东，其实击西。"声东击西，意思是忽东忽西，即打即离，制造假象，引诱敌人做出错误判断，然后乘机歼敌。

## 原 文

敌志乱萃，不虞①，坤下兑上②之象，利其不自主而取③之。

## 注 释

①不虞：没有预料。

②坤下兑上：《周易·萃卦》为"坤下兑上"，坤为地，兑为泽，泽水淹没大地，是洪水横流的混乱景象。

③取：夺取，消灭。

## 译 文

敌人的意志已经混乱，惊慌失措，一会儿散乱，一会儿聚集，则无法应付和抵挡预料不到的攻击，这是《周易·萃卦》"坤下兑上"之卦象，要利用敌人不能自控之机，消灭他。

# 第二套　敌战计

# 第七计　无中生有

## 题 解

这一计名出自《道德经》："天下万物生于有，有生于无。"无中生有，这个"无"，指的是"假"，是"虚"；这个"有"，指的是"真"，是"实"。无中生有，就是真真假假，虚虚实实，真中有假，假中有真。虚实互变，这样就可以扰乱敌人，使敌方判断失误。

## 原 文

诳也①，非诳也，实其所诳也。少阴，太阴，太阳②。

## 注 释

①诳：欺骗，假的。

②少阴：意思是虚实之间，有部分隐蔽。太阴：意思是非常隐蔽。太阳：意思是非常公开。

## 译 文

假象，未必就是假的，其实那是利用假象掩盖真实的军事行动。虚实莫测的军事行为掩盖着隐秘的军事意图，隐秘的军事行动悄悄进行着，为的是麻痹敌人，然后采取出其不意的行动，取得胜利。

# 第八计　暗度陈仓

## 题 解

"明修栈道，暗度陈仓"是楚汉相争时韩信运用过的一个计谋，是古代战争史上著名的成功战例。暗度陈仓，意思是采取正面佯攻，当敌军被我方牵制而集结固守时，我军悄悄派出一支部队迂回到敌后，乘虚而入，进行决定性的突袭。此计与"声东击西"计有相似之处，都有迷惑敌人、隐蔽进攻的意思。

## 原 文

示之以动，利其静而有主①，益动而巽②。

## 注 释

①主：主见，主张。

②益动：适时而动。益，指《周易·益卦》。巽：指风。

## 译 文

故意采取佯攻行动，利用敌人已决定固守的时机，暗地里迂回到敌后进行偷袭，乘虚而入，出奇制胜。

# 第九计　隔岸观火

## 题 解

　　隔岸观火，比喻在别人出现危难时，袖手旁观，从中得到好处。《孙子兵法·火攻篇》中孙子提出"慎动"之理，与"隔岸观火"之意比较吻合。在《火攻篇》后段，孙子强调，战争是利益的争夺，如果打了胜仗而无实际利益，这是没有用的。"非利不动，非得（指取胜）不用，非危不战。主不可以怒而兴师，将不可以愠而致战。合于利而动，不合于利而止。"所以说，一定要慎用兵，戒轻战，战必以利为目的。

## 原 文

　　阳乖①序乱，阴以待逆②。暴戾恣睢③，其势自毙。顺以动豫④，豫顺以动。

## 注 释

　　①乖：违背，不协调。

　　②逆：叛逆。

　　③戾：凶暴，猛烈。睢：任意作为。

　　④豫：指《周易·豫卦》。

## 译 文

　　敌方内部分裂，秩序混乱，我方静观其变；敌人穷凶极恶，自相仇杀，势必自取灭亡。敌势进一步恶化，我方不失时机，顺势出击，取得胜利。因此，我方要依据敌情特点进行策划，还要顺应敌情变化见机行事。

# 第十计　笑里藏刀

## 题　解

这一计出自《旧唐书·李义府传》："义府貌状温恭，与人语必嬉怡微笑，而褊忌阴贼。既处权要，欲人附己，微忤意者，辄加倾陷。故时人言义府笑中有刀。"古代兵法早就提醒过：切不可轻信对方的甜言蜜语，要谨防他们暗中隐藏的杀机。

## 原　文

信而安①之，阴以图②之。备而后动③，勿使有变。刚中柔外也。

## 注　释

①信：使敌人相信。安：使敌人安定。

②图：图谋，谋取。

③动：意思是伺机而动。

## 译　文

外示友好，麻痹敌方；内藏机谋，暗伏杀机。为了确保战争胜利，我方必须做好战前的充分准备，伺机击敌而不为敌人所察觉。这是刚藏于中而柔表其外的计策。

# 第十一计　李代桃僵

## 题　解

这一计出自《乐府诗集·鸡鸣篇》："桃生露井上，李树生桃旁。虫来啮桃根，李树代桃僵。树木身相代，兄弟还相忘。"本意是指兄弟要像桃李共患难一样相互帮助，相互友爱。此计用在军事战争上，指在敌我双方势均力敌，或者敌优我劣的情况下，用小代价换取大胜利的策略。

**原 文**

势必有损，损阴以益阳<sup>①</sup>。

**注 释**

①损阴以益阳：阴，指某些细微的、局部的事物。阳，指整体性的、全局性的事物。这句话的意思是在军事谋略上，如果暂时要以某种损失、失利为代价才能最终取胜，指挥者应当机立断，做出某些局部或暂时的牺牲，去保全或者争取全局的整体性的胜利。

**译 文**

当局势发展有所损失的时候，要勇于舍弃局部损失，以换取全局优势。

# 第十二计　顺手牵羊

**题 解**

顺手牵羊是看准敌方出现的漏洞，抓住薄弱点，乘虚而入获取胜利的谋略。古人云："善战者，见利不失，遇时不疑。"意思是要捕捉战机，乘隙争利。顺手牵羊可以说是人类贪婪本性最自然的流露。实施此计，在于一个"顺手"，即来去顺路，取之顺手，赢之顺时，得之顺便。如果强行取利，就会劳而无功，甚至会影响大局。

**原 文**

微隙<sup>①</sup>在所必乘，微利在所必得。少阴<sup>②</sup>，少阳<sup>③</sup>。

**注 释**

①微隙：微小的空隙，指敌方的某些漏洞。

②少阴：指敌方小的疏漏。

③少阳：指我方小的得利。

## 译 文

微小的漏洞必须利用，微小的利益也必须获得。把敌人小的疏忽，变为我方小的胜利。

# 第三套　攻战计

## 第十三计　打草惊蛇

### 题 解

这一计载于宋代郑文宝《南唐近事》一书。王鲁为当涂县令，搜刮民财，贪污受贿。有一次，县民控告主簿贪赃。他见到状子，十分惊骇，情不自禁地在状子上批了八个字："汝虽打草，吾已惊蛇。"兵法早已告诫指挥者，对待隐蔽之敌，一定不能麻痹大意，让敌人发现我方意图，稍有不慎，就会被埋伏之敌所歼。

### 原 文

疑以叩①实，察而后动。复者，阴之媒②也。

### 注 释

①叩：查询，调查。
②媒：方法，手段。

### 译 文

发现了疑点，就应该去调查清楚，把情况调查清楚后再行动。反复调查那些疑点，才是发现隐藏阴谋的手段。

# 第十四计　借尸还魂

**题 解**

借尸还魂，原意是说已经死亡的东西，又借助某种形式得以复活；用在军事上，是指利用、支配那些没有作为的势力来达到我方目的的策略。历史上，在改朝换代的时候，某些政治势力喜欢推出亡国之君的后代，打着他们的旗号，来号召天下。

**原 文**

有用者①，不可借②；不能用者③，求借。借不能用者而用之，匪我求童蒙④，童蒙求我。

**注 释**

①有用者：才智高于我者。

②借：借助，使用。

③不能用者：愚庸而顺从者。

④匪：非。童蒙：不懂事的孩子，愚者。

**译 文**

才智高于我的人，不为我所用；愚庸而顺从的人，可用。拿愚庸而顺从的人来使用，不是我求助于愚者，而是愚者求助于我。

# 第十五计　调虎离山

**题 解**

调虎离山，用在军事上，是一种调动敌人的谋略。它的核心在一个

"调"字。如果敌方占据有利地势，并且兵力众多，防范严密，此时，我方不可硬攻，正确的方法是设计诱敌，把敌人引出坚固的据点，或者把敌人诱入对我军有利的地区，这样做才能取胜。

## 原 文

待天①以困之，用人以诱之②，往蹇③来连。

## 注 释

①天：指自然的各种条件或情况。

②用人以诱之：用人为的假象去诱惑敌人。

③蹇：指《周易·蹇卦》。

## 译 文

等待天时对敌方不利时再去围困他，用人为的假象去诱骗他。如果往前有危险，就诱使敌方过来。

# 第十六计　欲擒故纵

## 题 解

《道德经》说："将欲歙之，必固张之；将欲弱之，必固强之；将欲废之，必固兴之；将欲夺之，必固与之。"欲擒故纵中的"擒"和"纵"，是一对矛盾。在军事上，"擒"是目的，"纵"是方法。古人有"穷寇莫追"的说法。实际上，不是不追，而是看怎样去追。把敌人逼急了，他们只得集中全力，拼命反扑，不如暂时放松一步，使敌人丧失警惕，斗志松懈，然后再伺机而动，歼灭敌人。

## 原 文

逼①则反兵，走②则减势。紧随勿迫，累其气力，消其斗志，散而后擒，兵不血刃③。需④，有孚，光。

## 注 释

①逼：逼迫。

②走：逃跑。

③血刃：血染刀刃。

④需：指《周易·需卦》。

## 译 文

逼敌太紧就会遭到反击，纵敌逃跑便可削其气势。紧随其后而勿逼，借此消耗敌人的体力，瓦解敌人的斗志，待其军心溃散，我方乘势出击，以最小的代价消灭他。要善于隐忍，等待，要有信心，坚持不懈，这样才能取得胜利。

# 第十七计　抛砖引玉

## 题 解

这一计出自宋代释道厚的《景德传灯录》。相传唐代诗人常建听说赵嘏要去游览苏州的灵岩寺，为了请赵嘏作诗，常建先在庙壁上题写了前两句，赵嘏见到后立刻提笔续写，而且比前两句写得好。后来文人称常建的这种做法为"抛砖引玉"。此计用于战争，是指用相类似的事物去迷惑、诱骗敌人，使其上当，然后乘机击败敌人的谋略。

## 原 文

类①以诱之，击蒙②也。

## 注 释

①类：类同，类似。

②蒙：指《周易·蒙卦》。

## 译 文

用类似的方法引诱敌人，从而打击被蒙骗的敌人。

## 第十八计　擒贼擒王

### 题 解

这一计出自唐朝诗人杜甫《前出塞》诗："挽弓须挽强，用箭当用长。射人先射马，擒贼先擒王。"此计用在战争上，是指打垮敌军主力，擒拿敌军首领，使敌军彻底瓦解的计谋。擒贼擒王，就是捕杀敌军首领或者摧毁敌人的首脑机关，使敌方陷于混乱，从而彻底击溃。

### 原 文

摧其坚，夺其魁①，以解其体。龙战于野，其道穷也。

### 注 释

①魁：指敌方首领。

### 译 文

摧毁敌人的主力，抓住敌军的首领，就能够瓦解敌军的整个力量。这好比强龙离开大海到陆地上作战，只会使其陷入绝境。

## 第四套　混战计

## 第十九计　釜底抽薪

### 题 解

这一计出自北齐魏收《为侯景叛移梁朝文》："抽薪止沸，剪草除根。"

古人还说："故以汤止沸，沸乃不止，诚知其本，则去火而已矣。"此计用于战争，是指对强敌不可正面作战，而应该避其锋芒，削弱敌人的气势，再乘机取胜的计谋。釜底抽薪的关键是要抓住主要矛盾，很多时候，影响战争全局的关键点，恰恰是敌人的弱点。

## 原 文

不敌其力，而消其势①，兑下乾上②之象。

## 注 释

①消：消除，瓦解。势：势力，气势。

②兑下乾上：指《周易·履卦》。其中有"柔履刚也"的说法，就是以柔克刚。

## 译 文

力量上不能战胜敌人，可以瓦解他的气势，这就是《周易》"兑下乾上"的《履卦》所说的以柔克刚的办法。

# 第二十计　浑水摸鱼

## 题 解

浑水摸鱼，原意是在浑浊的水中，鱼晕头转向，这时乘机摸鱼，可以得到意外的收获。此计用于战争，是指当敌人混乱无主时，乘机夺取胜利的谋略。

## 原 文

乘其阴乱，利其弱而无主①。随②，以向晦入宴息③。

## 注 释

①主：主意、主见，安邦定国之策。

②随：卦名，顺从、顺应。

③向晦：傍晚，天将黑。宴息：休息。

## 译 文

趁着敌人内部混乱，利用他弱小而没有主见这一有利条件，使他顺从我，就像人顺着天时吃饭、休息一样。

# 第二十一计　金蝉脱壳

## 题 解

金蝉脱壳的本意是寒蝉在蜕变时，本体脱离皮壳而走，只留下蝉蜕挂在枝头。此计用于战争，是指通过伪装摆脱敌人，以便撤退或转移。认真分析形势，准确做出判断，摆脱敌人，转移部队。这不是消极逃跑，一走了之，而是一种分身术，巧妙地制造假象，但暗中调集精锐部队去袭击别处的敌人，从而取得战争的胜利。

## 原 文

存其形①，完其势；友不疑，敌不动②。巽而止蛊③。

## 注 释

①存其形：保存阵地已有的战斗形貌。

②敌不动：意思是稳住敌人。

③蛊：指《周易·蛊卦》。

## 译 文

为了有效地掩护我方正在进行的军事转移，必须保存我方原有的阵地形状、完备的战斗势态，使友军不怀疑，敌军不敢妄动。我方秘密转移主力，打击别处的敌人。

# 第二十二计　关门捉贼

## 题　解

　　关门捉贼，是指对势力弱小的敌军要采取四面包围、聚而歼之的谋略。如果门关不紧，让敌人脱逃，千万不可轻易追赶，防止中了敌人的诱兵之计。对弱敌必须围而歼之，如果不能围歼，暂时放他们逃走也未尝不可，千万不可轻易追击。

## 原　文

　　小敌困①之。剥②，不利有攸往。

## 注　释

　　①困：围困。
　　②剥：指《周易·剥卦》。

## 译　文

　　对小股敌人，要即时围困消灭。对付垂死挣扎的敌人，如果放纵让他们逃去而又穷追猛赶，对我方将会很不利。

# 第二十三计　远交近攻

## 题　解

　　这一计出自《战国策·秦策》："范雎曰：'王不如远交而近攻，得寸，则王之寸；得尺，亦王之尺也。'"远交近攻的谋略，实际上是将大棒和橄榄枝配合运用。对邻国则挥舞大棒，把它消灭。如果和邻国结交，恐怕变乱会在近处发生。

## 原 文

形禁势格①，利从近取，害以远隔。上火下泽②。

## 注 释

①格：限制，阻碍。

②上火下泽：语出《周易·睽卦》。

## 译 文

受到地形、地势的限制和阻隔，先攻打离我们近的敌人是有利可得的，而隔着近处的敌人去攻打远处的敌人是有害的。采取不同的做法，使敌人相互猜疑、背离。

# 第二十四计　假道伐虢

## 题 解

这一计出自《左传·僖公二年》："晋荀息请以屈产之乘与垂棘之璧，假道于虞以伐虢。"此计的关键在于"假道"。善于寻找"假道"的借口，善于隐蔽"假道"的真正意图，突出奇兵，就可以取胜。

## 原 文

两大之间①，敌胁以从，我假②以势。困③，有言不信。

## 注 释

①两大之间：指处在两个大国之间。

②假：借。

③困：指《周易·困卦》。

## 译 文

处在敌我两个大国之间的小国，倘若受到敌方的武力威胁，我方必须立即出兵援助，显示我方实力。小国有难，我方救援，这样能取得小国的信任。

# 第五套　并战计

## 第二十五计　偷梁换柱

### 题　解

　　偷梁换柱，指用偷换的办法，暗中改换事物的本质和内容，以达到蒙骗的目的。此计用在战争上，指对敌作战时，反复变动行军路线，借以调换敌方的兵力，等有机可乘之时，一举控制敌方军队，取得胜利。

### 原　文

　　频更其阵，抽其劲旅，待其自败，而后乘之。曳其轮①也。

### 注　释

　　①曳其轮也：语出《周易·既济卦》。

### 译　文

　　采取措施，使敌军反复变动行军路线，把他们的兵力调开，等待他们自己败阵，然后乘机进攻。《周易·既济卦》说："先拖住敌人的车轮，使车子不能运行。"

## 第二十六计　指桑骂槐

### 题　解

　　指桑骂槐，用于军事上，是指运用外交谋略，"指桑"而"骂槐"，施加压力配合军事行动，以取得胜利。春秋时期，齐相管仲先攻下遂国，鲁国畏惧，立即向齐国求和，于是齐国和鲁国联盟。宋国见齐鲁联盟，也只得认输求和。齐相管仲征服鲁国和宋国，就是运用此计。

## 原 文

大凌①小者，警以诱之。刚中而应，行险而顺②。

## 注 释

①凌：欺凌，欺侮。

②刚中而应，行险而顺：语出《周易·师卦》。

## 译 文

强大的势力想要控制弱小的势力，应该以警告的方式去诱导他。刚强而不偏激，能得到人们的信服。冒险行事，果断而又勇敢，也能使人们顺从。

# 第二十七计　假痴不癫

## 题 解

假痴不癫，意思是说表面上装糊涂，实际内心很清楚，假装不行动，实际上是在暗中策划，等待有利时机。在军事上，此计不但是麻痹敌人、伺机破敌的一种策略，还可作为"愚兵"之计来治军。如宋代狄青在征伐侬智高时，以两面钱来装神弄鬼，让士兵误以为有神相助，于是士气大振，最终取得战争的胜利。

## 原 文

宁伪作不知不为，不伪作假知妄为。静不露机，云雷屯也①。

## 注 释

①静不露机，云雷屯也：语出《周易·屯卦》。

## 译 文

宁愿假装什么都不知道而不采取行动，也不要假装什么都知道而轻举妄动。就像是云压住了雷一样，静待时机，不露机巧。

# 第二十八计　上屋抽梯

## 题 解

上屋抽梯用于军事上，是指用小的利益引诱敌人上当，然后截断敌人援兵，将敌方围住全部歼灭。因为敌人不是那么容易上当的，所以应该先给敌人安放好"梯子"，也就是故意给些小利益，让敌方上当。等敌人"上屋"，也就是进入已布好的"口袋"中，即可拆掉"梯子"，而后围歼敌人。

## 原 文

假之以便，唆之使前，断其援应[1]，陷之死地。遇毒，位不当也[2]。

## 注 释

①断其援应：切断敌方的后援和接应。
②遇毒，位不当也：语出《周易·噬嗑卦》。

## 译 文

故意露出破绽，诱敌深入，断其后援，陷敌于绝地。敌人贪功冒进，举措失当，身陷绝境，自取灭亡。

# 第二十九计　树上开花

## 题 解

　　树上开花，是指树上本来没有开花，但可以将假花粘在树上，做得和真花一样，让人真假难辨。用假花冒充真花，可以取得乱真的效果。因为战场上情况复杂，瞬息万变，指挥官很容易被假象所惑，所以，善于布置假情况，巧布迷魂阵，虚张声势，可以慑服甚至击败敌人。

## 原 文

　　借局①布势，力小势大。鸿渐于陆，其羽可用为仪也②。

## 注 释

　　①借局：借助某种局面。
　　②鸿渐于陆，其羽可用为仪也：语出《周易·渐卦》。

## 译 文

　　借某种局面布成有利阵势，兵力弱小的看起来阵容也显得强大。《周易·渐卦》说：鸿雁飞到高山上，是因为借助了羽毛的力量。

# 第三十计　反客为主

## 题 解

　　反客为主，是指在战争中要努力变被动为主动，抓住有利时机，掌握有利的局势，兼并或者控制友军。古人使用本计，往往是借援助友军的机会，自己先站稳脚跟，然后步步为营，想方设法取而代之。在战场上，主客之势常常发生变化，有的变客为主，有的变主为客。关键在于要变被动为主动，争取掌握主动权。

**原 文**

乘隙插足①，扼其主机，渐之进也②。

**注 释**

①乘隙插足：看准时机插足进去。
②渐之进也：语出《周易·渐卦》，循序渐进。

**译 文**

敌方细小的疏漏，我们也要乘机插足进去，进而控制它最关键的地方，循序渐进达到目标。

# 第六套　败战计

# 第三十一计　美人计

**题 解**

这一计出自《六韬·文伐》："养其乱臣以迷之，进美女淫声以惑之。"意思是说，对于用军事行动难以征服的敌方，要从思想意志上打败敌方的将帅，诱惑敌方首领，使敌方从内部丧失战斗力，然后再去攻打，这样就能取得胜利。

**原 文**

兵强者，攻其将；将智者，伐其情①。将弱兵颓，其势自萎。利用御寇，顺相保也②。

## 注 释

①将智者，伐其情：对明智的将领，就打击他的情绪。

②利用御寇，顺相保也：语出《周易·渐卦》，意思是利用这种方法抵御敌人，可以顺利保卫自己。

## 译 文

兵力强大的，就要攻打其将帅；将帅明智的，就要打击将帅的情绪。将帅斗志衰弱、部队士气消沉，敌军的气势必定萎缩。利用这种方法抵御敌人，可以顺利地保护自己。

# 第三十二计　空城计

## 题 解

空城计，是一种心理战术，是在敌众我寡的情况下，缺乏兵备而故意示敌方以不设兵备，造成敌方错觉，从而惊退敌军，后泛指掩饰自己力量空虚、迷惑对方的策略。在战争中运用此计可产生奇妙的功效。

## 原 文

虚者虚之，疑中生疑①。刚柔之际②，奇而复奇。

## 注 释

①虚者虚之，疑中生疑：空虚的就让它空虚，使敌军在疑惑中更加疑惑。

②刚柔之际：语出《周易·解卦》。

## 译 文

空虚的让它空虚，使敌军在疑惑中更疑惑。刚和柔结合在一起，可以产生出神奇而又奇妙的效果。

# 第三十三计　反间计

## 题　解

　　反间计，是说在疑阵中再布疑阵，使敌军内部自生矛盾，我方就可万无一失，即巧妙地利用敌人的间谍反过来为我所用。在战争中，双方使用间谍是十分常见的。《孙子兵法》有《用间篇》，详细阐述了间谍的作用。

## 原　文

　　疑中之疑[①]。比之自内，不自失也。[②]

## 注　释

　　①疑：疑阵。
　　②比之自内，不自失也：语出《周易·比卦》。

## 译　文

　　于疑阵中再布疑阵。利用敌之间谍行我方反间之计，这样取得胜利，于我无损。

# 第三十四计　苦肉计

## 题　解

　　用苦肉计，是假装自己去做敌人的间谍，而实际上是到敌方从事间谍活动。派遣同己方有仇恨的人去迷惑敌人，不管是做内应也好，还是协同作战也好，都属于苦肉计。这一计是一种特殊的离间计。运用此计，"自害"是真，"他害"是假，以真乱假，己方要造成内部矛盾激化的假象，再派人装作受到迫害，借机钻到敌人心脏中去进行间谍活动，诱使敌方上当，从而取得战争的胜利。

## 原 文

人不自害，受害必真。假真真假，间以得行①。童蒙之吉，顺以巽也②。

## 注 释

①间以得行：离间计就可以实行。

②童蒙之吉，顺以巽也：语出《周易·蒙卦》。幼稚蒙昧的人之所以吉利，是因为他顺从。

## 译 文

人不会自己伤害自己，受伤害必然是真的；真的变假，假的变真，离间计就可以实行了。《周易·蒙卦》说：要像欺骗幼童那样去迷惑敌人，顺着他的活动就能达到自己的目的。

# 第三十五计　连环计

## 题 解

连环计，是指一计累敌，一计攻敌，两计扣用。"大凡用计者，非一计之可孤行，必有数计以勷之也。……故善用兵者，行计务实施。运巧必防损，立谋虑中变。"这说明用计重在有效果，一计不成，又出多计，在情况变化时，要相应再出计，这样才能使敌方防不胜防。

## 原 文

将多兵众，不可以敌，使其自累①，以杀②其势。在师中吉，承天宠也。③

## 注 释

①累：羁绊，牵制。

②杀：削弱，减少。

③在师中吉，承天宠也：语出《周易·师卦》。

**译 文**

　　敌方兵力强大，不能硬打，应当运用谋略，使他们自相牵制，借以削弱他们的力量。主帅若能在军中运用好此计，可获得胜利，因为有上天的宠爱。

# 第三十六计　走为上

**题 解**

　　这一计出自《南齐书·王敬则传》："檀公三十六策，走是上计。"走为上，运用在军事上，是指在敌我双方力量悬殊，己方处于下风时，有计划地主动撤退，暂时避开强敌，等待机会，以退为进，为以后的作战保存实力。

**原 文**

　　全师避敌①。左次无咎，未失常也②。

**注 释**

　　①全师避敌：全军撤退，避开强敌。
　　②左次无咎，未失常也：语出《周易·师卦》。

**译 文**

　　全军撤退，避开强敌，采取避敌的策略，这种做法并没有错，也不违背用兵的常规。

# 智 囊

《智囊》共分上智、明智、察智、胆智、术智、捷智、语智、兵智、闺智、杂智十部，讲述了从先秦到明代的一千多则智慧故事，是一部反映古人运用智术计谋排忧解难、克敌制胜的奇书。

# 见大卷一

**原　文**

一操一纵，度越意表。寻常所惊，豪杰所了。集《见大》。

**译　文**

一操一纵，往往在预料之外，这是平凡的人最害怕碰上，豪杰之士却最能拿捏分寸的地方。集此为《见大》卷。

# 太公　孔子

**原　文**

太公望封于齐。齐有华士者，义不臣天子，不友诸侯，人称其贤。太公使人召之三，不至，命诛之。周公曰："此人齐之高士，奈何诛之？"太公曰："夫不臣天子，不友诸侯，望犹得臣而友之乎？望不得臣而友之，是弃民也；召之三不至，是逆民也。而旌之以为教首，使一国效之，望谁与为君乎？"

评：齐所以无惰民，所以终不为弱国。韩非《五蠹》之论本此。

少正卯与孔子同时。孔子之门人三盈三虚。孔子为大司寇，戮之于两观之下。子贡进曰："夫少正卯，鲁之闻人。夫子诛之，得无失乎？"孔子曰："人有恶者五，而盗窃不与焉；一曰心达而险，二曰行僻而坚，三曰言伪而辩，四曰记丑而博，五曰顺非而泽。此五者，有一于此，则不免于君子之诛。而少正卯兼之，此小人之桀雄也，不可以不诛也。"

评：小人无过人之才，则不足以乱国。然使小人有才，而肯受君子之驾驭，则又未尝无济于国，而君子亦必不概摈之矣。少正卯能煽惑孔门之弟子，直欲掩孔子而上之，可与同朝共事乎？孔子下狠手，不但为一时辩言乱政故，盖为后世以学术杀人者立防。

华士虚名而无用，少正卯似有大用，而实不可用。壬人金士，凡明主能诛之；闻人高士，非大圣人不知其当诛也。唐萧瑶好奉佛，太宗令出家。玄宗开元六年，河南参军郑铣阳、丞郭仙舟投匦献诗。敕曰："观其文理，乃崇道教，于时用不切事情。宜各从所好，罢官度为道士。"此等作用，亦与圣人暗合。如使佞佛者尽令出家，谄道者即为道士，则士大夫攻乎异端者息矣。

## 译 文

太公望被周武王封在齐这个地方。齐国有个叫华士的人，他的做人原则是不臣服于天子，不结交诸侯，人们都称赞他很贤明。太公望派人请他三次他都不肯到，太公望就命人杀了他。周公问太公望："他是齐国的一位高士，怎么杀了他呢？"太公望说："不臣服天子、不结交诸侯的人，我太公望还能使他臣服、与之结交吗？凡国君无法使之臣服、不得结交的人，就是上天要遗弃的人。召他三次而不来，则是叛逆之民。如果表扬他，使他成为全国民众效法的对象，那么我还能做谁的君主呢？"

评：齐国从此没有懒惰的人，因此始终没有沦为弱国。韩非《五蠹》的学说就是以此为本。

少正卯是和孔子同时代的名人，孔子的学生曾被少正卯蛊惑，数度离开学堂，使孔子的学堂由满座成为空虚。孔子做大司寇的时候，就下令在宫门外杀了少正卯。子贡向孔子进言道："少正卯是鲁国的名人，老师您杀了他，会不会不恰当啊？"孔子说："人有五种罪恶，比盗窃还要可恶；第一种是心思通达而阴险，第二种是行为乖僻而固执不改，第三种是言辞虚伪而能动人心，第四种是记取怪异而广博，第五种是顺应别人的过失并加以润饰。一般人只要有其中一种罪恶，就会被君子诛杀。而少正卯是五种罪恶都有，是小人中的小人，不能不杀。"

评：小人没有过人的才能，就不能祸乱国家。假使有才能的小人能接受君子的指引，未尝对国家没有好处，而君子也不应一概摒弃他们。可是少正卯煽动迷惑孔子的弟子，几乎要压过孔子，孔子还能和他同朝共事吗？孔子狠心下手，不只是为了阻止当时以口才雄辩扰乱政局的状况，也为后世以学术原因杀

人树立了榜样。

　　夸夸其谈的人徒具虚名而无实用，少正卯好像很有用，实际上不可用。徒有口才而心术不正的小人，贤明的君主就应该杀了他。名人隐士，只有大圣人才能认识到其该杀的理由。唐朝萧瑶痴迷于拜佛，太宗命令他出家。玄宗开元六年，河南参军郑铣阳、丞郭仙舟献诗陈情，玄宗下诏："看诗中的意思是在推崇道教。这种思想不切合时代的要求，当依其个人的喜好，免去官职做道士吧！"这种做法和圣人的行事正相吻合。假使痴迷佛、道的人都让他们出家做和尚、道士，那么士大夫以邪说异端攻击正道的事情就可以平息了。

# 范文正

## 原　文

　　范文正公用士，多取气节而略细故，如孙威敏、滕达道，皆所素重。其为帅日，辟置僚幕客，多取谪籍未牵复人。或疑之，公曰："人有才能而无过，朝廷自应用之。若其实有可用之材，不幸陷于吏议，不因事起之，遂为废人矣。"故公所举多得士。

　　评：天下无废人，所以朝廷无废事，非大识见人不及此。

## 译　文

　　范文正公（范仲淹）任用士人，一向注重气节才干，而不拘泥于小过失，如孙威敏、滕达道等人都曾被他看重。在他为帅的时候，其府中所用的幕僚，多是一些被贬官而尚未平反复职的人。有人觉得很奇怪，范文正公说："有才能而无过失的人，朝廷自然会任用他们。如果他确实有可用的才能，不幸身陷处分官吏的拟议之中，如果不乘机起用他们，他们就要变成真正的废人了。"因此范文正公麾下拥有很多有才能的人。

　　评：如果天下没有被废弃的人才，朝廷就不会有荒废的职事。不是非常有见识的人，是无法做到这一点的。

# 萧何　任氏

## 原　文

沛公至咸阳，诸将皆争走金帛财物之府分之，何独先入收秦丞相、御史律令图书藏之。沛公具知天下厄塞户口多少强弱处、民所疾苦者，以何得秦图书也。

宣曲任氏，其先为督道仓吏。秦之败也，豪杰争取金玉，任氏独窖仓粟。楚汉相距荥阳，民不得耕种，米石至万，而豪杰金玉尽归任氏。

评：二人之智无大小，易地则皆然也。又蜀卓氏，其先赵人，用铁冶富。秦破赵，迁卓氏之蜀，夫妻推辇行。诸迁虏少用余财，争与吏求近处，处葭萌。唯卓氏曰："此地陋薄。吾闻岷山之下沃野，下有蹲鸱，至死不饥，民工作布，易贾。"乃求远迁。致之临邛，即铁山鼓铸，运筹贸易，富至敌国。其识亦有过人者。

## 译　文

汉高祖刘邦攻下咸阳城后，很多将领都争先恐后地去府库中劫掠金银财宝，只有萧何先去收集秦朝丞相、御史留下的律令图画，妥善保存。刘邦能详知天下要塞之地户口的多少、势力的强弱、人民的疾苦，都是因为萧何收集的秦朝律令图画。

陕西宣曲任氏的祖先是看管仓库的官吏。秦朝兵败以后，一般的豪杰之士都争相夺取金银宝物，只有任氏一家储存粮食。后来楚汉长期对峙于荥阳，人民无法耕种，米价涨到一万钱一石，于是很多豪杰之士手中的金银财宝都变成任氏的了。

评：萧何与任氏两人的才智不分高下，如果易地而处，结果也是一样。又比如四川卓氏，祖先是赵国人，以炼铁致富。秦灭赵以后，要将卓氏迁到四川去，夫妻俩推着车子一路行去。所有被迫迁徙的家族，几乎都争相用本已极少的财物贿赂官吏，希望可以让他们就近在葭萌县定居。只有卓氏说："葭萌土地狭窄贫瘠，谋生不易。我听说岷山下有一块肥沃的平原，当地的大芋头长得很好，那儿的人终生不会挨饿，而且那里的人善于织造布匹，生意也好做，是一个很好的谋生之地。"于是他主动要求迁到比较远的临邛县。卓氏在铁山之下采矿炼铁，经营贸易，终至富可敌国。这样的见识也远远超过了一般人啊！

# 远犹卷二

## 原文

谋之不远，是用大简。人我迭居，吉凶环转。老成借筹，宁深毋浅。集《远犹》。

## 译文

有谋略无远见，故我前来规劝。别人与我的地位会更迭，吉凶祸福可能交替循环。因此，老成人一旦筹划谋略，都考虑深远而不只顾眼前。集此为《远犹》卷。

# 白起祠

## 原文

贞元中，咸阳人上言见白起，令奏云："请为国家捍御四陲。正月吐蕃必大下。"既而吐蕃果入寇，败去。德宗以为信然，欲于京城立庙，赠起为司徒。李泌曰："臣闻'国将兴，听于人'。今将帅立功，而陛下褒赏白起，臣恐边将解体矣。且立庙京师，盛为祷祝，流传四方，将召巫风。臣闻杜邮有旧祠，请敕府县修葺，则不至惊人耳目。"上从之。

## 译文

唐德宗贞元年间，咸阳人进言说看见了白起，县令向朝廷禀奏说："请加强四方边塞的军事防备。正月吐蕃一定会大举进兵入侵。"不久吐蕃果然入侵，后来又兵败而去。德宗认为白起显灵可信，想在京师设立白起庙，追赠白起为司徒。李泌说："臣听说'国家将要兴盛的话，是因为听信于民'。如今将帅立功，而陛下却褒扬秦朝的白起，微臣恐怕以后边防将士会人心离散。而且在京城立庙，大肆祭祀，流传出去，会引起迷信巫教的风气。我听说杜邮有白起的旧祠，请陛下下令府县修葺一番，就不会惊动天下人的耳目了。"德宗听从了他的建议。

# 徐　达

## 原　文

大将军达之蹙元帝于开平也，缺其围一角，使逸去。常开平怒亡大功，大将军言："是虽一狄，然尝久帝天下，吾主上又何加焉？将裂地而封之乎，抑遂甘心也？既皆不可，则纵之固便。"开平且未然。及归报，上亦不罪。

评：省却了太祖许多计较。然大将军所以敢于纵之者，逆知圣德之弘故也。何以知之？于遥封顺帝、赦陈理为归命侯而不诛知之。

## 译　文

明朝大将军徐达在开平围困元顺帝时，故意放开一个缺口，让元顺帝逃走。常遇春很生气，认为他放走了立大功的机会。徐达说："他虽是夷狄，然而曾经久居帝位，号令天下。如果真抓了他，我们主上拿他怎么办才好？割块地来封他，还是杀了他以求甘心？既然两者都不可行，还是放了最好。"常遇春一时还不能同意他的看法，后来回京师禀报，太祖果然并不加罪。

评：徐达此举替明太祖省掉不少麻烦。然而徐达之所以敢私自这样做，是因为他揣摩透了朱元璋的心理。徐达从哪里可以看出朱元璋的想法呢？是从当初朱元璋遥封元顺帝、赦免陈友谅的儿子陈理并封其为归命侯而不杀这两件事知道的。

# 姚 崇

## 原 文

姚崇为灵武道大总管。张柬之等谋诛二张，崇适自屯所还，遂参密议，以功封梁县侯。武后迁上阳宫，中宗率百官问起居。五公相庆，崇独流涕。柬之等曰："今岂流涕时耶？恐公祸由此始。"崇曰："比与讨逆，不足为功，然事天后久，违旧主而泣，人臣终节也。由此获罪，甘心焉。"后五王被害，而崇独免。

评：武后迁，五公相庆，崇独流涕；董卓诛，百姓歌舞，邕独惊叹。事同而祸福相反者，武君而卓臣，崇公而邕私也。然惊叹者，平日感恩之真心；流涕者，一时免祸之权术。崇逆知三思犹在，后将噬脐，而无如五王之不听何也。吁，崇真智矣哉！

## 译 文

唐朝姚崇当灵武道大总管时，张柬之等人计划杀武后宠幸的张易之、张昌宗二人。姚崇正好从屯驻处回京，于是参加了这次行动的密议，后来因功封为梁县侯。武后迁往上阳宫时，中宗率百官去请安。五王互相庆贺，只有姚崇流泪。张柬之等人说："现在哪里是流泪的时候呢？恐怕你会有灾祸临头。"姚崇说："和你们一起讨平叛逆，算不上什么功劳，然而服侍武后久了，因为要永远离开旧主而哭泣，是人臣应有的节义。如果因为这样而获罪，我心甘情愿。"后来五王被害，唯独姚崇幸免。

评：武后迁入上阳宫，五王互相庆贺，只有姚崇流泪；董卓被杀，百姓载歌载舞，只有蔡邕惊叹。事情相同而福祸却相反的原因，在于武后是君而董卓是臣，姚崇为公而蔡邕为私。然而惊叹的人是平日感恩的真心表现，流泪的人是一时免祸的权术。姚崇预知武三思（武后的侄子）还在朝，日后可能报复，不像五王那样不听劝告。唉，姚崇真聪明啊！

# 通简卷三

## 原 文

世本无事，庸人自扰；唯通则简，冰消日皎。集《通简》。

## 译 文

世间本无事，庸人自扰之；只有通达的人，遇事才能化繁为简，就像太阳一出，自然冰消雪化。集此为《通简》卷。

## 宋太宗

## 原 文

孔守正拜殿前都虞候。一日侍宴北园，守正大醉，与王荣论边功于驾前，忿争失仪。侍臣请以属吏，上弗许。明日俱诣殿廷请罪。上曰："朕亦大醉，漫不复省。"

评：以狂药饮人，而责其勿乱，难矣。托之同醉，而朝廷之体不失，且彼亦未尝不知警也。

## 译 文

孔守正担任殿前都虞候时，有一天，在北园侍候宋太宗宴饮，孔守正喝得大醉，与王荣在宋太宗面前议论边塞战功的事，一时因愤怒争吵而失态。左右侍臣请求把他们交付官吏处置，宋太宗不许。第二天，两人一起到殿廷请罪。宋太宗说："朕也喝得大醉，不记得发生过什么事了。"

评：给人喝酒，而规定他不能因酒乱性，很困难啊！宋太宗假托和臣子一起喝醉，又不失朝廷的体统，而且臣子们也未尝不知道警醒。

# 诸葛孔明

## 原 文

丞相既平南中，皆即其渠率而用之。或谏曰："公天威所加，南人率服。然夷情叵测，今日服，明日复叛，宜乘其来降，立汉官分统其众，使归约束，渐染政教。十年之内，辫首可化为编氓，此上计也！"公曰："若立汉官，则当留兵；兵留则口无所食，一不易也。夷新伤破，父兄死丧，立汉官而无兵者，必成祸患，二不易也。又夷累有废杀之罪，自嫌衅重，若立汉官，终不相信，三不易也。今吾不留兵，不运粮，纲纪粗定，夷汉相安。"

评：《晋史》：桓温伐蜀，诸葛孔明小史犹存，时年一百七十岁。温问曰："诸葛公有何过人？"史对曰："亦未有过人处。"温便有自矜之色。史良久曰："但自诸葛公以后，更未见有妥当如公者。"温乃惭服。凡事只难得"妥当"，此二字，是孔明知己。

## 译 文

蜀丞相诸葛亮平定南中之后，就地任用他们的首领为官。有人规劝道："丞相威震四方，蛮夷都已臣服。然而蛮夷的民情难以预测，今天顺服，明天又叛变，应该趁他们降伏之际，设立汉人官吏来治理这些蛮人，使他们渐渐接受汉人的政令教化。十年之内，夷狄就可以化为良民，这才是最好的计策。"诸葛亮说："如果设立汉人官吏，就需要留下军队，军队留下来却没有粮食，是一不易；他们刚经历战乱，父兄死了，设立汉人官吏而没有军队防守，必然引起祸患，是二不易；夷人经常有废掉、杀害酋长的事情，他们自己之间就有颇多嫌隙，设立汉人官吏，更不能取信于土著，是三不易。现在我不留军队，不必运粮食，而纲纪也大略订立，使夷、汉之间能相安无事，就已足够了。"

评：《晋史》记载，桓温伐蜀的时候，诸葛孔明当年的小史官还活着，当时已经有一百七十岁了。桓温问他："诸葛公有什么过人之处？"史官回答说："没有什么过人之处。"桓温便面带骄傲之色。过了很久，史官又说："但是自诸葛公以后，便没有见过像他那般妥当的人了。"桓温于是惭愧不已，心服口服。凡事只难得"妥当"，这两个字，真是孔明的知己。

# 张 辽

## 原 文

张辽受曹公命屯长社，临发，军中有谋反者，夜惊乱，火起，一军尽扰。辽谓左右曰："勿动！是不一营尽反，必有造变者，欲以动乱人耳。"乃令军中曰："不反者安坐！"辽将亲兵数十人中阵而立。有顷，即得首谋者，杀之。

评：周亚夫将兵讨七国。军中尝夜惊，亚夫坚卧不起，顷之自定。吴汉为大司马，尝有寇夜攻汉营，军中惊扰，汉坚卧不动。军中闻汉不动，皆还按部。汉乃选精兵夜击，大破之。此皆以静制动之术，然非纪律素严，虽欲不动，不可得也。

## 译 文

张辽受曹操之命领兵驻扎长社县，临出发时，军队中有人谋反，在夜里纵火作乱，全军都惊乱不已。张辽对身边的将领说："不要轻举妄动，这肯定不是全营造反，必定是叛变的人想以此来扰人视听！"他号令军中士卒："没有参加叛乱者安稳坐好！"然后张辽亲自率领数十名亲兵站立于军阵中。不久，果然捉到带头谋反的人，将他处死。

评：汉朝周亚夫率兵讨伐七国之乱，一天晚上军营中发生夜惊。周亚夫安稳地躺在床上不起身，不久惊扰就自然平定了。吴汉任大司马时，曾经有贼寇半夜攻击他的军营，军中受到惊扰。吴汉也是卧床不起。军中士卒听说大司马都没起床，也都各回自己的岗位。吴汉这才挑选精兵，半夜出击，大破贼寇。这些都是以静制动的策略。然而，如果不是军纪一向严明，即使想让士兵不乱动，也做不到。

# 李 封

**原 文**

　　唐李封为延陵令，吏人有罪，不加杖罚，但令裹碧头巾以辱之，随所犯轻重以日数为等级，日满乃释。著此服出入者以为大耻，皆相劝励，无敢犯。赋税常先诸县。竟去官，不捶一人。

**译 文**

　　唐朝时，李封任延陵县令时，官吏或老百姓犯罪，不罚以杖刑，只命令他包着绿头巾来羞辱他，并依犯罪的轻重，决定戴绿头巾日数的多寡，期限满后才拿下来。凡是包着绿头巾出入的人，都认为这是很大的耻辱，大家互相劝勉，不敢再犯罪，赋税也先于其他各县完成。直到辞去官职，李封不曾打杀过一个人。

# 迎刃卷四

**原 文**

　　危峦前厄，洪波后沸。人皆棘手，我独掉臂。动于万全，出于不意。游刃有余，庖丁之技。集《迎刃》。

**译 文**

　　前有险峰阻路，后有狂涛逼来。人人都感棘手，我却从容不迫。掌握全局而动，一动就出其不意。游刃有余，如庖丁解牛。集此为《迎刃》卷。

# 主父偃

## 原文

汉患诸侯强，主父偃谋令诸侯以私恩自裂地，分其子弟，而汉为定其封号。汉有厚恩而诸侯渐自分析弱小云。

## 译文

汉朝王室忧虑诸侯势力过于强大，主父偃主张让诸侯将土地分封给自己的子弟，而由朝廷定其封号。这样一来，朝廷对诸侯的厚恩更深了，而诸侯的势力则由于分割土地而逐渐弱小了。

# 崔祐甫

## 原文

德宗即位，淄青节度李正己表献钱三十万缗。上欲受，恐见欺；却之，则无词。宰相崔祐甫请遣使："使慰劳淄青将士，因以正己所献钱赐之，使将士人人戴上恩，诸道知朝廷不重财货。"上从之，正己大惭服。

神策军使王驾鹤，久典禁兵，权震中外。德宗将代之，惧其变，以问崔祐甫。祐甫曰："是无足虑。"即召驾鹤，留语移时，而代者白志贞已入军中矣。

## 译文

唐德宗即位之后，淄青节度使李正己（高句丽人）上表献钱三十万缗。德宗想接受又怕受骗，想推辞又没有理由。宰相崔祐甫奏请德宗派使者，并说派遣使者去慰劳淄青的将士，借此将李正己所献的钱赏赐给将士，使将士都感激皇帝的恩德，也使各道知道朝廷不看重财货。德宗依此行事，李正己因而感到惭愧心服。

神策军使王驾鹤担任禁军首领很长时间了，权势之大，令人震惊。唐德宗想派人取代他的职位，又怕他叛乱，因而问崔祐甫怎么办。崔祐甫说："这件事不值得忧虑。"崔祐甫就请王驾鹤前来谈话，谈了很久。这段时间，取代王驾鹤的白志贞已进入军中了。

# 严　求

## 原　文

烈祖辅吴，四方多垒，虽一骑一卒，必加姑息。然群校多从禽，聚饮近野，或骚扰民庶。上欲纠之以法，而方借其材力，思得酌中之计，问于严求。求曰："无烦绳之，易绝耳。请敕泰兴、海盐诸县，罢采鹰鹞，可不令而止。"烈祖从其计，期月之间，禁校无复游墟落者。

## 译　文

南唐烈祖辅政吴国时，四方边境兵员充斥，虽是一兵一马也要多加姑息。然而很多军官经常放鹰猎捕禽兽，在近郊聚众饮酒作乐，或骚扰民众。吴王想用法令来纠正他们，但是烈祖正需借重他们的能力，想不出两全其美的方法，就问严求。严求说："无须用法绳之，很容易断绝此事。请命令泰兴、海盐各县停止采购鹰鹞等禽兽，自然就能遏制这种事。"烈祖依计而行，一个月之间，军官再也没有到村落附近纵恣游荡了。

# 知微卷五

## 原　文

圣无死地，贤无败局。缝祸于渺，迎祥于独。彼昏是违，伏机自触。集《知微》。

## 译 文

圣人行事，绝不会陷入绝境；贤者所为，从不曾遭逢败局。因为他们能从细微的征象中预知祸害的征兆，总能未雨绸缪，得到圆满的结果。集此为《知微》卷。

# 箕 子

## 原 文

纣初立，始为象箸。箕子叹曰："彼为象箸，必不盛以土簋，将作犀玉之杯。玉杯象箸，必不羹藜藿，衣短褐，而舍于茅茨之下，则锦衣九重，高台广室。称此以求，天下不足矣！远方珍怪之物，舆马宫室之渐，自此而始，故吾畏其卒也！"未几，造鹿台，为琼室玉门，狗马奇物充其中，酒池肉林，宫中九市，而百姓皆叛。

## 译 文

纣王刚即位，就命人制造象牙筷子。箕子（纣王的叔父）叹息说："他用象牙筷子吃饭，一定不会用陶碗盛装食物，将来还会做犀角美玉的杯子。有美玉杯、象牙筷，一定不会吃粗陋的食物，穿粗糙的衣服，也不会住在茅草房屋里，就会要求身披九重锦衣，脚踩高台广室。为了达到这个标准，向天下四处寻求仍不能满足，对远方珍奇的物品与车马宫室的索取，从此就开始了。我害怕他由此走向灭亡！"不久，纣王果然建筑鹿台，用美玉建宫室及门户，狗马及珍奇物品充满宫中，建酒池肉林，并在宫中设街市，而百姓都背叛了他。

# 周公 太公

## 原文

太公封于齐，五月而报政。周公曰："何疾也？"曰："吾简其君臣，礼从其俗。"伯禽至鲁，三年而报政。周公曰："何迟也？"曰："变其俗，革其礼，丧三年而后除之。"周公曰："后世其北面事齐乎？夫政不简不易，民不能近；平易近民，民必归之。"

周公问太公何以治齐，曰："尊贤而尚功。"周公曰："后世必有篡弑之臣！"太公问周公何以治鲁，曰："尊贤而尚亲。"太公曰："后寝弱矣！"

评：二公能断齐、鲁之敝于数百年之后，而不能预为之维；非不欲维也，治道可为者止此耳。虽帝王之法，固未有久而不敝者也，敝而更之，亦俟乎后之人而已，故孔子有"变齐、变鲁"之说。陆葵日曰："使夫子之志行，则姬、吕之言不验。"夫使孔子果行其志，亦不过变今之齐、鲁为昔之齐、鲁，未必有加于二公也。二公之子孙，苟能日儆惧于二公之言，又岂俟孔子出而始议变乎？

## 译文

姜太公受封于齐地，五个月后就来报告政情。周公说："怎么这么快呀？"姜太公说："我简化了他们君臣上下之礼仪，又不改变他们的风俗和习惯，所以政治局面很快得到安定。"伯禽（周公之子）受封于鲁，三年后才回来报告政情。周公说："为什么这么迟呀？"伯禽说："我改变他们的风俗，革新他们的礼节，丧礼三年后才解除丧服。"周公说："如此看来，后代鲁国必将臣服于齐啊！处理政事不能简易，人民就不能亲近他；只有平易近人的执政者，人民才会归顺他。"

周公问太公："你如何治理齐国？"太公说："尊重贤圣之人而推崇有功绩之人。"周公说："齐国后世一定会出现篡位弑君的臣子！"太公反问周公："你如何治理鲁国？"周公说："尊敬贤者而重视亲族。"太公说："鲁国以后一定日渐衰弱！"

评：周公、太公能推断数百年后齐国与鲁国的弊病，而不能预先加以防范，并不是他们不想防范，而是治理政事所能做的，只能如此而已。帝王的法统，本来就不可能传之永久而不衰弱。衰敝之后就会改朝换代，也只是等后来人而已，所以孔子有"变齐、变鲁"之说。陆葵日说："假使孔子的志愿实现了，那么周公、太公的话就不灵验。"但就算孔子的志向果真实现，也不过是改变当时的齐、鲁成为往昔的齐、鲁，未必能胜过周公和太公。周公、太公的子孙，如果时时刻刻都能警惕、戒惧祖先的预言，又哪里需要等到孔子出现才议论改革的事呢？

# 臧孙子

## 原　文

齐攻宋，宋使臧孙子南求救于荆。荆王大悦，许救之甚欢。臧孙子忧而反，其御曰："索救而得，子有忧色，何也？"臧孙子曰："宋小而齐大，夫救小宋而患于大齐，此人之所以忧也。而荆王悦，必以坚我也。我坚而齐敝，荆之所利也。"臧孙子归，齐拔五城于宋，而荆救不至。

## 译　文

齐国攻打宋国，宋国派臧孙子做使者到南方向楚荆求救。楚王十分高兴，很痛快地答应了，而且很积极。可臧孙子却面带忧虑之色返了回来。他的车夫问道："救兵已经求到了，您还忧虑什么？"臧孙子说："宋国弱小而齐国强大，为了救宋而得罪强大的齐国，一般人遇到这种情形都会有所顾忌而忧虑，而楚王却很高兴，一定是希望我方坚守，不要同齐国讲和。我方坚守消耗齐国的兵力，对楚国自然有利。"臧孙子回国后，齐国攻占了宋国的五个城池，楚国的救兵果然一直没来。

# 亿中卷六

## 原 文

镜物之情，揆事之本。福始祸先，验不回瞬。藏钩射覆，莫予能隐。集《亿中》。

## 译 文

观察物体的实情，揣度事情的本源。不论是福是祸，都能迅速预测验证。藏钩射覆都瞒不了我。集此为《亿中》卷。

# 范 蠡

## 原 文

朱公居陶，生少子。少子壮，而朱公中男杀人，囚楚。朱公曰："杀人而死，职也。然吾闻：'千金之子，不死于市。'"乃治千金装，将遣其少子往视之。长男固请行，不听，以公不遣长子而遣少弟，"是吾不肖"，欲自杀。其母强为言，公不得已，遣长子，为书遗故所善庄生，因语长子曰："至，则进千金于庄生所。听其所为，慎无与争事。"长男行，如父言。庄生曰："疾去毋留，即弟出，勿问所以然。"长男阳去，不过庄生而私留楚贵人所。

庄生故贫，然以廉直重，楚王以下皆师事之；朱公进金，未有意受也，欲事成后复归之以为信耳。而朱公长男不解其意，以为殊无短长。庄生以间入见楚王，言："某星某宿不利楚，独为德可除之。"王素信生，即使使封三钱之府。贵人惊告朱公长男曰："王且赦。每赦，必封三钱之府。"长男以为赦，弟固当出，千金虚弃，乃复见庄生。生惊曰："若不去耶？"长男曰："固也。弟今且自赦，故辞去。"生知其意，令自入室取金去。庄生羞为儿子所卖，乃入见楚王曰："王欲以修德禳星，乃道路喧传陶之富人朱公子杀人囚楚，其家多持金钱赂王左右，故王赦。非能恤楚国之众也，特以朱公子故。"王大怒，令论杀朱公子，明日下赦令。

于是朱公长男竟持弟丧归。其母及邑人尽哀之，朱公独笑曰："吾固知必杀其弟也。彼非不爱弟，顾少与我俱，见苦为生难，故重弃财。至如少弟者，生而见我富，乘坚策肥，岂知财所从来哉！吾遣少子，独为其能弃财也，而长者不能，卒以杀其弟。事之理也，无足怪者，吾日夜固以望其丧之来也！"

评：朱公既有灼见，不宜移于妇言，所以改遣者，惧杀长子故也。"听其所为，勿与争事"，已明明道破，长子自不奉教耳。庄生纵横之才不下朱公，生人杀人，在其鼓掌。然宁负好友，而必欲伸气于孺子，何德宇之不宽也！噫，其所以为纵横之才也与！

## 译 文

陶朱公范蠡居住在定陶时，生下了小儿子。小儿子长大时，陶朱公的第二个儿子因杀人被囚禁在楚国。陶朱公说："杀人被处死，是天经地义的。但我听说'富家子不应在大庭广众之下被处决'。"于是准备千两黄金，要派小儿子前往探视。大儿子一再请求前往，陶朱公不肯。大儿子认为父亲不派他而派小弟，"是因为我没出息"，想自杀。母亲极力劝说，陶朱公不得已，只好派长男带信去找老朋友庄生，并告诉他说："到了以后，就把这一千两黄金送给庄生，随他处置，千万不要和他争执。"长男前往，照父亲的话做。庄生说："你赶快离开，不要停留，即使令弟被放出来，也不要问他为何被放出来。"长男假装离去，也不告诉庄生，而私下留在楚国一个贵人的家里。

庄生很穷，但以廉洁正直被人尊重，楚王以下的人都以老师的礼数来敬待他，陶朱公送的金子，他无意接受，想在事成后归还以表诚信。而陶朱公的长男不了解庄生，以为他没有什么救人的办法。庄生利用机会入宫见楚王，说明某某星宿不利，若楚王能独自修德，则可以解除。楚王向来信任庄生，立刻派人封闭三钱之府（贮藏黄金、白银、赤铜三种货币的府库）。楚国贵人很惊奇地告诉陶朱公的长男说："楚王将要大赦了。因为每次大赦

一定封闭三钱之府。"长男认为遇到大赦，弟弟本来就当出狱，那一千两黄金就白花了，于是又去见庄生。庄生惊讶地说："你没有离开吗？"长男说："是啊！我弟弟很幸运地在今天碰上楚王大赦，所以来告辞。"庄生知道他的意思，便让他自己进去拿黄金回去。长男这么做，使庄生感到非常不舒服，于是就入宫见楚王说："大王想修德除灾，但外头老百姓却传言陶邑富人朱家公子杀人，囚禁在楚国，他的家人拿了很多钱来贿赂大王左右的人，所以大王这次大赦，并非真正怜恤楚国的民众，只是为了开释朱公子而已。"楚王很生气，立即下令杀朱公子，第二天才下大赦令。

于是陶朱公的长男最后只好带着弟弟的尸体回家，他的母亲及乡人都很哀伤。陶朱公却笑着说："我本来就知道他一定会害死自己的弟弟。他并不是不爱弟弟，只是从小和我在一起，见惯了生活的艰苦，所以特别重视身外之财；至于小儿子，生下来就见到我富贵，过惯了富裕的生活，哪里知道钱财是怎么来的？我派小儿子去，只因为他能丢得开财物，而大儿子做不到。所以，他最后害死弟弟，是很正常的，一点不值得奇怪，我本来就等着他带着丧事回来。"

评：陶朱公既然已有明确的见解，其实真不该听妇人的话而改变主意，他之所以改派大儿子，可能是怕大儿子自杀。临行时指示大儿子要随庄生处理，不要和他争执，明明已经讲清楚了，只是大儿子自己不受教罢了。庄生翻云覆雨的才能，不输于陶朱公，让谁生让谁死，完全控制在他的手掌中，然而他宁愿背叛好友，一定要和孩子争这一口气，为什么心胸这么狭窄呢？唉！难道他认为，这样才算有翻云覆雨的才能吗？

# 荀　息

## 原　文

晋献公谋于荀息曰："我欲攻虞，而虢救之；攻虢，则虞救之，如之何？"荀息曰："虞公贪而好宝，请以屈产之乘与垂棘之璧，假道于虞以伐虢。"公曰："宫之奇存焉，必谏。"息曰："宫之奇之为人也，达心而懦，又少长于君。达心则其言略，懦则不能强谏，少长于君，则君轻之。且夫玩好在耳目之前，而患在一国之后，唯中智以上乃能虑之。臣料虞公，中智以下也。"晋使至虞，宫之奇果谏曰："语云'唇亡则齿寒'。虞、虢之相蔽，非相为赐。晋今日取虢，则明日虞从而亡矣！"虞公不听，卒假晋道。行既灭虢，返戈向虞。虞公抱璧牵马而至。

## 译　文

晋献公和荀息商议说："我想攻打虞国，虢国一定会出兵救援；我攻打虢国，则虞国也必定会救援，该怎么办才好？"荀息说："虞公生性贪婪，爱好宝物，请您用屈地出产的名马和垂棘出产的美玉为诱饵，向虞公借路攻打虢国。"献公说："宫之奇在，一定会劝谏虞公。"荀息说："宫之奇的为人，内心明达而性格柔弱，又是与虞公一起长大的。内心明达则说话只提纲领，不够详细；个性柔弱则不能强谏；又因其与虞公一起长大，虞公就会轻视他。而且宝物珍玩摆在眼前，祸患则远在虢国灭亡之后，这样的危机只有智力中上的人才会想到，微臣猜想虞公是个智力中等以下的君王。"晋国使者一到虞国，宫之奇果然劝谏虞公说："俗语说，'唇亡则齿寒'，虞国、虢国互为屏障，不是把对方当礼物送给别人的那种关系。晋国今天灭了虢国，明天虞国也会跟着灭亡。"虞公不听，最终借路给晋国。晋国灭了虢国，回来就攻打虞国，虞公只好抱着美玉、牵着名马来投降。

# 班　超

## 原　文

班超久于西域，上疏愿生入玉门关，乃召超还，以戊己校尉任尚代之。尚谓超曰："君侯在外域三十余年，而小人猥承君后，任重虑浅，宜有以诲之。"超曰："塞外吏士，本非孝子顺孙，皆以罪过徙补边屯，而蛮夷怀鸟兽之心，难养易败。今君性严急，水清无鱼，察政不得下和，宜荡佚简易，宽小过，总大纲而已。"超去后，尚私谓所亲曰："我以班君尚有奇策，今所言平平耳！"尚留数年而西域反叛，如超所戒。

## 译 文

东汉时，班超在西域待久了，就上疏希望能在有生之年活着进入玉门关。于是皇帝诏令班超回国，让戊己校尉任尚接替他的职务。任尚对班超说："您在西域三十多年，如今我将接任您的职务，责任重大，而我的智虑有限，请您多加教诲。"班超说："塞外的官吏士卒，本来就不是守法的子民，都是因为犯罪而被流放边境戍守的，而蛮人心如禽兽，难养易变。我看你个性比较严厉急切，要知道水至清则无鱼，过于苛察便得不到属下的心，最好宽松简单，对小过失要宽容，把握大原则就可以了。"班超离开后，任尚私下对亲近的人说："我以为班超会有什么奇谋，如今听他所说没什么奇特之处啊！"任尚留守西域数年后，西域就反叛了，果然如班超所说。

# 剖疑卷七

## 原 文

讹口如波，俗肠如锢。触目迷津，弥天毒雾。不有明眼，孰为先路？太阳当空，妖魑匿步。集《剖疑》。

## 译 文

散布谣言之口如波涛，庸俗猜忌之心像铁铸。目光所及处让人迷惘，好像置身漫天毒雾。没有明亮的眼睛，怎么知道何去何从？就像太阳当空，妖魔自然却步。集此为《剖疑》卷。

# 汉昭帝

## 原 文

　　昭帝初立，燕王旦怨望谋反。而上官桀忌霍光，因与旦通谋，诈令人为旦上书，言："光出都肄郎羽林。道上称跸，擅调益幕府校尉，专权自恣，疑有非常。"候光出沐日奏之，帝不肯下。光闻之，止画室中不入。上问："大将军安在？"桀曰："以燕王发其罪，不敢入。"诏召光入，光免冠顿首谢。上曰："将军冠。朕知是书诈也，将军无罪。"光曰："陛下何以知之？"上曰："将军调校尉以来未十日，燕王何以知之？"时帝年十四，尚书左右皆惊，而上书者果亡。

## 译 文

　　汉昭帝刚继位时，燕王刘旦心怀怨恨，图谋反叛。上官桀妒忌霍光，于是与燕王共谋，诈使别人为燕王上书，说："霍光去集合操练郎官、羽林军时，所行道上禁止官民通行，并擅自增选大将军府的校尉，专权放纵，恐怕有反叛的意图。"上官桀特别选在霍光休假回家的日子上奏，但昭帝不肯下诏将霍光治罪。霍光听说这件事，待在殿前西阁之室不敢上殿。昭帝问："大将军在哪里？"上官桀说："因为燕王揭发他的罪状，他不敢上殿。"昭帝命霍光上殿，霍光脱掉帽冠叩头谢罪。昭帝说："将军不必如此，朕知道这份奏章是假的，将军无罪。"霍光说："陛下怎么知道的？"昭帝说："将军选校尉到现在不满十天，这些事情燕王怎么会知道？"当时昭帝年仅十四岁，尚书及左右官员都很惊讶。上书的人果然畏罪逃亡。

# 蔡 京

## 原 文

　　蔡京在洛。有某氏嫁两家，各有子；后二子皆显达，争迎养其母，成讼。执政不能决，持以白京。京曰："何难？第问母所欲。"遂一言而定。

**译文**

　　北宋权相蔡京在洛阳当官时，有一名女子曾先后嫁给两家，都生有一个儿子；后来两家的儿子都发达了，争着迎接母亲去奉养，并因此打起官司来。执政官不能决断，就来问蔡京。蔡京说："这有什么困难？问那个母亲想去哪个儿子家就好了。"一句话就解决了问题。

# 曹克明

**原文**

　　克明有智略，真宗朝累功，官融、桂等十州都巡检。既至，蛮酋来献药一器，曰："此药凡中箭者傅之，创立愈。"克明曰："何以验之？"曰："请试鸡犬。"克明曰："当试以人。"取箭刺酋股而傅以药，酋立死，群蛮惭惧而去。

**译文**

　　曹克明很有智慧谋略，在宋真宗时多次立功，先后担任融、桂等十州都巡检的官职。到任后，蛮夷的酋长前来奉献一瓶药，说："这种药，凡是中箭的敷一敷，创伤立刻痊愈。"曹克明说："怎么验证药效呢？"酋长说："可以用鸡狗来试验。"曹克明说："应当用人来试。"随即拿箭在酋长大腿上刺了一下，再用药敷，酋长立即死亡，其他酋长都惭愧而恐惧地离去。

# 威克卷八

**原文**

　　履虎不咥，鞭龙得珠。岂曰溟滓，厥有奇谟。集《威克》。

## 译 文

踩住老虎的尾巴，它就不能再咬伤人；鞭打大龙的身躯，它就会吐出腹中的宝珠。哪里是履虎鞭龙者不着边际，而是因为他懂得运用独特的谋略。集此为《威克》卷。

# 杨守礼

## 原 文

嘉靖间，直隶安州值地震大变，州人乘乱抢杀，目无官法。上司闻风畏避，莫知所出。杨少保南涧公讳守礼，家食已二十余年矣，先期出示，晓以朝廷法律。越二日，乱如故，公乃升牛皮帐，用家丁，率地方知事者击斩首乱四人，悬其头于四城门，乱遂定。

评：李彦和云："公虽抱雄略，倘死生利害之念一萌于中，则不在其位而欲便宜行事，浩然之气不索然馁乎？此豪杰大作用，难与拘儒道也。"

## 译 文

明朝嘉靖年间，直隶安州发生大地震，一些州人趁乱杀人抢夺财物，无视官府律法的存在。州官害怕暴乱殃及自身，逃得不知所终。南涧公杨少保（杨守礼）致仕居家已经有二十多年了，让人张贴告示，向民众解释朝廷律法。过了两天，暴乱仍旧没有平息，杨公就架起牛皮帐升座指挥，任用家丁，会同地方知事者，联合斩杀了为首暴动的四个人，并把他们的脑袋分别悬挂在四个城门上，暴乱才平息。

评：李彦和说"杨守礼虽有雄才伟略，但假如心中存有一丝死生利害的念头，就不能做到身无任何官职而行官员之事，那股代表正义的浩然之气也就难以显现了。像杨公这等英雄豪杰起到的大作用，很难和固执不知变通的儒生谈论"。

## 窦建德

### 原 文

夏主窦建德微时，有劫盗夜入其家。建德知之，立户下，连杀三盗。余盗不敢入，呼取其尸。建德曰："可投绳下系取去。"盗投绳而下，建德乃自系，使盗曳出，捉刀跃起，复杀数盗。由是益知名。

评：以诛盗为戏。

### 译 文

隋朝自立为夏王的窦建德年轻时，有一天夜里盗匪闯入他家。窦建德发觉后，站在窗下，接连杀了三名盗匪。其他盗匪一见，吓得不敢进屋，只在屋外恳求将他们同伴的尸体还给他们。窦建德说："你们丢下绳索，让我绑上尸首呀。"盗匪扔下绳索，窦建德却将绳索绑在自己身上，当盗匪用力拉过墙头时，窦建德立即反身跳起，就这样又杀了好几名盗匪。从此，窦建德声名更盛了。

评：以杀强盗为游戏。

## 李 福

### 原 文

唐李福尚书镇南梁。境内多朝士庄产，子孙侨寓其间，而不肖者相效为非。前牧弗敢禁止，闾巷苦之。福严明有断，命织篾笼若干，召其尤者，诘其家世谱第、在朝姻亲，乃曰："郎君借如此地望，作如此行止，毋乃辱于存亡乎？今日所惩，贤亲眷闻之必快！"遽命盛以竹笼，沉于汉江，由是其侪惕息，各务戢敛。

### 译 文

唐朝尚书李福镇守南梁时，境内有许多朝廷官员的产业及后裔，州中无赖争相为这些贵族子弟效命，在境内胡作非为。前任太守不敢管他们，弄得老百姓苦不堪言。李福做事严明果断，命人编了几个竹笼，召来为恶最多的贵族子弟，盘问他的家世谱系，以及现今仍在朝做官的亲戚族人，接着说："你的身世如此显赫，却做出这等败坏门风的事，不怕辱没死去的祖先和在世的亲族吗？今天对你的惩罚，你的家人听到后一定会很高兴。"于是命人将该子弟装入竹笼，沉入江中，从此其余子弟各自警惕，收敛行迹。

# 识断卷九

**原　文**

智生识，识生断。当断不断，反受其乱。集《识断》。

**译　文**

有智慧，才能对事物有深入观察与了解，才能做出正确判断。在当机立断时不能果断做决定，反而会受到伤害。集此为《识断》卷。

# 高　洋

**原　文**

高洋内明而外晦，众莫知也。独欢异之，曰："此儿识虑过吾！"时欢欲观诸子意识，使各治乱丝，洋独持刀斩之，曰："乱者必斩！"

**译　文**

高洋内心聪明但外表看上去愚钝，大家都不知道，只有他的父亲高欢看出他的不同，说："此儿的智慧与谋略更在我之上。"有一次，高欢为测试儿子们的见识，就交给每个儿子一把乱丝，要他们整理。当其他儿子在低头整

理乱丝时，只有高洋拿起刀斩断乱丝，说："乱了就必须斩断。"

# 姜绾

## 原文

姜绾以御史谪判桂阳州，历转庆远知府。府边夷，前守率以夷治。绾至，一新庶政，民獠改观。时四境之外皆贼窟。绾计先翦其渠魁，乃选健儿教之攻战，无何自成锐兵，贼盗稍息。

初，商贩者舟由柳江抵庆远。柳、庆二卫官兵在哨者，阳护之，阴实以为利。绾一日自省溯江归，哨者假以情见迫，遽谨言贼伏隩，诿绾陆行便。绾曰："吾守也，避贼，此江复何时行邪？"麾民兵左右翼，拥盖树帜，联商舟，徜徉进焉。贼竟不敢出。自是舟行者无所用哨。

评：决意江行，为百姓先驱水道，固是。然亦须平日训练，威名足以詟敌，故安流无梗。不然，尝试必无幸矣！

## 译文

明朝人姜绾由御史谪贬为桂阳州判，后转任庆远知府。庆远府与少数民族地区相邻，前任知府完全以夷人的方式来治理。姜绾到任后，革新政务，官民的作风完全改观。当时庆远府外四境都是贼穴，为了剪除贼首，姜绾于是挑选强健的男子，教导他们攻战防守的战术，没多久就成为一支骁勇善战的精锐部队，由此贼盗的气焰稍加收敛。

最初，商船的路线是由柳江直抵庆远。柳、庆二地分别安排有卫兵站哨警戒，然而卫兵表面上是在维护水道畅通，保障商船安全，却暗中牟利。一天，姜绾自省城桂林搭船回庆远，哨兵谎称情况紧急，有贼兵埋伏岸边，劝姜绾改走陆路以保障安全。姜绾说："我身为庆远知府，却害怕贼人，那这条水道要到什么时候才能平安通行？"于是指挥民兵在左右护卫，簇拥伞盖，树立旗帜，联合其他商船，徐徐向前推进。贼竟不敢出来作乱。从此以后这条水路就不用再设置哨兵了。

评：姜绾执意取道水路，为百姓做开路先锋，这本就属于知府职责，但也因他平日训练，有足够的威仪能震慑贼人，才能平安通过而没有阻碍，否则，轻易尝试必定不能幸免。

# 灵变卷十

## 原 文

一日百战，成败如丝。三年造车，覆于临时。去凶即吉，匪夷所思。集《灵变》。

## 译 文

一日之内进行上百次会战，胜负之机往往在一线之间。花三年时间造好一辆马车，往往因一刹那的疏忽而倾覆。洞见危机，趋吉避祸，不能根据常理去想。集此为《灵变》卷。

## 王羲之

## 原 文

王右军幼时，大将军甚爱之，恒置帐中眠。大将军尝先起，须臾，钱凤入，屏人论逆节事，都忘右军在帐中。右军觉，既闻所论，知无活理，乃剔吐污头面被褥，诈熟眠。敦论事半，方悟右军未起，相与大惊曰："不得不除之！"及开帐，乃见吐唾纵横，信其实熟眠，由是得全。

## 译 文

王羲之年幼时，大将军王敦特别喜欢他，常让他在自己的帐中睡觉。有一次，王敦先起床，不久钱凤进来，两人屏退其他人，商议谋反大计，但两人都忘了王羲之还睡在床上。王羲之醒来，听见王、钱二人谈话的内容，知

道没有活命的道理，就用手指抠出口水，弄脏了头脸和被褥，装作自己还在熟睡。王敦和钱凤谈到一半，突然想起王羲之还没起床，一起大惊道："不得不杀掉这个小鬼了。"等掀开床帐，看到王羲之满脸口水，相信他真的睡熟了，王羲之因而保住了性命。

# 吴郡卒

## 原 文

苏峻乱，诸庾逃散。庾冰时为吴郡，单身奔亡。吏民皆去，唯郡卒独以小船载冰出钱塘口，以蘧蒢覆之。时峻赏募觅冰，属所在搜括甚急。卒泊船市渚，因饮酒醉还，舞棹向船曰："何处觅吴郡？此中便是！"冰大惊怖，然不敢动。监司见船小装狭，谓卒狂醉，都不复疑。自送过浙江，寄山阴魏家，得免。

后事平，冰欲报卒，问其所愿。卒曰："出自厮下，不愿名器，少苦执鞭，恒患不得快饮酒。使酒足余年，毕矣！无所复须。"冰为起大舍，市奴婢，使门内有百斛酒终其身。时谓此卒非唯有智，且亦达生。

## 译 文

苏峻借着诛杀庾氏一族的名义举兵叛乱，大肆诛杀庾氏一族，庾姓诸人吓得四处逃散。庾冰当时担任吴郡太守，也弃官逃亡。吴郡的官员百姓都各自逃命，只剩一名小兵用船搭载庾冰逃出钱塘口，把竹苇编织成的席子盖在庾冰身上。当时苏峻到处张贴告示，重金悬赏紧急捉拿庾冰。小兵把船停在渡口后就进城买酒，喝得醉醺醺地回来，挥动着船桨指着船说："你们不是要找吴郡的庾冰吗，他就在这船上。"船上的庾冰听了大为惊慌，躲在粗席下连大气都不敢喘，监司看船舱狭窄，以为小兵酒后胡言，就不再理他。于是庾冰平安过江，藏身在山北的魏家。

苏峻叛乱被平定后，庾冰想要回报小兵，问他有什么愿望。小兵说："我出身低贱，不要官禄爵位，只是总担心不能痛快地喝酒。假使您能让我后半辈子都不愁没酒喝，我就再无所求。"于是庾冰为小兵盖了一幢大房子，买了奴婢来侍候他，屋中随时保持上百斛的美酒，让小兵一辈子不愁没酒喝。一般人在谈论这件事时，都认为这名小兵不但机智，并且参透了人生。

# 应卒卷十一

## 原　文

西江有水，遏不及汲。壶浆箪食，贵于拱璧。岂无永图，聊以纾急。集《应卒》。

## 译　文

西江有滔滔不绝的水，却没有办法汲取以解除遥远之地的灾祸。一壶酒水一筐食，对饥饿的人来说比璧玉还珍贵。难道没有永久的谋划，可用来解难求急？集此为《应卒》卷。

# 救积泽火

## 原　文

鲁人烧积泽，天北风，火南倚，恐烧国，哀公自将众趋救火者。左右无人，尽逐兽，而火不救。召问仲尼，仲尼曰："逐兽者乐而无罚，救火者苦而无赏，此火之所以无救也。"哀公曰："善。"仲尼曰："事急，不及以赏救火者。尽赏之，则国不足以赏于人。请徒行罚！"乃下令曰："不救火者，比降北之罪；逐兽者，比入禁之罪！"令下未遍，而火已救矣。

评：贾似道为相，临安失火，贾时方在葛岭，相距二十里。报者络绎，贾殊不顾，曰："至太庙则报。"俄而报者曰："火且至太庙！"贾从小肩舆，四力士以椎剑护，里许即易人，倏忽即至。下令肃然，不过曰："焚太庙者斩殿帅！"于是帅率勇士一时救熄。贾虽权奸，而威令必行，其才亦自有快人处。

## 译 文

春秋时，鲁国有人放火烧鲁国都城北边的沼泽，刚好天刮北风，火势向南蔓延，眼看国都将受到波及。哀公鼓励百姓参与救火，但百姓只愿意驱赶野兽，不愿救火。哀公召见孔子向他请教，孔子说："驱赶野兽任务轻松又不会受到责罚，救火辛苦危险又没有奖赏，所以没有人愿意救火。"哀公说："说得对。"孔子又说："事情紧急，来不及行赏，再说凡是参与救火的人都有赏，那么国库的钱赏不到一千人就没了。请下令不救火者一律论罪。"于是哀公下令："凡是不参与救火者，等同战败降敌之罪；只驱赶野兽者，等同擅入禁区之罪。"命令还未遍及全国，沼泽的大火就被扑灭了。

评：贾似道担任宋朝丞相时，临安城失火，贾似道当时远在距临安二十里外的葛岭，不断有人到葛岭向贾似道报告临安大火的消息，贾似道不管，说："等火势蔓延到太庙时再来报告我。"不久，有人报告说："火势蔓延已快至太庙。"贾似道乘坐小轿，由四名大力士用椎剑护卫，每行一里多路便更换轿夫，一会儿便来到太庙前。接着，贾似道命所有人员恭敬肃立，说道："若太庙被焚，就斩殿帅问罪。"不久，殿帅率众奋勇扑灭大火。贾似道虽是奸臣，但他令出必行、行事明快的作风，也有令人欣赏的地方。

# 知县买饭

## 原 文

嘉熙间，峒丁反吉州。万安宰黄炳鸠兵守备。一日五更探报："寇且至。"遣巡尉引兵迎敌，皆曰："空腹奈何？"炳曰："第速行，饭且至矣。"炳乃率吏辈携竹罗木桶，沿市民之门曰："知县买饭！"时人家晨炊方熟，皆有热饭熟水，厚酬其值，负之以行。于是士卒皆饱餐，一战破寇。由此论功，擢守临川。

## 译 文

宋理宗嘉熙年间，南方山区的峒民在吉州造反，万安宰黄炳召集军队严密防守。一天五更时分，巡逻兵前来报告："贼寇将要来到。"于是黄炳派尉官带兵抵御敌人，兵士们都说："空着肚子怎么迎敌？"黄炳说："你们先去迎敌，早饭随后就到。"黄炳亲自率领手下带着竹筐、木桶，沿街敲开老百姓的家门，说："知县买饭。"当时正是百姓煮早饭的时候，所以各家都有热腾腾的米饭、汤水，黄炳付给他们比市价高出许多的钱，满载饭菜而去。于是士兵们都饱餐一顿，一下子就打退了敌兵。黄炳也因这次战功而擢升为临川太守。

# 张 毂

## 原 文

张毂为同州观察判官。是时出兵备边，州征箭十万，限以雕雁羽为之，其价翔踊，不可得。毂曰："矢，去物也，何羽不可？"节度使曰："当须省报。"毂曰："州距京师二千里，如民急何？万一有责，下官任之。"一日之间，价减数倍，尚书省竟如所请。

## 译 文

金朝人张毂任同州观察判官，当时边境军情紧急，向同州征收十万支箭，并且规定箭羽一定要用雕雁的羽毛，一时间雕雁羽毛的价格暴涨，很难买到。张毂认为："箭，是射出去的东西，什么鸟的羽毛不可以？"节度使却说："必须向中书省报备。"张毂说："同州距京师有两千里远，军情紧急来不及禀报，万一上面怪罪下来，下官一人承担。"一天之内，雕雁羽毛的价格就暴跌了好几倍，尚书省最终也同意张毂的请求。

# 敏悟卷十二

## 原 文

剪彩成花，青阳笑之。人工则劳，大巧自如。不卜不筮，匪虑匪思。集《敏悟》。

## 译 文

剪裁彩帛彩纸做成的花，不论手工多么巧妙，也要被春天的鲜花取笑。因为人工所成之物虽然辛劳，但总不如天然巧成的那样自然。智者有时不算、不卜、不思、不虑，靠当时的领悟来做出反应。集此为《敏悟》卷。

# 文彦博　司马光

## 原 文

彦博幼时，与群儿戏击毬，毬入柱穴中，不能取。公以水灌之，毬浮出。

司马光幼与群儿戏。一儿误堕大水瓮中，已没，群儿惊走。公取石破瓮，儿遂得出。

评：二公应变之才，济人之术，已露一班。孰谓"小时了了者，大定不佳"耶？

## 译 文

北宋著名书法家文彦博幼年时，和同伴一起踢毬，毬滚入柱子的空洞中，拿不出，文彦博就用水灌洞，不久毬就浮上来了。

北宋政治家司马光幼年，和同伴嬉戏时，有个玩伴失足掉入大水缸中，被淹没了，大家惊惶而逃。司马光抱起一块大石头打破水缸，同伴因此得救。

评：这两人应变的机智、救人的智谋，已经显露出来了。谁说"小时候聪明的人，长大就不聪明"呢？

# 王　戎

## 原　文

王戎年七岁时，尝与诸小儿游。瞩见道傍李树，有子扳折，诸小儿竞走之，唯戎不动。人问之，答曰："树在道旁而多子，此必苦李。"试之果然。

评：许衡少时，尝暑中过河阳，其道有梨，众争取啖之，衡独危坐树下自若。或问之，曰："非其有而取之，不可。"曰："人亡世乱，此无主矣！"衡曰："梨无主，吾心独无主乎？"合二事观，戎为智，衡为义，皆神童也。

## 译　文

魏晋人王戎七岁时，有一次和同伴游戏，见路旁有棵李树，有果实压弯了树枝，同伴争相跑去摘果，唯有王戎原地不动。有人问他原因，他说："长在道路旁边的李树却留有这么多果实，李子一定是苦的。"众人一吃，李子果然是苦的。

评：元朝人许衡年轻时，曾在一个大热天到河阳去。路旁有棵梨树，同伴争相摘食，只有许衡独自坐在树下，镇静如常。有人问他原因，许衡答："梨不是我的，却随意采摘，不能这样做。"有人说："现在兵荒马乱，这是无主之梨。"许衡说："梨无主，难道我的心也无主吗？"根据这两件事来看，王戎不摘李是因为聪明，许衡不吃梨是因为处世坚持正当原则，两人都是神童啊！

# 尹见心

## 原　文

尹见心为知县。县近河，河中有一树，从水中生，有年矣，屡屡坏人舟。见心命去之。民曰："根在水中甚固，不得去。"见心遣能入水者一人，

305

往量其长短若干。为一杉木大桶，较木稍长，空其两头，从树杪穿下，打入水中。因以巨瓢尽涸其水，使人入而锯之，木遂断。

译 文

尹见心当知县时，县城边有一条河，河中有一棵树，长在水中很多年了，经常撞坏行人的船。尹见心命人砍去大树。有人说："在水中的树根非常牢固，很难砍断。"尹见心派一名潜水夫，潜入河底测量树根的长短尺寸，再造一只杉木大桶，比树稍长一点，两头留空（上下不做桶盖，呈管状），从树顶套入水中，再用大瓢将桶中河水舀尽，命人入桶锯树，终于砍掉大树。

# 善言卷十三

原 文

唯口有枢，智则善转。孟不云乎，言近指远。组以精神，出之密微。不烦寸铁，谈笑解围。集《善言》。

译 文

口中的舌头犹如转轴，通过智慧才善于运转。孟子不是说过"浅白的词句，往往包含着深远的含义"吗？用心运用，注意变化，不用武力，则能在谈笑之间化解危机。集此为《善言》卷。

## 马圉　中牟令

原 文

景公有马，其圉人杀之。公怒，援戈将自击之。晏子曰："此不知其罪而死。臣请为君数之。"公曰："诺。"晏子举戈临之曰："汝为我君养马而杀之，而罪当死；汝使吾君以马之故杀圉人，而罪又当死；汝使吾君以马故杀圉人，闻于四邻诸侯，而罪又当死。"公曰："夫子释之，勿伤吾仁也。"

后唐庄宗猎于中牟，践蹂民田。中牟令当马而谏。庄宗大怒，命叱去斩之。伶人敬新磨率诸伶走追其令，擒至马前，数之曰："汝为县令，独不闻天子好田猎乎？奈何纵民稼穑，以供岁赋？何不饥饿汝民，空此田地，以待天子驰逐？汝罪当死，亟请行刑！"诸伶复唱和。于是庄宗大笑，赦之。

## 译　文

景公有一匹马被圉人（养马的官吏）杀了，景公很生气，拿起戈想亲手杀了那个圉人。晏子说："这样他不知道罪过而死，请让臣列举他的罪状。"景公说："好！"晏子举起戈指着圉人说："你为君王养马却杀了马，其罪当死；你使君王为了一匹马而杀养马官，其罪又当死；你使君王因为一匹马而杀马官的事传到诸侯四邻耳中，让天下诸侯耻笑君王，其罪更该死。"景公立即说："贤卿放了他吧，不要损害孤王的仁德。"

后唐庄宗在中牟狩猎，大肆践踏周围百姓的田地，中牟县县令挡在庄宗马前陈情谏阻。庄宗非常生气，命随从将县令带走处斩。有个叫敬新磨的伶人立刻带着其他伶人追赶被押走的县令，然后把他带到庄宗马前，数落他的罪状说："你身为县令，难道没有听说天子喜欢狩猎吗？为什么要纵容百姓辛勤耕种庄稼，缴纳每年的赋税？为什么不让百姓忍饥挨饿，空出这里的田地，好让天子尽情追逐野兽呢？你真是罪该万死，请皇上立刻下令行刑！"其他伶人也在旁边唱和，于是庄宗大笑，赦免县令。

# 武帝乳母

## 原　文

武帝乳母，尝于外犯事。帝欲申宪。乳母求东方朔，朔曰："此非唇舌所争。尔必望济者，将去时，但当屡顾帝，慎勿言！此或可万一冀耳。"乳母既至，朔亦侍侧，因谓之曰："汝痴耳！帝今已长，岂复赖汝乳哺活耶？"

帝凄然，即赦免罪。

## 译 文

　　汉武帝的乳母，曾在宫外犯法，武帝要依法处理。乳母向东方朔求救。东方朔说："这件事不是用言辞就可以解决的，你如果真想免罪，就在辞别皇上时，频频回头看皇上，但记住千万不要开口求皇上，这样或许还有一丝希望。"乳母在向武帝辞别时，东方朔也在一旁，于是借机对乳母说："你不要痴心妄想了，现在皇上已长大了，难道还会依靠你的奶水而活？"武帝听了，想起奶妈的哺育之恩，感到很悲伤，当即赦免乳母的罪行。

# 贾 诩

## 原 文

　　贾诩事操。时临淄侯植才名方盛，操尝欲废丕立植。一日屏左右问诩，诩默不对。操曰："与卿言，不答，何也？"对曰："属有所思。"操曰："何思？"诩曰："思袁本初、刘景升父子。"操大笑，丕位遂定。

　　评：卫瓘"此座可惜"一语，不下于诩。晋武悟而不从，以致于败。

## 译 文

　　三国时贾诩效命于曹操，当时临淄侯曹植才名极盛，曹操有意废世子曹丕而改立曹植。一天，曹操屏退左右，问贾诩改立世子的事，贾诩没有应答。曹操说："我跟贤卿说话，贤卿为何不作声？"贾诩说："臣正在想一件事。"曹操又问："贤卿想什么呢？"贾诩说："我在想袁本初（袁绍）和刘景升（刘表）两家父子的事。"曹操听了哈哈大笑，曹丕的地位由此稳定下来。

　　评：晋朝时卫瓘"此座可惜"一句话，机智与含蓄不下于贾诩，可惜晋武帝领悟后却不采纳，以致最后失败。